보살핌·우정·배움의 공동체

학교 폭력, 멈춰!

1판 1쇄 발행 2012년 3월 13일
3판 5쇄 발행 2020년 2월 28일

지은이 문재현 외
펴낸이 김승희
펴낸곳 도서출판 살림터

기획 정광일
편집 조현주
북디자인 구화정 page9
인쇄·제본 (주)현문
종이 월드페이퍼(주)

주소 서울시 양천구 목동동로 293, 22층 2215-1호

전화 02-3141-6553
팩스 02-3141-6555
출판등록 2008년 3월 18일 제313-1990-12호
이메일 gwang80@hanmail.net
블로그 http://blog.naver.com/dkffk1020

ISBN 978-89-94445-21-2 03370

※ 가격은 뒤표지에 있습니다.
※ 잘못된 책은 바꿔드립니다.
※ 이 책은 저작권법에 따라 보호를 받는 저작물이므로 무단 전재와 복제를 금합니다.

평화샘 프로젝트 2
교사·아이·부모들이 함께 만드는 평화로운 교실

보살핌·우정·배움의 공동체

문재현 외 지음

머리말

서로 돕는 교실을 만드는
평화샘 프로젝트

학교 폭력은 엉킨 실타래와 같다. 순리적으로 풀어야 할 실타래를 성급하게 잡아당기면 복잡하게 꼬이는 것처럼, 학교 폭력 역시 원인과 결과가 복잡하게 엉켜서 어디서부터 풀어야 할지 난감한 문제이기 때문이다.

학교 폭력의 원인은 다양하다. 가정환경이 원인일 수도 있고, 학교에서의 경험이 원인일 수도 있다. 사회 전체의 위계적인 문화와 대학입시 중심의 교육제도로 인한 스트레스도 원인 중 하나이다. 이렇게 복잡한 문제를 해결하려면 당사자들이 모여서 원칙과 목표를 공유하고 합의할 수 있는 프로그램을 만들어야 한다.

학교 폭력에 대해 선진적으로 대응해 온 스칸디나비아 나라들은 여러 나라에 확산된 프로그램을 가지고 있는 것이 특징이다. 핀란드의 키바 코울루 프로젝트, 노르웨이의 올베우스 프로그램이 그것이다.

평화샘 모임은 초기에는 올베우스 프로그램을 실천적으로 적용하는 것으로부터 시작하였다. 멈춰, 4대 규칙 등이다. 그런데 노르웨이와 한국은 학교 폭력에 대한 정책환경과 교직문화, 사회문화적 요인, 학교 폭력의 강도, 문화심리적인 특성의 차이 때문에 올베우스 프로그램을 그대로 적용하는 것이 불가능하였다. 그래서 한국의 특성에 맞게 새롭게 구성한 내용이 평화샘 프로젝트이다.

평화샘 프로젝트라고 이름 붙인 까닭

평화샘 프로젝트는 2009년 책임연구원인 문재현의 개인적인 경험으로부터 시작되었다. 두 아늘이 학교 폭력의 피해를 당한 후 다양한 사례, 특히 북유럽 여러 나라의 이론과 실천적 경험을 연구하고 우리 사회에 어떻게 적용할까 고민하면서 시작되었다.

2010~11년에는 현장 교사 10여 명과 함께 폭력 없는 평화로운 교실공동체 프로그램, 2012년에는 마을과 지역공동체 차원의 대응 프로그램, 2013년에는 학교공동체 프로그램 연구를 진행하고 있다.

평화샘 프로젝트라고 이름 붙인 것은 전문가와 교사들로 구성된 연구팀 이름이 '평화샘'이기 때문이다. 또한 전문 연구자가 구성하고 제안하기는 하였지만, 기획과정부터 자발적으로 참여하고 학교 차원에서 프로젝트를 완성하는 데 결정적인 역할을 한 것이 교사들이었다. 그래서 평화로운 교실을 지향하는 선생님(샘)들이 만든 프로젝트라는 뜻을 담았다. 마지막으로 이 프로젝트가 샘(泉)처럼 평화의 원천이 되기를 바라는 뜻도 있다.

왜 교실에서 시작하는가?

우리 프로그램은 교실에서의 실천을 중시한다

학교 폭력이 일어나는 현장이 교실이기 때문이다. 연세대 한준상 교수의 연구에 따르면 학교 폭력의 80.7%가 같은 반 아이에 의해 행해지고 있고, 괴롭힘이 일어나는 장소도 거의 같은 비율로 교실에서 발생한다고 한다.

학교 폭력의 대다수가 교실에서 일어나기 때문에 교실에서 문제를 푸는 것은 당연하다. 교사와 아이들이 평화로운 교실공동체를 만들기 위한 목표와 원칙, 방법을 공유하고 함께 실천할 때 학교 폭력은 해결할 수 있다는 것이 이 연구의 전제였다.

세계에서 가장 널리 알려진 학교 폭력 방지 프로그램인 올베우스 프로그램을 참조하고, 현장 교사들의 경험과 책임연구원인 문재현의 제안을 바탕으로 만들어진 이 프로그램은 처벌과 보상을 넘어선 새로운 교실문화를 지향한다. 즉, 매력적인 교육과정, 교사와 아이들이 서로 보살피는 공동체를 창조함으로써 학교 폭력을 예방할 수 있다는 것을 새로운 관점과 원칙, 방법, 그리고 아이들의 목소리를 통해 증명한다.

평화샘 프로젝트의 특징

첫째, 아이들의 자치와 공동체 지향에 대한 신뢰를 바탕으로 만든 프로젝트이다

학교 폭력을 예방하기 위해서는 교사들이 아이들을 보살필 수 있어야 할 뿐 아니라 아이들이 서로를 보살필 수 있어야 한다. 이 프로젝트는 그 시작부터 아이들의 주체적 참여로 인해 가해자와 방관자를 참다운 공동체 구성원으로 성장시키는 놀라운 효과를 보여준다. 초기 연구에 참여한 10여 명의 교사들이 이구동성으로 말하는 것은 아이들의 요구와 신뢰가 프로그램을 이끌어 간다는 것이다.

둘째, 교사의 학급 운영과 통합된 프로젝트이다

올베우스 프로그램은 외부 전문가의 지원에 의해서 진행되는 프로그램이다. 그래서 다른 생활지도 문제와 결합되기 어려운데, 이 프로젝트는 교사들이 중심이 되어 진행하고, 교과지도와 생활지도를 통합하는 내용으로 구성되어 있다. 예방과 대처, 아이들에 대한 치유까지 교실공동체 속에서 이루어지기 때문에 아이들의 전인적 발달에 적합한 프로젝트이다.

셋째, 협력학습·통합학습까지 연계된 프로젝트이다

학급에서의 서열 질서를 바탕으로 한 경쟁과 억압적 분위기는 아이들의 지적·도덕적·정서적 성장을 훼손하는 중요한 요인이다. 프로그램의 진행을 통해 서열이 약화되고 함께 괴롭힘 문제를 풀어가면서 학습을 포함한 모든 방면에서 협력하는 문화가 만들어지기 시작하였다.

넷째, 성인지적 프로젝트이다

성인지적 정책이란 사회에서 남성과 여성의 삶의 경험과 요구가 다름을 인식하는 것이다. 그래서 양성 간의 평등을 위해 정책의 수립과 집행, 평가에 이런 차이를 반영하는 것인데 이는 학교 폭력에 대해서도 적용되어야 한다.

평화샘 프로젝트는 우리나라 최초로 여자아이들에게서 나타나는 관계적 공격성의 원인과 본질, 대책을 다루고 있다. 전 세계적으로도 교사가 중심이 되어서 진행하는 최초의 성인지적 괴롭힘 방지 프로젝트일 것이다. 또한 초등학교 3학년부터 남자아이들에게서 드러나는 학교에 대한 부정과 공격성에 대한 본질적인 대응책도 마련하고 있다.

평화샘 프로젝트는 누가 활용할 수 있는가

이 프로젝트는 초등학교 교사들이 중심이 되어 연구하였기 때문에 초등학교 사례가 많긴 하지만, 중·고등학교까지 적용이 가능하다. 2013년부터 중·고등학교에서 요구가 있어 프로그램을 진행해본 결과, 아이들이 왕따에 대한 이해도가 높고 친구들 사이에 여론 형성이 가능해서 교사들이 원칙과 방법을 공유하고 지원할 수 있다면 오히려 초등학교보다 쉬울 수도 있다는 가능성을 확인하였다.

이 프로젝트를 한 어린이집에서 진행했는데, 5~7살에 해당하는 아이들이 멈춰를 선언하고 회의를 통해 규칙을 만들어 문제를 해결하는 놀라운 힘을 보여주었다. 또한 이 프로젝트를 공부하며 자신들의 처지에 맞게 성공적으로 진행한 부모들도 있었다.

따라서 이 프로젝트는 어린이집 교사부터 초·중등학교 교사, 나아가 학부모와 상담교사, 공동체 운동을 하는 사람, 아이들까지도 주체가 되어 활용할 수 있는 것이 특징이다.

프로젝트의 구성

이 프로젝트는 교실공동체 프로그램, 학교공동체 프로그램, 마을과 지역 공동체 프로그램으로 구성되어 있다.

교실공동체 프로그램

놀이로 시작하는 학급 운영

교실 평화 4대 규칙

멈춰 연습

왕따 예방 역할극

총회와 역할극

학생들의 공동체적 활동에 대한 적극적 지원(동아리, 자기표현, 나들이, 아이들이 중심이 되는 하루 열기와 닫기 등)

학교공동체 프로그램

학교별 설명회

학교 폭력 실태조사

교직원 연수

시범 수업

일진 및 왕따 문제 해결을 위한 사례 회의

정기적인 교사 모임과 컨설팅

학교 위험 구역과 위기 개입 매뉴얼

부모와 문제 해결을 위한 목표와 방법 공유

마을 및 지역 공동체 프로그램

아이들을 지원하기 위한 지역 차원 네트워크 구성(보기: 청주시 '건강한 마을 만들기 수곡동 네트워크', 서울 금천구 '학교 폭력 없는 평화로운 마을과 학교 만들기')
지역 아동을 돕기 위한 솔루션 회의(사례 회의 및 지원 방법)
위기 개입 매뉴얼
생애 발달 단계에 맞는 보살핌 프로그램

이후 프로젝트의 진행 계획

우리 연구의 1차년도(2010년) 과제는 '평화로운 교실공동체 만들기'였고, 이미 『집단괴롭힘 없는 평화로운 교실공동체 만들기 교사 매뉴얼 1』이라는 자료집으로 발간되었다. 이 자료집을 2011년 보완 연구를 거쳐 『학교 폭력, 멈춰!』라는 이름으로 정식 출간하였다.

그런데 그 뒤 2년간의 실천을 통해서 프로그램의 내용이 많이 변한 것도 있고, 새로이 추가된 요소들도 생겼다. 2011년에 출간된 책에는 올베우스 프로그램 중 괴롭힘의 원을 바탕으로 한 예방 역할극과 4대 규칙을 그대로 사용하였지만 이번 판에서는 4대 규칙의 내용도 바뀌었다. 올베우스 4대 규칙은 학생들만 지켜야 할 규칙이었으나 우리가 정리한 교실 평화 4대 규칙은 교사와 학생이 함께 만들고 지켜야 하는 민주적 규범으로 바뀌었다. 또한 괴롭힘의 원을 바탕으로 한 역할극이 아니라 우리 실정에 맞는 왕따 예방 역할극을 프로그램의 중심적 요소로 추가하였다. 무엇보다도 프로그램을 보살핌의 원 만들기와 회복의 원 만들기로 체계화하여 제시할 수 있게 된 것을 우리는 만족할 만한 성과로 여기고 있다.

지금까지 이 매뉴얼 작성에 참여한 김명신, 김미자, 김백주, 김수동, 서영자, 임오규, 최진숙, 한인경 연구원, 프로젝트 참가 교실에서 함께 프로그램을 진행한 많은 아이들, 청소년 연구원 문한뫼, 그리고 교실 프로그램이 거의 완성되는 시기에 우리를 위하여 댄 올베우스 교수의 괴롭힘 방지 프로그램 교사용·학교용 가이드를 번역해준 강현주 선생님께 감사를 드린다. 그리고 새로운 프로그램을 도입할 때 함께 참여해서 내용을 정리하는 데 도움을 준 연구소의 청소년 모임, 어린이 모임 친구들에게도 고마움을 전한다. 또한 이 책을 펴내는 데 도움을 주신 살림터 정광일 사장님과 편집부 여러분에게 감사를 드린다.

2013년 6월 수곡재에서
평화샘 프로젝트 책임연구원 문재현
(마을공동체교육연구소장)

차례

머리말 서로 돕는 교실을 만드는 평화샘 프로젝트 • 4

1장 괴롭힘(왕따)의 구조 이해하기

학교 폭력에 대한 이론적 접근 • 16

2장 학교 폭력을 예방하기 위한 보살핌의 원 만들기

왕따가 있는 교실, 서로 돕는 교실 • 26
평화샘 프로젝트의 전제-교사의 자기 성찰 • 30
평화로운 교실공동체의 시작, 멈춰와 놀이 • 34
교실 평화 4대 규칙 만들기 • 42
왕따 예방 역할극(자료) • 63
평화로운 교실공동체를 위한 학급 목표 정하기 • 82
평화로운 교실공동체를 위한 학급 규칙 정하기 • 84
보살핌의 원 넓히기 • 86
교실 평화 4대 규칙을 부모와 어떻게 공유할까? • 88
아이, 교사, 부모가 함께하는 평화 서약식 • 91
평화로운 교실공동체 성장 단계 평가 • 95

- 평화샘 프로젝트, 1학년이 쉽고 빠르다 • 97
- 평화샘 프로젝트는 왜 벌과 보상을 넘어선 공동체의 창조를 말하는가 • 104

3장 회복의 원 만들기 - 신뢰와 보살핌 재확인하기

학교 폭력 예방 및 대처를 위한 핵심 장치 '멈춰' • 112
멈춰 제도 • 115
함께 문제를 해결하고 반성하는 장소, 학급회의 • 129
서로를 이해하는 시간, 역할극 • 138

- 우리 문화와 평화샘 프로젝트 • 145
 -올베우스 프로그램, 키바 코울루 프로젝트와의 비교를 중심으로

4장 학교 폭력의 토양 - 학급 카스트

김 선생 학급 카스트를 알다 • 158
학급 카스트는 왜 파악해야 할까? • 161
인간사회의 위계질서는 당연한 것일까? • 165
학급 카스트 파악방법 • 170
우리 사회의 소수자들에 대한 차별과 학급 카스트 • 180
학급 카스트를 파악하면 어떤 변화가 생길까? • 182

5장 여자아이들은 왜 뒷담화를 할까?

외톨이가 된 윤하 • 190
여자아이들의 공격성은 어떻게 나타날까? • 194
관계적 곤경에 처한 여자아이들을 어떻게 도울까? • 199
구체적인 상황에서 관계적 공격에 대처하는 법 • 229

6장 남자아이들은 왜 문제아가 될까?

남자라는 이름으로 받는 상처 • 236
고 선생의 위기에 빠진 남자아이들 구하기 • 246

7장 평화는 진정한 배움을 촉진한다

스트레스는 학습회로, 감정회로를 폐쇄한다 • 262
평화로워진 관계가 학습에 미치는 영향 • 264
자연 속에서 서로 관계 맺는 나들이 • 268
배움을 나눌 수 있는 보물지도, 자원 탐색 • 280
나와 우리를 표현하는 시간, 자기표현 • 285
교실은 예술공간, 생활 속 예술교육 • 288
자발성과 우정을 꽃피우는 동아리 • 295

부록

부록 1 학교 폭력 발생 시 갈등을 줄일 수 있는 상담방법 • 310
부록 2 학교 폭력 발생 시 부모들의 대응방법 • 333
부록 3 평화샘 프로젝트 연수 프로그램 • 336

● 참고문헌 • 339

일러두기

이 책의 일화에 실린 이름은 모두 가명이며, 가정통신문·체크리스트 등의 예시 자료는 《폭력 없는 평화로운 학교 만들기》 카페(http://cafe.daum.net/peacefulschool) 자료실에 올려두었다.

1장

괴롭힘(왕따)의 구조 이해하기

학교 폭력에 대한 이론적 접근

가해자-피해자 틀: 개인적 접근 방법

가해자-피해자 틀은 학교 폭력에 대한 전통적인 접근 방법이라고 할 수 있다.

[가해자-피해자 틀]

이 틀은 학교 폭력을 가해자와 피해자의 어떤 특성 때문에 생기는 것으로 본다. 즉 가해자는 공격적인 특성이 있고 피해자는 내성적이고 의존적인 특성을 지니고 있어 학교 폭력이 발생한다는 것이다. 문제를 개인의 특성 때문에 생기는 것이라고 보기 때문에 문제의 해결 역시 개인의 성격을 변화시키거나 피해자의 역량을 강화시키는 것을 중시한다. 가해자에게는 격리 처벌 선도를, 피해자에게는 사회기술 훈련 또는 또래 관계를 증진시키는 프로그램을 처방하는 것이다. 다음 사례를 통해서 실제 상황에서 이 틀이 어떻게 작동하는지 살펴보자.

한성이는 전체 아이들 중에서 키도 제일 작아서 땅꼬마, 땅콩이라고 불린다. 아토피가 있는 한성이에게 아이들은 바이러스라고 부르며 벌레 보듯 피한다. 한성이는 아이들 모두가 알고 있고, 스스로도 인정하고 있는 전따이다. 아무도 같이하려고 하지 않기 때문에 한성이는 학교에 올 때나 갈 때 늘 혼자이다. 물론 점심시간에 밥도 혼자 먹는다.

오늘 아침에도 한성이는 힘없이 문을 열고 교실에 들어선다. 창가에는 수철이와 은혁이가 주머니에 손을 넣은 채 나란히 서 있고, 기영이와 재성이가 자기 자리에 앉아 가위바위보를 하며 장난을 치고 있다. 교실 앞쪽에서 상호와 준수가 도란도란 이야기를 나누고 현수는 자기 자리에 앉아 책을 읽고 있다. 한성이가 들어오자 수철이가 큰 소리로 말한다.

"얘들아, 바이러스 온다! 바이러스."

수철이 말에 은혁이가 벌레 보는 듯한 표정으로 거든다.

"아, 재수 없어!"

한성이가 힘없이 자기 자리로 간다. 그 모습을 보더니 기영이가 낄낄거리며 웃는다. 구경하던 재성이는 재미있다는 듯이 쳐다본다. 현수는 힐끗 쳐다보고는 다시 책을 읽는다. 그 때 머뭇거리던 상호가 수철이한테 다가갔다.

"너희들 너무하는 거 아니야? 친구한테 어떻게 그런 말을 해."

수철이는 상호의 얼굴을 쳐다보며 주먹을 들어 보였다.
"왜, 너도 찐따 되고 싶은가 보지?"
옆에 있던 은혁이가 말했다.
"야, 새끼야, 쳐 맞고 싶지 않으면 찌그러져 있어."
상호는 수철이와 은혁이의 기세에 눌려 조용히 자기 자리로 돌아와 앉았다. 준수는 이 광경을 안타까운 표정으로 바라보고 있다.

이러한 상황을 교사들은 어떻게 다룰까?

왕따를 시킨 수철이와 은혁이 그리고 한성이를 불러서 면담하고 훈계하고 화해를 시키려고 할 것이다. 권력관계가 형성되어 있는 교실관계 전체에서 폭력의 요인을 찾는 것이 아니라 일부 아이들의 공격성이 문제라고 생각한다면 그럴 수밖에 없다. 이렇게 교실에서 일어나는 집단괴롭힘 문제를 가해자, 피해자의 개인적인 관계로 만드는 것이 가해자-피해자 틀의 특성이다.

가해자-피해자 틀의 가장 큰 문제점은 방관자의 역할을 이해하지 못한다는 것이다. 교실에서 괴롭힘 상황이 발생할 때는 가해자, 피해자뿐만 아니라 방관자가 존재한다. 방관하던 친구들이 폭력을 제지하는 방어자로 나선다면 피해자에게는 보살핌을, 가해자에게는 자기 행동을 되돌아볼 기회를 주게 된다. 반대로 주변 친구들이 무관심하거나 재미있는 표정으로 바라본다면 괴롭힘 상황은 지속된다. 때문에 방관자의 역할이야말로 왕따를 해결하는 데 이론적, 실천적으로 가장 주목해야 할 지점이다.

방관자 역할을 이해하지 못하기 때문에 가해자-피해자 틀은 대안적인 행동도 제시하기 어렵다. 괴롭힘 상황에서는 괴롭히는 행동과 괴롭힘을 당하는 행동, 방관하는 행동, 돕는 행동이 있기 마련이다. 이러한 행동 중에서 폭력을 제지할 수 있는 것은 돕는 행동이다. 따라서 학교 폭력에 대한 대책은 학생들에게 친사회적이고 협동적인 행동을 제시해야 하는데 가해자-피해자 틀은 이러한 대안을 제시하기가 어렵다.

또 이 틀의 한계는 가해자나 피해자를 소수로 판단할 수 있는 오류를 범할 수 있다. 즉 다른 아이들은 문제가 없는데 일부 비행 청소년과 불쌍한 아이들 때문에 학교 폭력이 발생한다는 것이다. 많은 사람들이 학교 폭력을 이야기할 때 가해자와 피해자가 극소수인데 너무 민감하게 대응하는 것이 아니냐고 주장하는 것은 이 때문이다. 모두가 관련된 사안이 아니라 일부만 관련되어 있다고 하면 그 사회는 그 문제를 집중적으로 다루려고 하지 않을 것이다.

가해자-피해자-방관자 틀: 생태학적 접근 방법

학교 폭력은 다른 범죄와 달리 은밀하게 이루어지기보다는 반 아이들 전체가 지켜보는 곳에서 일어나는 것이 특징이다. 가해자가 다른 아이들의 감탄을 자아내고 교실의 위계질서를 만들고 유지하기 위한 전략이 바로 신체적 공격이나 놀림, 욕설 등으로 나타나는 것이기 때문이다. 따라서 가해자, 피해자 외에 방관자가 있기 마련이다.

문제는 방관자의 종류가 아주 다양하다는 것이다. 그리고 그 방관자가 어떤 역할을 하는지 이해하지 못하고서는 문제를 해결하기 어렵다. 따라서 다양한 방관자의 모습을 먼저 파악하는 것이 중요하다. 방관자에는 조력자, 소극적 조력자, 방관자, 소극적 방어자가 있다. 올베우스는 괴롭힘 상황을 방관자를 포함해서 8가지 역할로 설명하고 있다.

괴롭힘 상황을 주도하는 사람으로는 가해자와 동조자가 있다. 일화에서 수철이처럼 괴롭힘을 시작하고 주도하는 역할에는 가해자, 동조자는 은혁이처럼 주도하지는 않지만 함께 괴롭히는 역할이다. 조력자는 겉으로는 욕하거나 때리지는 않지만 웃거나 손뼉을 치는 모습으로 등장한다. 소극적 조력자는 그런 모습도 보이지 않지만 속으로 가해자를 멋있게 생각하고 자기도 그렇게 되고 싶어 하는 아이이다. 방관자는 아예 관심이 없거나 책을 보는 아이이고, 소극적 방어자는 돕고 싶지만 용기가 없어서 또는 방법을 몰라서 돕지 못하는 아이이다. 방어자는 구체적인 도움 행동을 하는 상호 같은 아이이다. 이러한 상황에서 방관자가 자신의 행동이 가해 행위라는 것을 이해하는 것과 스스로 방어자가 되려고 나서는 것이 이 프로그램의 핵심이다.

이처럼 방관자의 역할을 이해하고 학급 생태계 전체를 변화시키기 위해 새로 대두된 접근 방법이 '생태학적인 방법', 즉 가해자-피해자-방관자 틀이다.

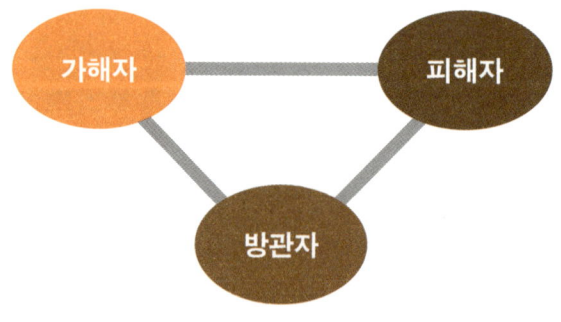

[가해자-피해자-방관자 틀]

이제 가해자-피해자-방관자 틀이 구체적인 상황에서 어떻게 작동하는지 살펴보자.

교사는 가해자-피해자 틀에서처럼 수철이와 은혁이, 한성이만을 부르지 않을 것이다. 이 틀에서는 피해자를 제외한 모두가 괴롭힘 상황을 유지하는 데 책임이 있다고 보기 때문이다. 즉 방관자는 가해자이다. 따라서 교사는 학급 아이들 모두에게 괴롭힘 상황을 바로 알리고 역할극을 통해 문제의 심각성을 이해하도록 도울 것이다. 교사가 아이들과 미리 규칙을 정하고 예방 역할극을 진행한 상태라면 다시 한 번 방어자가 되는 행동을 연습한다. 그런데 이러한 8가지 역할로 이루어진 괴롭힘의 원을 아이들에게 제시했을 때 대다수의 아이들이 자신들의 상황을 제대로 표현하지 못하는 것이라고 인식했다. 그래서 새로 개발한 틀이 절망의 원과 인간지옥이다.

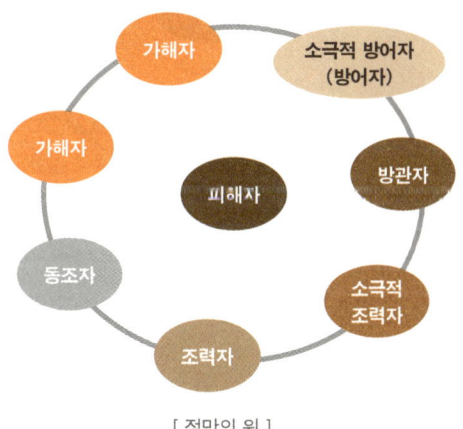

[절망의 원]

절망의 원에 대해 수많은 초·중·고등학교 학생들이 자신들의 현재 상황을 잘 드러내준다고 인정을 했다. 어른들도 강의에서 이 틀을 보여주면 요즘 아이들이 저런 상황 속에 있는 것이냐고 놀라면서 저 상황이면 누구나 죽고 싶겠다는 말을 한다. 훌륭한 틀은 상황을 실제 오감으로 느끼는 것처럼 생생하게 떠올릴 수 있어야 하는데 그러한 측면에서 이 틀은 성공적인 것이라 할 수 있다.

그런데 이런 절망의 원조차 교실이나 학년 대다수 아이들이 집단적으로 괴롭히는 왕따의 상황을 표현할 수 없다는 생각이 평화샘 연구원들과 청소년들에게서 제기되었다. 그래서 전따를 당하는 아이의 입장에서 구성해본 틀이 인간지옥이다.

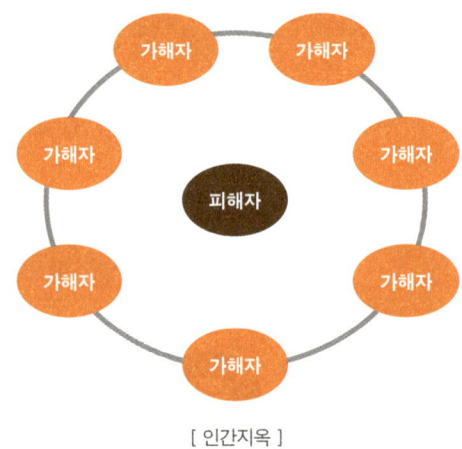

[인간지옥]

아이들은 학교에 갈 때 눈을 마주치고, 인사를 하고 말을 걸어주는 친구를 기대한다. 그런데 아무도 알아주지 않고 외면당할 때 자신을 사람으로 인식할 수 없다. 왜냐하면 다른 사람이 자신을 인간으로 대우할 때 자부심을 가질 수 있고, 자신의 말이 다른 사람한테 영향을 미칠 때 존재감을 가질 수 있기 때문이다. 그러한 상호작용에서 어떤 사람이 배제된다면 그것은 사람 사는 곳이 아니라 지옥이라고 할 수밖에 없는 것이다. 평화샘 프로젝트는 이런 문제를 해결하기 위해서 보살핌의 원과 회복의 원을 제시한다.

보살핌의 원은 교사가 학교 폭력을 용납하지 않는다는 확고한 원칙과 함께 평화에 대한 비전을 가진 프로그램을 제시할 수 있을 때 그 모습이 드러난다. 그리고 그 완성은 아이들이 또래 간의 우정을 바탕으로 친구를 도우려는 방어자가 될 때 완성된다. 이러한 보살핌의 원을 만드는 방법이 놀이

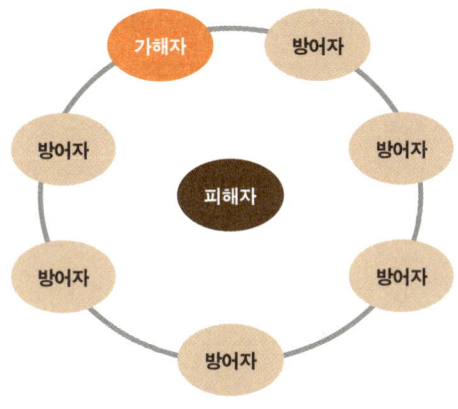

[보살핌의 원]

로 새 학기를 시작하는 것과 교실 평화 4대 규칙, 왕따 예방 역할극, 멈춰 연습 등이다. 물론 보살핌의 원이 형성된다 하더라도 갈등이 없을 수는 없다.

구성원들의 처지와 경험, 요구가 다르기 때문이다. 그렇게 갈등이 생겼을 때 보살핌의 원을 만들어가는 과정에서 형성된 서로에 대한 신뢰를 바탕으로 문제를 풀어가는 과정을 만드는 것이 회복의 원이다. 회복의 원을 만들어가는 방법은 구체적인 상황에서 '멈춰' 하기와 역할극이다.

방어자가 되려는 아이들의 동기는 어떻게 개발할 수 있을까?

두 가지 방향에서 모색할 수 있다.

먼저, 부모와 담임교사 등 자신과 가까운 사람들의 사랑과 보살핌의 감정에 근거한 기대와 요청, 제안, 비판이다. 아이들은 어른들이 자신에 대해서 어떻게 생각하는지, 어떤 가치와 기대를 가지고 있는지 항상 민감하게 생각하고 반응한다. 부모들이 왕따 문제에 항상 관심을 가지고 아이들을 대한다면 아이들 역시 그렇게 된다.

두 번째는 부모와 교사들이 피해자를 도우려는 적극적인 행동이다. 아이들과 함께 만들어가는 평화를 위한 구체적인 행동 프로그램과 교사의 본보기만이 아이들이 보살핌의 원에 참여하는 에너지를 만들어준다. 그렇게 평화에 대한 열정을 가지고 헌신하는 교사와 부모를 볼 때 아이들도 거울 반응을 하기 때문이다. 물론 아이들이 방어자로서 행동할 때 이를 열정적으로 지지하는 것도 중요하다. 이러한 공명 속에서 모두가 함께 성장하는 것이야말로 공동체의 창조를 통한 학교 폭력의 해결이다. 우리 사회가 알아야 할 것은 아이들의 성장은 비난과 훈계가 아니라 가까운 사람과 함께하는 손에 잡히는 경험을 통해 이루어진다는 것이다. 삶의 현장에서 행하는 공동작업과 가까운 어른들이 보여주는 좋은 본보기야말로 아이들이 동기를 가질 수 있는 전제조건이다.

2장

학교 폭력을 예방하기 위한 보살핌의 원 만들기

왕따가 있는 교실, 서로 돕는 교실

수한이가 교실에 들어서자마자 아이들이 경멸의 눈초리로 쳐다본다. 여기저기에서 "쟤 안 죽고 왔네.", "야, 대단하다.", "학교에 오고 싶은가 봐." 라는 소리가 들려온다.

수한이 책상 주변에는 오늘도 여전히 테이프가 붙어 있다. 일짱 기태가 "우리가 허락한 길로만 다녀라."라고 말한 이후 테이프는 늘 그 자리에 있다. 자리에 앉는 수한이에게 기태가 다가와 "오늘도 알지?" 하면서 툭 치고 간다.

쉬는 시간에는 테이프 밖으로 나갈 수가 없다. 기태는 병수를 시켜 수한이 가방을 다른 애들한테 던졌다.

"야, 받아."

"여기, 여기!"

아이들이 가방을 던지다가 내용물들이 좌르르 쏟아졌다. 수한이가 물건을 주우려고 선 밖으로 나가자 옆에서 지키고 있던 병수가 발로 차서 배를 움켜쥐고 고꾸라졌다. 아이들이 모두 웃었다.

그때 마침 선생님이 들어오셨다.

"무슨 일이야? 교실이 왜 이렇게 소란해?"

하고 묻자 병수가,

"제가 넘어졌는데, 웃잖아요. 기분 나쁘게……." 하고 둘러댔다.

선생님은 별다른 말이 없었다. 수한이는 선생님에게 이야기하기도 힘들다. 지난번에도 이런 일이 있어서 이야기를 했지만, 선생님은 "둘이 싸웠으니까 둘 다 잘못이야."라며 똑같이 벌을 주고 반성문까지 쓰게 했다. 그때 기태는 "너 때문에 혼났잖아."라고 너 심한 보복을 했나. 그 뒤로 수한이는 선생님에게 이야기할 마음이 생기지 않는다.

요즘엔 국도 안 먹고, 물도 안 마신다. 화장실을 갈 수 없기 때문이다. 급하게 꼭 가야 할 때는 수업시간에 선생님한테 말씀드리고 가는데 선생님이나 아이들 모두 한심한 듯 쳐다보는 시선이 무척 싫다.

이런 수한이를 안타까운 눈으로 쳐다보는 아이들이 있기는 하다. 하지만, 그 아이들도 도움을 주지 못한다. 그랬다가는 하루아침에 수한이처럼 왕따가 되기 때문이다. 사실 수한이가 처음부터 왕따였던 것은 아니다.

어느 날 기태가 발달장애가 있는 상우에게 물을 뿌리자 상우가 울었다. 그리고 우는 상우의 얼굴을 걸레로 닦았다. 다른 아이들은 모두 어쩔 줄 몰라 하고 있을 때 수한이가 무심결에 "야, 너무하는 거 아냐."라고 한마디 했던 것이 시작이었다. 그날 이후 기태의 표적은 수한이로 바뀌었다.

이 교실에서 우리는 심각한 서열관계를 발견할 수 있다. 일방적으로 괴롭힐 수 있는 아이, 자신이 왕따를 당하지 않기 위해 방관하거나 가해자를 돕는 아이, 무조건 괴롭힘을 당하는 아이로 나뉘는 서열이 마치 봉건적 신분질서처럼 견고하다.

교사의 부재도 확인할 수 있다. 교사는 아이가 괴롭힘당하는 상황을 파악하지 못하고 있는데다가 때때로 잘못된 개입으로 수한이를 더욱더 곤경으로 밀어 넣고 있다. 그렇다고 해서 그 교사가 특별히 더 나쁜 선생님도 아니다. 아이들의 숨겨진 관계를 교사가 모를 때 어떤 교실에서도 일어날 수 있는 현상이라는 데 그 문제의 심각성이 있다.

이제 또 다른 교실을 보자.

소연이는 작년까지 왕따였다. 작년까지 왕따를 주도하던 현수가 올해도 같은 반이 되어 1년을 어떻게 지내야 할지 눈앞이 캄캄했다. 새로운 담임선생님은 교실 평화 4대 규칙과 멈춰를 알려주면서 폭력을 절대 용납하지 않는다고 선언을 했다. 선생님의 단호한 태도에 현수도 위축되었는지 눈치를 보면서 10여 일이 지나도록 조용히 있었다.

그런데 선생님이 출장을 간 날, 일이 벌어졌다. 왠지 모르게 마음이 불안하고, 무슨 일이 벌어질 것만 같았는데 아니나 다를까.

현수가 작년에 하던 대로 소연이 뒤로 가서 의자를 흔들었다. 선생님이 알려주신 대로 멈춰를 외쳤지만, 생각처럼 목소리가 나오지 않았다. 모기소리만 한 멈춰 소리에 현수는 순간 움찔했지만, 곧 "뭐 어쩌라고." 하면서 다시 흔들었다. 아무도 도와주지 않던 작년이 떠올라서 불안해지고 눈앞이 캄캄해졌다. 그때, 마치 꿈결 속에서 들려오는 것처럼 구원의 목소리가 들렸다.

"멈춰, 소연이가 힘들다고 하잖아."

주변에서 공기놀이를 하던 민지와 정희가 다가오며 현수를 제지했다. 남자 아이들도 "뭔데, 무슨 일이야?" 하면서 주변으로 몰려들었다.

소연이는 힘을 내서 "멈춰!"를 크게 외쳤다.

현수는 당황한 듯 보였다. "뭐, 그냥 장난이었어." 하면서 얼버무리려고 했다. 그런데 "멈춰가 나왔으니까 회의와 역할극을 해야지."라고 아이들이 말하자 마지못해 역할극에 참여했다.

역할극을 진행하면서 현수의 태도가 조금씩 달라지더니 마지막에는 "진짜 기분 나빴을 거 같아. 미안해."라며 사과를 했다.

이 교실에는 보살핌이 있다. 아픔에 대한 공감이 있고, 서로의 처지를 이해할 수 있는 감정이입을 위한 노력이 있다. 한 아이가 괴롭힘을 당할 때 모두가 침묵한다면 교실에는 서열관계가 만들어진다. 그런데 서로 돕는 행동을 통해서 폭력에 의한 서열구조가 형성될 여지가 없어지면 서로에 대한 보살핌이 어떤 장애도 없이 실현될 수 있게 된다.

이 곳에서는 교사가 교실에 없는 순간에도 영향력을 미치고 있다. 많은 사람들이 학교 폭력 문제 해결에서 교사의 보살핌 기능을 강조한다. 하지만 대다수 아이들 간에 존재하는 폭력은 교사가 없는 순간에 일어나기 때문에 교사가 없을 때 아이들이 서로 보살필 수 있어야 한다. 그럴 때만이 교실은 참다운 우정의 공동체가 된다.

이렇게 서로 돕는 교실은 꿈같은 이야기일까?

그렇지 않다. 평화샘 프로젝트를 실천하고 있는 50여 개 교실에서 진행되는 현실의 이야기이다.

자, 그러면 지금부터 평화와 보살핌, 꿈이 살아 있는 교실공동체로 여러분을 초대한다.

평화샘 프로젝트의 전제
- 교사의 자기 성찰

학교 폭력에 대한 교사의 감수성 및 자기 성찰 체크리스트

많은 교사들은 아이들이 잘못을 하면 당연히 벌을 받아야 한다고 생각한다. 문제를 일으킨 것은 아이들이므로 책임을 져야 한다고 생각하는 것이다. 이러한 교사들은 학생들을 조용히 해야 하는데 떠들고, 공부하라고 하면 게으름을 피우고, 지시를 따르라고 하면 말을 듣지 않는 존재로 여긴다.

그러나 아이 입장이 되어보면 어떨까?

자기가 이야기하고 싶을 때 조용히 하라고 하고, 재미없고 지루하게 가르쳐서 공부하고 싶은 마음이 생기지 않고, 지시가 부당하고 불공정해서 따르고 싶지 않다고 생각할 수 있다. 아이들의 이런 마음을 교사가 모른다면 과연 바람직한 관계를 만들 수 있을까?

평화샘 프로젝트는 아이들에게 책임을 전가하는 것이 아니라 교사가 아이들을 대하는 방식을 점검하고 성찰하는 것으로부터 시작한다. 그 방법이 학교 폭력에 대한 감수성 체크리스트이다. 감수성 체크리스트는 교사가 학교 폭력에 대해서 얼마나 알고 있는지, 어떻게 대처해왔는지, 선입견을 가지고 아이들을 만나지 않았는지를 돌아보면서 자기를 성장시키는 프로그램이다.

학교 폭력에 대한 감수성 체크리스트
나는 어떤 교사인가?

순	내용	그렇다	대체로 그렇다	아니다
1	특정 학생 한 명을 골라 다른 학생들 앞에서 당황하게 만든 적이 있다.			
2	유머나 냉소적인 말을 사용하여 학생을 비웃거나 놀린 적이 있다.			
3	몇몇 좋아하는 학생들에게는 잘해주면서, 다른 학생들에게 더 가혹하게 한 적이 있다.			
4	학생들에게 보상이나 체벌을 사용한 적이 있다.			
5	학급에 위계질서가 있다는 것을 안다.			
6	학급의 위계질서를 파악하기 위해서 노력한 적이 있다.			
7	학급의 위계질서를 활용해 학급을 운영한 적이 있다.			
8	학교 폭력의 징후를 알고 있다.			
9	남학생과 여학생의 폭력 양상이 다름을 알고 있다			
10	학교 폭력 발생 시 대처 방법을 알고 있다.			
11	학교 폭력이 피해 학생과 가해 학생, 방관자의 심리적 상태와 학습 및 사회성, 인성 발달에 미치는 영향을 알고 있다.			
12	가해와 피해, 방관하는 학생의 부모와 깊이 있는 상담을 해본 적이 있다.			
13	피해 학생과 방관하는 학생의 힘을 키우기 위해 상담 등 노력을 한 적이 있다.			
14	학교 폭력 사건을 처리하는 데 있어, 가해 학생과 피해 학생 외에 방관하는 아이들의 태도에 대해 관심을 가지고 지도한 적이 있다.			

15	학교 폭력 예방 및 대책에 관한 법률을 알고 있다.			
16	학교폭력대책자치위원회의 구성과 활동에 대해 알고 있다.			
17	학교 폭력에 대해 나는 어떤 교사일까? ( ) ① 학교 폭력에 대해서 잘 모른다. ② 학교 폭력이 있는 줄 알지만 방관한다. ③ 학교 폭력을 조장한다. ④ 학교 폭력을 주도한다. ⑤ 학교 폭력을 해결하기 위해 노력한다.			

나는 어떤 교사인가?

1. **학교 폭력에 대해서 잘 모르는 교사**: 우리 반에는 학교 폭력이 없다고 생각한다. 학교 폭력은 심각한 신체적 폭력이 지속적이고 조직적으로 자행되는 것인데, 우리 반에는 그런 정도의 학교 폭력이 없다.
2. **학교 폭력이 있는 줄은 알지만 방관하는 교사**: 학생들 사이에 서열이 있고 괴롭힘이 있는 줄 알지만, 아이들은 그러면서 크는 것이라 여기거나 어떻게 개입해야 할지 몰라 그냥 올해가 무사히 지나가기만 바란다.
3. **학교 폭력을 조장하는 교사**: 학급에서 카리스마가 있고, 아이들이 무서워하는 학생에게 역할을 맡겨 반을 운영하면 학급 생활이 편해진다고 여긴다. 교사가 없는 시간에 떠드는 아이들의 이름을 적게 한다.
4. **학교 폭력을 주도하는 교사**: 체벌을 하며, 공부를 못하거나 느린 학생을 꾸짖고, 함부로 대한다. 시범 케이스로 한두 아이를 눌러놓으면 다른 아이들은 알아서 기가 죽어 1년이 조용하다고 믿는다.

※ 이 체크리스트는 점수를 내기 위한 것이 아니라, 질문에 대한 답을 찾아가면서 교사 스스로 되돌아보는 시간을 갖기 위한 것이다.

나는 어떤 교사인가

- 성찰을 위한 자기 점검표

교사가 아이들을 가르치기 위해서는 교과에 대한 지식과 경험만으로는 충분하지 않다. 교사가 사용하는 말, 표정, 태도, 몸짓, 분위기 등이 아이들의 주의력과 동기에 중요한 영향을 미치기 때문이다.
아이들과 교육적 만남을 위해 교사 스스로 성찰할 지점을 함께 검토해보자.

- ☐ 아이들을 만나기 위해 교실에 들어가는 것이 즐거운가?
- ☐ 교실에 들어갈 때 내 표정과 말투가 아이들에게 미치는 영향에 대해 생각한 적이 있는가?
- ☐ 교실에 들어가서 전체 아이들의 눈을 보면서 아이들의 기분이나 감정을 파악하는가? 힘들어하거나 평상시와 다른 표정의 아이들에게 말을 거는 것으로 시작하는가?
- ☐ 내 몸이 항상 아이들을 향해 있는가? 교탁을 참호로 사용하고 있지는 않은가?
- ☐ 수업 시작할 때 어떤 말로 시작하는가? 예를 들어, "몇 쪽 펴라.", "어디 할 차례니?"라는 식으로 말하지는 않는가?
- ☐ 아이들에게 끊임없이 활달하고 적극적인 제스처로 수업을 진행하는가?
- ☐ 내가 좋아하는 아이와 그렇지 않은 아이를 볼 때 표정이 다르다고 느끼는가?
- ☐ 내가 기분 나쁘거나 화나는 일이 있을 때 그 감정을 가지고 교실에 들어가지 않는가? 그때 기분 전환을 시도하는가?
- ☐ 수업할 때 다른 생각이나 업무에 대한 고민을 가지고 수업을 하거나 아이들을 대하지 않는가?
- ☐ 아이들이 말을 걸 때 업무를 핑계로 건성으로 대답하지는 않는가?
- ☐ 교실은 아이들의 입장에서 편안하고 안전한 환경인가?
- ☐ 교사로서 행복할 때와 무력감을 느낄 때를 생각해본 적이 있는가?
- ☐ 나는 교사로서 행복한가?
- ☐ 위와 같은 내용들이 자기 스스로를 평가하는 기준이 되고 있는가?

평화로운 교실공동체의 시작, 멈춰와 놀이

"선생님들은 3월 새 학기 첫날 첫 시간 교실에 들어갈 때 어떤 기분인가요?"

평화샘 프로젝트 문재현 책임연구원이 평화샘 프로젝트 설명회에 참여한 교사들을 향해 물었다. 맨 앞줄에 앉아 있던 한 여교사가 조심스럽게 말했다.

"설렘도 있지만 그보단 좀 부담스러워요."

그러자 옆에 있던 교사들도 덧붙였다.

"'우리 반에 문제 있는 아이는 없을까?' 걱정도 돼요."

"저는 아예 생각 안 하는데요. 그냥 무덤덤해요."

50대가량 되어 보이는 남교사가 무뚝뚝하게 말했다. 책임연구원은 그 교사를 향해 다시 물었다.

"그럼 선생님은 첫날을 어떻게 시작하세요?"

"음, 우선 제 이름을 크게 칠판에 쓰고, 제 소개를 간단하게 하죠. 그리고 1년 동안 지켜야 할 약속을 얘기해요. '선생님은 약속을 지키지 않는 사람을 싫어한다.'라든가 그럴 경우 무섭게 할 수도 있다고."

"그런 행동은 스트레스 상황에서 보여주는 전형적인 행동이라는 것을 알고 계시나요?"

책임연구원의 말에 그 교사는 머리를 긁적이며 말했다.

"돌아보니 스트레스가 없진 않았네요."

책임연구원은 부드럽게 미소를 지으며 다시 전체를 둘러보고 물었다.

"그럼 아이들은 어떨까요?"

"모든 것이 낯설 테니까 어색하고 불안할 거예요."

"설렘과 기대도 있을 거예요. '어떤 선생님이 될까? 누가 같은 반이 될까?' 그래도 '선생님은 무섭지 않을까? 누가 나를 괴롭히지 않을까?' 하는 불편한 마음이 더 클 거 같아요."

"그렇지요. 첫날 아이들의 모습을 떠올려보면 금방 알 수 있어요. 아이들은 긴장해서 서로 얘기도 잘 안 하고, 교실에 들어가기 어려워하는 아이도 있어요. 또 센 척을 하려는 아이는 다른 애들을 째려보거나 큰소리치면서 분위기를 잡으려고 하지요. 그러면 선생님과 아이들 가운데 누가 더 스트레스가 심할까요?"

많은 교사들이 한 목소리로 대답했다.

"당연히 아이들이겠지요."

"지금까지 얘기를 종합해보니 교사, 아이 모두가 어색하고 불안하고 불편한 상태에서 첫 만남을 한다고 생각해도 되겠군요. 그러한 스트레스 상황에서는 여러분들이 잘 아시는 것처럼 공격 또는 회피 반응을 보이겠지요. 대다수 교사는 웃지 않거나 일방적으로 규칙을 정하면서 방어기제를 작동시키는데 교사가 그런 태도를 보이는 순간 아이들은 '이 선생도 똑같네.'라고 생각하면서 기대를 버리게 됩니다. 그 후로는 교사에 대해 회피적인 태도로 일관하게 되는 거죠. 이것이 문제가 되는 것은 누구든 첫날 첫 시간은 기대를 하기 마련인데 그 황금 같은 시간을 교사가 놓친다는 것입니다. 우리 속담에 '시작이 반이다. 첫 단추를 잘 꿰어야 한다.'는 말이 있습니다. 시작의 중요성을 이야기하는 것인데 학급 운영이나 교과 지도 역시 처음의 만남이 관계를 형성하는 데 있어서 아주 중요합니다. 선생님들은 이러한 상황을 해결하기 위해서 개별적으로 깊게 고민해본 적이 있나요?"

대다수 교사들이 고개를 가로저으며 이구동성으로 말했다.

"없어요."

책임연구원은 다시 물었다.

"그럼 동료 교사와 토론한 적이 있나요? 그리고 이 문제를 해결하기 위해서 학교 차원의 워크숍 같은 프로그램을 통해서 해결하려고 노력을 한 적이 있나요?"

한 남교사가 자세를 고쳐 앉으며 말했다.

"없지요. 이게 문제라고 생각해본 적도 없으니까요."

"맞습니다. 대다수 교사들의 딜레마지만 함께 풀어갈 공동의 문제로 느끼지 못하고 있어요. 우리 한번 함께 생각해볼까요? 교육은 인격적인 만남으로부터 시작됩니다. 그런데 그런 만남에 대한 기대와 서로에 대한 관심을 북돋울 수 없다면 그것은 인간관계의 전략, 아니 만남의 철학이 형성되지 않은 것이라고 볼 수 있지요."

많은 교사들이 고개를 끄덕였다.

한 교사가 학급 운영을 잘하려면 어색하고 불안하고 불편한 상황을 서로 편안하고 친밀하고 기대할 수 있는 분위기로 바꾸어주어야 한다. 그리고 그렇게 마음을 연결할 수 있는 프로그램은 많지 않다. 놀이, 이야기, 공통의 의례 등이 있는데 첫 만남에서 할 수 있는 것은 놀이가 가장 적당하다.

이렇게 놀이로 시작하는 학급에서는 첫째, 불편한 분위기가 순식간에 없어지고 둘째, 어색하고 서먹서먹한 분위기가 친밀한 관계로 바뀌며 셋째, 경직된 분위기가 활기찬 분위기로 바뀌고 넷째, 구성원들이 안정감을 느끼면서 앞으로 진행될 학교생활에 기대를 갖게 된다. 마지막으로, 구성원들 간의 대인관계가 활발해진다.

놀이를 하는 중에도 갈등이 발생할 수 있기 때문에 하기 전에 예방을 위해 멈춰 제도를 알려준다.

학급의 첫 번째 공동 행동-멈춰

"멈춰 제도는 폭력을 막는 방법인데, 폭력을 당하는 친구와 주변의 친구들이 함께 멈춰라고 외치는 거예요."

김 선생은 멈춰에 대한 설명을 했다. 아이들은 처음 듣는 멈춰에 대해 호기심 어린 표정으로 선생님의 한마디 한마디에 집중했다.

"괴롭히는 아이의 눈을 똑바로 보고 단호한 표정으로 힘 있게 '멈춰!'라고 외쳐요. 그러면 괴롭힘을 당한 친구의 기분이 어떨까요?"

"속 시원할 것 같아요."

"맞아요. 우리 한번 해볼까요? 내가 괴롭히는 친구이고, 여기 이 친구가 괴롭힘을 당한다고 생각해봐요. 자, 어떻게 해야 할까요?"

김 선생은 앞에 앉아 있는 진호에게 물었다.

"멈춰라고 해요."

진호는 갑작스러운 질문에 당황했는지 대답만 했다.

"그래요. 그런데 선생님의 질문에 대한 대답만 하지 말고 눈앞에 상황이 벌어졌다고 생각하고 멈춰라고 크게 외치는 거예요. 그리고 다른 친구들은 어떻게 해야 할까요? 구경만 할까요?"

아이들은 한 목소리로 "멈춰!"를 외쳤다.

"맞아요. 먼저 멈춰를 외쳐서 괴롭히는 행동을 중지시키고 무슨 상황인지 알아보고, 서로의 마음을 알아봐야 해요. 우리는 이제 한 가족이니까 친구의 괴로움을 함께 해결할 수 있겠지요? 앞으로 이렇게 누군가 멈춰를 외치면 바로 학급회의를 소집해서, 그 사건에 대해 함께 논의할 거예요."

새 학년 첫날 첫 시간은 아이들이 교사에 대한 기대가 높아 말 한마디에도 집중한다. 이때 멈춰 제도를 알려주는 것은 폭력에 대한 교사의 태도를 명확히 밝히는 효과가 있다. 간략하게 멈춰 연습을 하고 나서는 운동장으로 나가 신명 나게 놀이를 한다.

놀이로 시작하는 즐거운 첫날

"너리기 펀지기 하세!"

이 선생이 큰 소리로 외치자 운동장 여기저기 흩어졌던 아이들이 "와!" 하고 모여든다.

"근데 너리기 펀지기가 뭐예요?"

3월 초 아직 쌀쌀한 날씨라서 그런지 진태가 주머니에 손을 찔러 넣은 채 물었다.

"어, 충북의 강강술래라고 할 수 있지. 따라 해봐. 너리기 펀지기 장딴지 소래기……."

생경한 노랫말이지만 입김을 호호 불며 정말 열심히 따라 한다. 다 큰 녀석들이라 손을 잡지 않으면 어쩌나 걱정했는데 승연이가 선뜻 나서서 남자아이 손을 잡았다.

"이 놀이의 생명은 잡은 손을 놓치면 안 되는 거야. 올 일 년 서로 마음을 모아 잘 갈 수 있는지 한번 놀아보자."

"네에!"

"너리기 펀지기 장딴지 소래기 꼭꼭 숨어라 머리카락 보일라."

단순한 노랫말에 맞추어 서로 맞잡은 동그라미가 뒤집어지는 순간,

"우와, 신기하다! 이게 어떻게 된 거예요?"

"이번엔 제가 선두해볼게요."라며 난리가 났다.

처음엔 질척한 땅을 밟지 않으려고 신경을 쓰던 여자아이들도 어느새 운동화가 빠지든, 바지에 흙이 튀든 아랑곳하지 않았다.

교실에서는 눈을 내리깔고 센 척을 하던 학년 짱 영식이도 환한 얼굴로

이리 뛰고 저리 뛰고 있다. 재미없을 것 같다며 혼자 미끄럼틀을 타겠다고 버티던 경석이도 어느새 친구들 틈에서 놀고 있다.

이 선생도 오랜만에 어린애처럼 신나게 뛰었더니 숨이 턱에 찬다.

아이들은 숨을 헐떡이는 이 선생에게 매달리면서,

"어디서 이렇게 재미있는 놀이를 배우셨어요?"

"오늘 진짜 신났어요."

"우리 매일 매일 이렇게 놀아요." 하며 너도나도 이야기했다.

운동장에서 신 나게 뛰어놀다 보면 긴장감은 사라지고 아이들이 서로를 아주 가깝게 느끼는 유대감이 형성되기 마련이다. 놀이 후 아이들이 교사에게 보이는 애착반응은 평화샘 프로젝트가 진행되는 모든 교실에서 볼 수 있는 풍경이다.

놀이는 모두가 쉽게 할 수 있는 것이 좋다

첫날 하는 놀이는 모두가 쉽게 참여할 수 있는 놀이가 좋다. 누구도 소외되지 않게 서로 얼굴을 마주 보고, 손발을 마주 치며 자연스럽게 하나가 되는 놀이를 선택하는 것이 중요하다. 왜냐하면 놀이방법을 잘 모르는 아이가 있을 경우 스트레스를 받아 놀지 않고 뒤로 빠지거나 심드렁한 표정으로 억지로 참여할 수 있기 때문이다.

놀이 방식은 교사가 제안해도 좋고 아이들이 제안할 수도 있지만 놀이과정은 아이들이 주도해야 한다.

놀이시간은 너무 짧아도 안 되고 너무 길어도 좋지 않다. 한 시간에서 두 시간 정도가 적절하며 그 시간 동안 신이 나게 놀 수 있으면 된다. 그렇게 하려면 교사가 놀이 목록을 풍부하게 가지고 있어서 아이들을 끌어들일 수 있는 힘도 있어야 하고, 아이들이 제안하는 놀이를 받아들일 수 있는 포용력도 필요하다.

그리고 놀이를 할 때 생각해야 할 것들이 몇 가지 있다. 먼저 팀을 결정할 때 뽑아 가기 방식은 남겨진 아이에게 상처를 주기 때문에 피해야 한다. 그리고 같은 놀이라도 서로 알고 있는 규칙이 다를 수 있기 때문에 규칙에 대해 서로 논의하고 합의한다. 이러한 과정은 이후 학급의 목표와 원칙을 논의하고, 합의하는 학습과정으로 연결된다. 마지막으로 승부욕을 조장하는 경쟁놀이는 하지 않는 것이 좋다. 첫날부터 갈등을 만들어낼 수 있기 때문이다.

교사의 놀이정신이 중요하다

아이들과 놀이를 할 때 놀아준다고 생각하는 교사들이 많다. 자기는 재미가 없지만 아이들과 친해지기 위해서 어릿광대 노릇을 한다고 생각하기 때문이다. 아이들은 교사가 어떤 마음으로 놀이에 임하는지 본능적으로 파악하고 있기 때문에 놀이에 몰입하지 않는다. 이렇게 되면 시작부터 즐겁게 하자고 시작한 놀이가 오히려 마음이 어긋나는 장면으로 연결된다.

이러한 위험에서 벗어나려면 교사가 진짜 놀 줄 알아야 한다. 눈짓, 몸짓으로 아이의 마음에 다가가고 그것을 열어젖히는 마법은 진짜 놀 줄 아는 어른들에게만 허용되는 것이다.

그리고 교사는 아이들의 놀이 모습을 관찰함으로써 한 아이가 맺고 있는 관계 전체에 대한 통찰력을 얻을 수 있다. 일주일 정도 아이들의 개인놀이, 집단놀이를 지속적으로 관찰하여 그 속에서 아이들의 특성, 아이들 간의 관계를 세밀하게 살핀다. 관찰 후에는 피드백이 필요하다. 놀 줄 모르는 아이에게는 놀이방법을 지도하고, 자연스러운 참여가 이루어지도록 아이들 관계를 지원해야 한다.

놀이는 서로 고양된 상태에서 쉽게 마음의 벽을 뛰어넘을 수 있어 서로를 결속시키고 서로를 안전하게 느끼게 하는 유대관계를 만들어내며 서로 평등한 관계를 만들어낼 수 있는 힘을 가지고 있다. 마르틴 부버의 말처럼 교실 친구들을 '나와 그'가 아니라 '너와 나'의 관계로 만들어줄 수 있는 힘이 놀이에 있는 것이다. 놀이를 함으로써 공간은 정감 어린 장소가 되고 그 시간은 서로를 특별하게 느끼는 빛나는 순간으로 창조되는 것이다. 학교 폭력만 보더라도 우리 사회에서는 왕따가 '너랑 안 놀아'라는 말과 태도에서 시작되기 때문에 서로 함께 놀 수 있는 관계는 왕따 문제에 대한 근본적인 처방이 될 수 있다.

Tip 친밀감 형성을 위해 이렇게

- **개학 전에 아이들에게 전화하기**
  개학을 앞둔 아이들과 교사 모두 낯선 상황에 대한 스트레스가 있다. 이때 교사가 미리 전화해서 익숙한 만남을 준비한다. 이러한 교사의 관심은 지난해에 괴롭힘을 당했던 아이들의 두려움을 해소하는 데 도움이 된다.

- **책상에 이름 붙이기-"너를 위한 자리야~"**
  첫날 앉을 자리를 찾지 못하고 서성이는 아이들을 자주 볼 수 있다. 이 아이들은 자신만을 위한 자리가 있다는 것만으로도 안정감을 느낀다.

- **진솔한 느낌 나누기**
  "선생님은 오늘 학교 올 때 떨리기도 하고 설레기도 했는데, 너희들은 어땠어?"

교사가 자신의 느낌을 솔직하게 표현하면 아이들도 자연스럽게 자기 느낌을 이야기한다. 이렇게 교사와 아이들이 같은 느낌을 공유하고 있다는 것을 확인하고 나면 좀 더 쉽게 친해질 수 있다.

- **짧고 재미있는 소개놀이하기**

첫날 소개서를 나누어주고 아이들에게 쓰게 하는 경우가 많다. 이것은 불안한 아이들의 입장에서 보면 새로운 만남에 대한 설렘보다 지루하고 형식적인 통과의례로 느껴진다.

※ '놀이하는 교사'가 되기 위해 도움이 필요하다면 팀을 만들어서 연락 주시면 지원해드립니다.

(연락처 : 마을공동체교육연구소, 043-271-4482, www.maul.or.kr)

교실 평화 4대 규칙 만들기
-서로의 바람과 목표를 공유하는 시간

깊이 있는 대화과정이 규칙을 가치 있게 만든다

"저는 규칙을 다 정해 왔습니다! 오늘 내주고, 이렇게 하라고 얘기할 겁니다."

개학 첫날, 교무실에서 군대를 제대하고 복직한 지 1년밖에 안 된 선생님이 아이들에게 내줄 규칙을 보여주며 한 이야기다. 다른 교사들은 젊은 교사의 준비성에 감탄하며 너도 나도 보여달라고 한다.

서 선생은 그 모습을 보며 "그런데, 학급 약속은 아이들하고 같이 정해야 하는 것 아니에요? 선생님이 정해주면 잘 지키나요?"라고 물었다.

"꼭 지켜야 하는 것들로만 했으니까 괜찮을 겁니다."

과연 괜찮을까?

규칙을 교사가 일방적으로 제시할 때 아이들 마음에는 과연 어떤 풍경이 펼쳐질까?

미국의 심리학자 하임 기너트는 자신의 책에서 이렇게 말하고 있다.

"아이들은 교사에게 의지하는 존재이다. 의존은 적대감을 낳는다. 적대감을 누그러뜨리기 위해서, 교사는 심사숙고하여 아이들에게 자립을 경험할 수 있는 기회를 제공한다. 자율성을 많이 가질수록 미움은 적어진다. 자립 정도가 클수록 다른 사람에 대한 분노가 줄어든다."

교사가 일방적으로 만드는 규칙은 교사와 아이들 관계를 근본적으로 왜곡시킨다. 가장 큰 문제는 교사가 경찰관처럼 아이들을 대하는 것이다. 교사는 자신의 권위를 지키기 위해 규칙을 반드시 지키도록 해야 한다는 생각을 하게 되고, 아이들이 그 규칙을 위반했는지에 대해서 항상 신경을 곤두세우고 지켜보게 된다.

교사가 이런 태도를 보이면 아이들은 끊임없이 그 규칙을 위반하면서 한계를 시험한다. 그리고 문제가 생겼을 때는 변명하고 어떻게든 빠져나갈 방법을 모색하기 마련이다. 그러면 교사는 아이들의 행동을 교사의 권위에 대한 도전으로 받아들여 체벌을 하게 되고 아이들의 마음이 교사로부터 멀어지는 악순환이 반복된다.

규칙을 정하는 데 있어서 교사가 진정으로 관심을 가져야 할 것은 아이들의 자율성이다. 아이들은 교사에 의해 일방적으로 규정되는 존재가 아니라 욕구와 권리를 가지고 있고, 그 경험을 존중받아야 할 인격적인 주체이기 때문이다.

아이들은 자신의 문제에 대한 권한을 가질 때 자부심, 책임감, 열정을 느낀다.

평화샘 프로젝트가 진행된 교실에서 바로 이러한 모습을 발견할 수 있다.

"이 규칙은 진짜 우리들이 참여해서 만든 규칙이에요."

"이 규칙이 언제든지 나를 도와줄 수 있을 것 같아요."

이렇게 스스로 참여해서 만든 규칙은 규칙에 대한 사고의 전환과 함께 자신과 타인의 관계를 새롭게 이해할 수 있는 기회를 제공한다. 따라서 규칙은 규칙 자체가 아니라 그 규칙을 만들어가는 과정에서 깊이 있는 교섭과 교류 때문에 가치가 있는 것이다.

평화샘 프로젝트에서 제안하는 교실 평화 4대 규칙은 기본적인 틀이며 우리는 이를 평화를 위한 제안 정도로 다룬다. 이 4대 규칙을 기본으로 해서 몇 가지 규칙을 더 추가할 수도 있다. 4대 규칙은 아이들과 함께 자신 또는 친구가 괴롭힘을 당한 경험, 그 상황에서 어떻게 해야 할지 몰랐을 때의 당혹스러움, 서로를 어떻게 도울 것인가에 대한 지속적이고 깊이 있는 토론을 통해서 함께 공유하는 규칙이 된다. 초등학교에서는 2~3시간, 중·고등학교는 1~2 시간 이상 충분한 시간을 가지고 토론하는 것이 좋다.

규칙 1
'우리는 괴롭힘 상황에서 서로 도울 것이다.'에 대한 학급회의

괴롭힘에 대한 인식 공유하기

김 선생은 먼저 칠판에 '우리는 괴롭힘 상황에서 서로 도울 것이다.'라고 크게 썼다.

"여러분, 우리 반이 폭력 없는 평화로운 반이 되면 좋겠지요?"

"네!"

"선생님도 그래요. 그러면 우리가 어떻게 해야 할까요?"

"폭력 안 쓰는 거요?"

자신 없는 목소리로 현태가 대답을 했다.

"맞아요. 그럼 뭐가 폭력일까? 내가 했거나 당했던 폭력들, 이전 학년에서 있었던 폭력들을 생각해서 이야기해봐요."

"때리는 거요, 욕하는 거요, 악플 다는 거요, 다굴이요, 왕따요, 협박이요, 여러 사람이 한 명을 째려보는 거요, 투명인간 취급하는 거요, 옆에 있는데 귓속말로 하는 거요, 무시하는 것요, 친구를 싸우게 하는 거짓말이요, 내가 하기 싫은 심부름 시키는 것도 폭력이에요."

너나없이 괴롭힘에 대해서 봇물이 터지듯 나오는 말들을 듣다 보면 아이들이 얼마나 잔혹한 환경에서 사는지 가슴이 먹먹해질 수밖에 없다. 이러한 아이들의 열망을 바로 방어자가 되기 위한 동기를 불러일으키는 자원으로 삼는 것이 중요하다.

장난과 괴롭힘

"그런데 이런 친구들이 있어요. 때려놓고도 '장난이야.'라고 이야기하는 친구들이 있는데 그게 진짜 장난일까? 어떤 것이 괴롭힘이고, 어떤 것이 장난인지 모둠 친구들과 토론을 하고 그 결과를 발표해보기로 해요."

아이들은 토론 후 이런저런 의견을 표명했지만 결국 하나로 정리되었다.

"같이 노는 친구가 기분 좋으면 장난이고, 기분이 나쁘면 괴롭힘이에요."

민수가 큰 소리로 대답했다. 아이들이 모두 고개를 끄덕였다.

"그런데 힘이 센 아이들은 다른 아이들이 보고 있을 때 더 괴롭히는 경우가 많아요. 왜 그럴까요?"

진수가 목소리에 힘을 주어 또박또박 말했다.

"자기가 힘이 세다는 것을 보여주려고 그러는 거예요. '니들도 조심해.' 이렇게."

"그럼 주변에 있는 아이들이 어떤 역할을 하느냐가 매우 중요하겠네요. 가만히 있으면 모두 방관자가 되어 그 교실은 힘이 센 아이가 주도를 하겠지요. 그런 경험 있어요?"

은수가 조심스럽게 손을 들어 말했다.

"작년에 새 학년이 되자마자 우리 학년 짱 인섭이가 자기 발을 건드렸다고 한성이를 '아, 씨발!' 이러면서 때린 적이 있어요. 그때 어찌나 무서운지 우리 반 아이들이 다 얼음이 된 거 같았어요. 선생님도 안 계시고 저도 꼼짝할 수가 없었어요."

은수는 그때의 생각이 났는지 몸서리치며 말했다.

방관자 역할 이해하기

방어자 역할을 이해하기 위해서는 방관자의 개념을 이해하는 것이 중요하다. 그래서 김 선생은 아침에 보았던 사건을 먼저 이야기 했다.

"오늘 아침에 3학년 아이들이 복도에서 싸우는 것을 봤어요. 두 명의 남자애들이 싸우는데, 다른 애들이 빙 둘러서서 구경만 하고 있더라구요. 왜 말리지 않고 구경만 했을까요?"

순간 정적이 흐르며 아이들이 긴장하는 모습이 보였다.

그때 솔직하게 자기 생각을 잘 표현하는 승찬이가 조심스럽게 얘기를 했다.

"선생님, 사실 말리기 쉽지 않아요."

그제야 남자애들 몇몇이 승찬이 말에 동의를 표시했다.

"괜히 잘못 말렸다가 제가 맞으면 어떻게 해요."

"잘못해서 시비가 붙으면 저랑 싸우게 돼요."

김 선생의 예상처럼 아이들에게는 방관자 경험이 아주 많았다. 이유 역시 다양했지만 어쩔 수 없어서 그랬다는 반응이 많았다.

"모두 방관자 경험이 있었군요. 그럼 오늘은 그것에 대한 이야기를 해봐요."

김 선생은 괴롭힘의 원을 칠판에 붙인 뒤 간단하게 설명을 하고 일화를 나누어 주었다.

"자, 이 일화에서 각각의 역할을 찾아볼까요?"

"수철이가 가해자구요, 은혁이는 동조자."

이렇게 반 아이들은 방어자까지 모두 찾아내었다.

"그러면 어디부터 어디까지가 방관자일까요?"

"동조자는 가해자인 것 같고 조력자부터 소극적 방어자까지요."

"자, 그럼 그동안 여러분이 어떤 역할을 했는지 이야기해볼까요?"

잠시 망설이던 진수는 머리를 긁적이며 말했다.

"저는 동조자도 해봤고, 조력자도 해봤어요."

"저는 소극적 조력자요."

아이들은 저마다 솔직하게 그동안 자신이 어떤 역할을 했는지 말했다. 김 선생도 자신의 경험을 말했다.

"나도 학창 시절을 돌아보니 방관자 역할을 많이 했던 것 같아요. 그냥 공부하면서 내 일만 했거든요."

김 선생의 말에 아이들은 눈을 동그랗게 떴다. 진수가 큰 소리로 김 선생에게 물었다.

"예? 선생님도 진짜 그랬어요?"

"네, 지금 생각하니 정말 미안해요. 이렇게 주변의 친구들이 방관할 때 피해자의 심정은 어떨까요? 선생님이 영상을 하나 보여줄게요. 보고 이야기를 더 나누어봐요."

김 선생은 평화샘 카페에 있는 동영상 '지하철 폭행 사건[1]'을 보여주었다. 아이들은 영상에 눈을 고정한 채 심각한 표정으로 쳐다보았다.

"무슨 일이 일어났나요?"

"지하철에 있는 사람들이 어떤 아주머니를 놀렸고, 아주머니가 항의하자 때렸어요. 아무도 그것을 말리지 않아서 결국 아주머니 아이가 유산됐어요."

정민이가 굳은 표정으로 말했다. 여기저기서 너무한다며 울분을 터뜨렸다.

"그래, 아무도 도와주지 않아서 그 아주머니는 유산을 했고 평생을 대인기피증으로 시달리며 살게 되었어요. 방관한 사람들에게 책임이 있을까요? 없을까요?"

"책임이 있어요."

"맞아요. 그래서 방관자는 가해자라고 하는 거예요. 그런데 방관했던 사람들을 비난만해서는 문제를 해결할 수 없어요. 왜 그런지 다른 영상을 하나 보여줄게요."

김 선생은 '방관자 효과[2]' 동영상을 보여주었다.

"영상에서 봤듯이 상황을 목격한 사람이 많을수록 '누군가 하겠지.' 하는 생각에 책임감이 분산되어 어려움에 처한 사람을 도와주지 못하는 방관

---

1) '지하철 폭행 사건' 영상은 평화샘 카페(http://cafe.daum.net/peacefulschool) 학교 폭력 자료실 20번에 링크되어 있다. 링크된 카페에는 방관자 효과를 설명하는 여러 영상이 있는데, 그 중 우리나라 지하철에서 일어난 사건이다.
2) '방관자 효과' 영상은 평화샘 카페(http://cafe.daum.net/peacefulschool) 학교 폭력 자료실 20번에 링크되어 있다. 한 여대생이 책을 떨어뜨렸을 때 목격한 사람이 1명인 경우 모두 도와주었지만 목격한 사람이 많을수록 서로 책임을 미루고 도와주지 않는다는 내용이다.

자 효과가 발생해요."

김 선생이 방관자 효과에 대해 설명을 하자 지은이가 작은 목소리를 말했다.

"저도 작년에 그런 적 있어요. 애들이 싸우는데 누가 말리겠지 하고 내 할 일만 한 적이 있었어요. 그런데, 그때 아무도 말리지도 않아서 나중에 선생님께 혼난 적이 있었어요."

"그런데 이 동영상의 사건들은 서로 모르는 사람들 사이에서 생긴 일이에요. 하지만, 우리는 교실에서 늘 같이 생활하고 공부하는 친구 사이인데 방관하면 어떤 심정이 될까요? 여러분 중에서도 괴롭힘을 당하고 있을 때 아무도 도와주지 않아서 힘들었던 적이 있지요? 그때 기분은 어땠어요?"

김 선생의 질문에 농한이가 대답했다.

"저는 작년에 경수가 자꾸 시비를 걸어서 싸우게 되었는데, 애들이 싸우라고 부추기는 거예요. 사실 속으로 경수랑 싸우는 게 좀 겁이 났는데, 애들이 그러니까 싸움을 그만둘 수도 없고, 아주 짜증 났어요."

"맞아요. 저를 괴롭히는 애들보다 쳐다만 보고 있는 애들이 더 싫었어요."

"네. 남의 일처럼 구경만 하는 애들은 친구 같지가 않았어요. 나중에는 걔네들도 다 미웠어요."

"배신감이 느껴졌어요."

여기저기서 방관자로 인해 받았던 상처를 말하자 아이들이 고개를 끄덕였다. 김 선생은 아이들을 둘러보고 말했다.

"우리는 이제까지 방관했을 때 피해자가 얼마나 아픈지 알아봤어요. 그럼 앞으로 괴롭힘이 있을 때 우리 모두 어떻게 해야 할까요?"

"멈춰를 해요!"

"방어자가 되요. 용감한 방어자요!"

"그래서 서로 도와줘요."

아이들이 모두 힘 있게 외쳤다.

"그런데 괴롭히는 아이가 힘이 아주 세거나 혼자서 도와주기가 어려울 때는 어떻게 할까요? 3의 법칙[3] 영상을 보여줄게요. 무슨 일이 벌어졌는지 보세요."

이 영상은 전동차와 승강장 사이에 술에 취한 노인의 다리가 끼었는데 사람들이 전동차를 밀어서 구해준다는 내용이다. 아이들은 한 사람을 구하기 위해 여러 사람이 달라붙어 지하철을 밀 때는 같이 "으쌰 으쌰!"하며 응원을 하고 드디어 지하철이 움직이자 마치 그 자리에 있는 것처럼 "우와~ 해냈다!" 하면서 환호성을 질렀다.

"어때요? 혼자는 힘들어도 둘이나 셋이 되면 괴롭힘당하는 친구를 도울 수 있겠지요?"

김 선생의 말에 아이들은 흥분한 표정으로 교실이 떠나갈 듯 대답했다.

"네!!"

"아무리 강한 사람도 셋이 힘을 합치면 이길 수 있을 것 같아요."

"선생님, 세 명이 모이면 못 할 일이 없을 것 같아요."

"맞아요. 3의 법칙이 세상을 바꿀 수 있을 것 같아요."

"자, 그럼 '우리는 괴롭힘 상황에서 서로 도울 것이다'를 우리 반의 첫 번째 규칙으로 삼았으면 좋겠는데 여러분 생각은 어때요?"

김 선생의 말이 떨어지기가 무섭게 아이들은 한 목소리로 대답했다.

---

3) 셋이 모이면 상황을 바꿀 수 있다는 실험을 소개하는 영상으로, 세 사람이 모여 교통체증을 일으킨다. 3의 법칙이 일상생활 속에서 전동차와 승강장 사이에 술에 취한 노인의 다리가 끼었을 때 전동차를 밀어내어 사람을 구할 수 있는 긍정의 힘을 가지고 있음을 보여준다. 영상은 평화샘 카페(http://cafe.daum.net/peacefulschool) 학교 폭력 자료실 19번에 있다.

"좋아요. 좋아!"
박수와 환호 소리가 교실 안을 가득 채웠다.

올베우스 프로그램에서 4대 규칙은 '우리는 다른 학생에게 폭력을 행사하지 않을 것이다.'로 시작된다. 처음에는 평화샘 프로젝트에서도 이것을 인용해서 프로그램을 진행했는데 평화샘 프로젝트의 성격과 맞지 않는 점이 있었다. 올베우스 프로그램이 학교폭력에 대처하는 프로그램인데 비해서 평화샘 프로젝트는 교사와 아이들이 서로 도우면서 보살핌의 원, 회복의 원을 만드는 프로그램이기 때문이다. 그래서 뭔가 맞지 않는 옷을 입고 있다는 생각이 있었는데 '우리는 괴롭힘 상황에서 서로 도울 것이다.'라는 규칙으로 대체하자 프로그램의 특성이 제대로 드러났다.

규칙 2
'우리는 괴롭힘이 있을 때 서로에게 알릴 것이다.'에 대한 학급회의

"오늘은 교실 평화에 대한 두 번째 규칙을 함께 이야기해볼까요?"
김 선생이 칠판에 규칙 2를 쓰자 준서가 대뜸 "그거 고자질 아닌가요?"라고 물었다.
"준서는 왜 그렇게 생각해요?"
"제가 1학년 때 짝꿍이 계속 괴롭혔어요. 실내화도 숨기고 가방에 낙서하고. 그래서 참을 수 없어서 선생님한테 얘기했더니 '선생님은 고자질하는 사람 싫어한댔지? 자리에 가서 앉아.' 이러시는 거예요."
다른 아이들도 "맞아요! 저도 그런 적 있어요." 하면서 여럿이 맞장구를 쳤다.

"저런, 정말 속상했겠어요. 너무 힘들어서 도와달라는 뜻이었을 텐데."

김 선생이 마음을 다독이자 준서의 눈시울이 붉어졌다.

"그래서 어떻게 되었어요?"

"엄마한테 말했더니 해결해주셨어요."

"다행이네요. 만약 준서가 엄마께도 말하지 않았다면 어떻게 되었을까요?"

김 선생이 아이들에게 묻자 예진이가,

"아마 짝꿍의 괴롭힘은 끝이 없었을 거예요."라고 심각하게 얘기했다. 그때 승연이가 갑자기 생각난 듯 말했다.

"TV에서 봤는데 왕따당하다가 자살한 오빠 이야기가 나왔어요. 그 오빠도 아무에게도 말하지 않았어요."

"그래. 괴롭힘을 당할 때 주변의 어른들에게 이야기하는 것은 아주 중요해요. 그래야 괴롭힘을 끝낼 수 있거든요. 괴롭힘을 당한 사람뿐만 아니라 그 사실을 아는 다른 친구들도 꼭 알려야 해요."

김 선생의 이야기를 듣고 있던 승연이가 밝게 웃으며 말했다.

"아하! 고자질이 아니라 도움을 요청하는 거네요."

"맞아요. 그럼 괴롭힘을 당하거나 목격했을 때 누구에게 알릴 수 있을까요?"

"친구요."

"선생님이요."

"엄마, 아빠요."

"교장선생님이요."

"그래요. 그 밖에 배움터 지킴이 선생님도 계시고, 학교 폭력 담당 선생님도 계세요. 우리 학교에 있는 모든 어른들에게 이야기해도 돼요. 그리고 가장 가까이에서 서로 돕기로 약속한 친구들과 선생님이 있다는 것을 꼭 기억해요."
김 선생이 힘을 주어 말하자 현섭이가,
"선생님, 멋져요!" 하며 엄지손가락을 치켜 올렸다.

학교 폭력을 해결하는 데 있어 가장 기본적인 전제는 사회 전체의 학교 폭력에 대한 인식이 높아지는 것, 그리고 어른들의 명확한 인식과 개입이다.

많은 아이들이 어른들에게 자신의 피해 사실을 알리지 못하는 것은 보복의 두려움 때문이라고 이야기한다. 그러나 이는 결과일 뿐 원인이 아니다. 가장 큰 원인은 어른들에 대한 불신 때문이다. 아이들이 이미 자신의 경험 속에서 어른들의 대응 방식으로는 문제가 해결되지 않을 것이라는 절망감을 학습했기 때문이다. 도와주기는커녕 "네가 좀 잘 적응해라.", "너도 문제가 있는 것 아냐?", "왜 맞고 다니니?"라는 말을 어른들에게 들었을 경우, 피해 아이는 더 큰 절망감에 빠질 수밖에 없기 때문이다.

이 규칙은 누군가가 괴롭힘당하는 것을 알게 될 때, 공동체의 구성원에게 알리는 것이 중요함을 강조하는 것이다.

규칙 3
'우리는 혼자 있는 친구와 함께 할 것이다.'에 대한 학급회의

"우리는 교실 평화 4대 규칙 중 세 번째 규칙을 이야기할 거예요. 세 번째 규칙은 '우리는 혼자 있는 친구들과 함께할 것이다.'예요. 이 규칙을 달리 말하면 '모든 사람은 함께할 다른 누군가가 있어야만 한다.'라는 뜻이랍니다."
김 선생이 세 번째 규칙을 이야기하자 태식이가 "선생님, 오늘도 평화 공부해요?"라고 묻는다.

"네, 규칙 1을 이야기할 때 보았던 것인데 이거 기억해요?"

김 선생은 괴롭힘의 원을 칠판에 붙이고 말했다.

"아, 물론이죠. 저희가 누군데요."

태식이가 너스레를 떨며 말했다.

김 선생은 괴롭힘의 원 옆에 절망의 원을 붙이고 다시 아이들에게 물었다.

"이것은 유럽에서 집단 괴롭힘의 구조를 모델로 만든 것이고, 지금 선생님이 새로 붙인 것은 우리나라에서 만든 모델이에요. 어떤 것이 우리 현실과 더 잘 맞나요?"

"두 번째요."

아이들은 일제히 절망의 원을 손가락으로 가리켰다.

"방어자는 1학년 교실에나 있을 걸요?"

영철이의 말에 아이들이 여기저기서 맞장구를 쳤다.

김 선생은 소극적 방어자와 방관자, 조력자 카드를 떼어내고 가해자 카드를 붙였다. 아이들의 입에서 한숨이 절로 새어 나왔다. 수민이가 말했다.

"선생님, 지옥 같아요!"

"맞아요. 그래서 이 틀을 인간지옥이라고 이름 붙였어요. 이처럼 왕따 당해본 적이 있나요?"

"전학 오기 전에요. 아무런 이유도 없이 여자애들이 '너는 재수 없어. 너랑 안 놀아.' 하면서 왕따를 시켰어요."

이야기를 마친 연희가 눈시울을 붉히며 고개를 숙였다.

"그랬구나. 연희야, 정말 많이 힘들었겠다. 이야기해주어서 고마워."

첫인상이 무척 강해 보였던 연희에게 그런 사연이 있다니 여자아이들이 의외라는 표정으로 쳐다보았다.

"저도 3학년 때 김주희한테 왕따당했던 적 있어요. 저랑 놀지 말라고 했어요."

수진이도 금방 울 것 같은 표정으로 이야기했다.

"나는 2학년 때 왕따였는데……."

물꼬가 트인 듯 아이들의 증언이 이어졌다. 주로 여자아이들이 자신의 경험을 이야기했다.

"그때 기분이 어땠나요?"

"학교 오기 싫었어요."

"짜증 났어요."

여자아이들의 대답에 남자아이들도 고개를 끄덕인다.

"몇몇 친구들에게만 왕따당해도 무척 속상했죠? 그런데 오늘은 몇몇이 아니라 반 전체 아이들에게 왕따당하면 어떤 심정이 되는지 같이 느껴봐요."

김 선생은 왕따 예방 역할극 대본을 나누어 주고 한 명에게 소리 내어 읽으라고 했다. 대본을 읽은 후 김 선생이 물었다.

"피해자 역할을 해볼 사람?"

선뜻 나서는 아이가 없었다. 김 선생이 다시 묻고 아이들을 둘러보자 태식이가 해보겠다고 나섰다. 다음으로 먼저 가해 행동을 시작하는 역할을 할 사람을 묻자 병수가 하겠다고 손을 들었다. 김 선생은 대본에 있는 대로 아이들에게 행동을 안내하고, 학급의 전체 아이가 태식이를 왕따시키는 상황으로 역할극을 하였다. 태식이는 어쩔 줄 몰라 안절부절하였다. 역할극을 마치고 김 선생이 태식이에게 기분이 어떤지 물었다.

"너무 화가 나요."

태식이는 거칠게 숨을 몰아쉬며 더 말을 잇지 못했다. 가해자 역할을 했던 아이들 역시 태식이 말에 공감하는 듯 어두운 표정이 되었다. 다시 김 선생이 물었다.
"학교 올 때마다 이런 일이 일어난다면 학교 오고 싶은 마음이 생길까?"
"오기 싫어요. 막 때려주고 싶어요."
"지금 몇 초 동안이지만 왕따당하는 친구가 어떤 기분이 드는지 느껴봤어요. 선생님도 처음 역할극을 했을 때 너무 힘들었어요. 예전에 왕따 당하던 친구들 얼굴도 떠오르고."
민욱이가 놀랍다는 듯 김 선생에게 물었다.
"선생님도 역할극 해봤어요?"
"물론이죠."
김 선생은 민욱이를 보고 빙긋 웃으며 말하고는 다시 아이들을 향해 말했다.
"다른 친구들도 다음 시간에 돌아가면서 이 역할극을 다 해볼 거예요. 이번에는 이 친구를 돕는 방어자가 되기 위해서 어떻게 해야 할지 알아보는 역할극을 차례로 해볼게요."
김 선생은 차례로 방어자가 1명인 역할극, 방어자가 3명인 역할극, 모두가 방어자인 역할극을 해보았다.
모두가 보살피는 방어자가 된 역할극을 하고 나자 아이들의 얼굴이 밝아졌다. 김 선생은 피해자 역할을 한 태식이에게 물었다.
"지금 기분은 어때?"
"아주 좋아요. 아까는 학교 오기도 싫고 짜증 났는데, 지금은 좋아요."
태식이는 해맑게 웃으며 대답했다. 김 선생은 다른 아이들에게도 물었다.
"지금 방어자가 되어보니까 기분이 어때요?"
"뿌듯해요."
"기분이 좋아요!"

김 선생은 왕따는 사람을 죽음으로 내모는 심각한 폭력임을 다시 한 번 분명히 말했다.

김 선생은 역할극이 모두 끝난 후에 자신의 느낌과 다짐을 간단한 글로 쓰게 하고 몇 명 아이들의 이야기를 들었다.

"작년에도 왕따당하는 아이가 있었는데 이렇게 힘들 줄은 몰랐어요. 그 친구한테 가서 사과하고 싶어요."

"역할극인 줄 알면서도 너무 힘들었어요. 앞으로 방어자가 되어 왕따당하는 친구를 지켜줄래요."

"혼자 있는 친구가 있으면 꼭 같이 놀자고 할 거예요."

친구들이 발표를 하는 동안 아이들의 표정은 진지했다. 연희와 수진이의 얼굴에 안도감이 엿보였다.

"어떤 친구들은 다른 사람과 친해지는 것을 어려워하기도 해요. 수줍음을 많이 타기도 하고, 예전에 친구나 가족에게 상처받았던 적이 있으면 쉽게 마음을 열지 못할 수 있어요. 그래서 여러 친구들과 친해지기까지 다른 친구들이 기다려주고 격려해줄 필요가 있어요. 나는 여러분이 혼자 있는 친구들의 마음을 생각하며 진정한 친구관계를 만들어갔으면 좋겠어요. 다시 한 번 오늘 함께 이야기한 규칙 3을 큰 소리로 읽고 마칠게요."

세 번째 규칙은 모든 사람은 홀로 살 수 없고, 보살펴줄 사람이 있어야 한다는 것이다. 아이들은 체제 순응적인 존재이기 때문에 혼자 힘으로는 교실의 위계관계를 바탕으로 한 집단따돌림에 대처할 수 없다. 그리고 한 개인이 공동체에서 지속적으로 배척당하면 병이 들고, 심각한 경우는 죽을 수도 있다. 어떤 사람을 완전히 고립시키는 따돌림은 한 사람을 짓밟고 망가뜨리는 행동이기 때문이다. 의도적인 따돌림뿐만 아니라 아무도 신경 쓰지 않는 존재감 없는 아이의 문제도 심각하다. 이러한 문제들을 이해하고 상황에 개입할 수 있도록 한 것이 규칙 3이다.

규칙 4
'선생님은 평화의 본보기가 될 것이다.'에 대한 학급회의

가정에서 민주적 규칙과 기대 속에서 자란 아이들은 안전하고 명료한 감각을 가지게 된다고 한다. 학급에서도 마찬가지다. 아이들은 교사의 목표와 의지, 기대에 대해 끊임없이 관심을 가지고 탐색한다. 교사가 평화에 대한 명확한 지향과 규칙을 가지고 있을 경우 아이들은 그러한 기대에 부응하는 행동을 하기 마련이다. 평화에 대한 교사의 원칙과 의지가 아이들의 행동을 동기화시키는 가장 강력한 힘인 것이다. 단지 말이 아니라 실천적 약속일 때 효과는 더욱 커질 것이다. 평화샘 프로젝트 초기 단계에서는 교사 비폭력 선언 형태로 진행했지만 교사도 교실공동체의 한 구성원으로서 동질감을 가지면서 평화와 민주주의에 대한 높은 책임성을 가지기 위해서는 함께 정하고 교사까지도 함께 규율할 수 있는 규칙이어야 한다는 인식에 도달했다.

다만, 대다수 교사들이 이러한 약속을 두려워하는 이유는 그럴 경우 교사에게 덤비는 아이가 있으면 어떻게 할 것인가에 대한 문제 때문이다. 이것은 멈춰를 통해서 그 아이한테 입장 바꿔 생각할 기회를 주는 것으로 해결할 수 있다. 그러한 교권 침해 행동은 교사를 힘들게 할 뿐 아니라 그 행동을 하는 아이에게도 좋지 않다. 다른 아이들 역시 방관자가 아니라 방어자가 되기로 하였는데, 선생님을 돕지 않거나 친구가 나쁜 길로 가는 것을 두고 본다는 것 모두 의리와 우정의 문제로 토론할 수 있기 때문이다. 실제 평화샘 프로젝트를 진행하는 교실에서 수업을 방해하고 교사에게 대드는 아이에게 교사와 아이들이 함께 멈춰를 외치고 역할극을 하면서 달라진 사례들이 이를 잘 보여준다.

"교실 평화 네 번째 규칙은 선생님이 여러분들에게 하는 약속이자 우리 반의 규칙으로 제안하는 거예요."

김 선생이 칠판에 규칙 4를 쓰고 나서 이렇게 말했다.

"선생님은 평화의 본보기가 되기 위해 어떤 체벌도 편애도 하지 않을 거예요."

아이들이 손뼉을 치며 좋아했다.

벌에 대한 목소리 듣기

"여러분은 벌을 받으면서 어떤 생각들을 했나요? 내 잘못을 고치고 싶다는 생각이 들었나요?"

아이들의 이야기가 곧바로 쏟아져 나왔다.

"절대로 안 바뀌어요."

"그리고 누구의 잘못으로 단체 벌을 받게 되면 그 친구가 미워요."

"내가 잘못한 것도 아닌데, 왜 단체로 책임을 져요? 진짜 억울해요."

"선생님들도 벌을 받아보면 좋겠어요. 얼마나 힘든지."

"내가 잘못했어도, 그렇게 심하게 안 하면 좋겠어요."

"더 반항하는 마음이 생겨요."

"저는 뒤에서 선생님 욕을 했어요."

벌에 대한 아이들의 목소리를 들은 후 김 선생이 다시 물었다.

스티커에 대한 목소리 듣기

"그럼 스티커는 어땠어요?"

"스티커는 좋아요. 칭찬 스티커를 받으면 선생님이 맛있는 것도 사주시고, 선물도 주고 그랬어요."

희수가 대답하자, 정민이가 고개를 저으며 말했다.

"받은 사람은 좋겠지만, 안 받은 사람은 기분이 나빠요. 2학년 때 선생님은 모둠으로 스티커를 주셨는데, 몇 애들 때문에 못 받으면 짜증 났어요. 그리고 그 친구가 미워졌어요."

"많이 받은 애들은 은근히 못 받은 애들을 무시하고 그래요."

그러자 희수가 다시 아이들에게 물었다.

"그럼 잘못된 행동은 어떻게 고쳐?"

"그걸 왜 스티커 같은 것으로 고쳐? 그냥 선생님이 얘기해주시고, 친구들이 서로 얘기해주면 되지 않을까? 멈춰를 해도 되고."

정은이가 말하고 나자 아이들도 맞장구를 쳤다.

"맞아요. 스티커는 친구 사이를 나쁘게 만들고 체벌은 선생님하고 사이가 안 좋아지는 것 같아요."

교사의 편애에 대한 아이들의 목소리 듣기

"체벌에 대해서는 모두가 상처가 있고, 하지 않는 것이 좋겠다는 생각이네요. 그럼 선생님의 편애로 힘들었던 적이 있나요?"

"작년에 선생님이 저한테 문제집을 주신 적이 있어요. 그것 때문에 왕따를 당했어요."

교사의 호의가 아이를 왕따로 만든 것이다. 김 선생이 위로의 말을 하고, 다른 편애가 없었는지 물었다.

"남녀차별이요. 선생님들은 여자들만 좋아해요."

기철이가 말하고 나자 남자아이들이 갑자기 "맞아요, 맞아." 하면서 목소리가 커졌다.

"남자 친구들의 반응을 보니까 억울한 게 한두 가지가 아닌 것 같네. 혹시 똑같은 상황인데 남자가 여자보다 더 불리했던 적 있니?"

김 선생이 묻자, 후섭이가 기다렸다는 듯이 대답했다.

"4학년 때 여자애랑 둘이 장난을 쳤는데 여자애는 금방 들어가라고 하고, 저만 남아서 더 혼났어요."

"4학년 때 우리가 엄청 떠들었어요. 그래서 단체로 책상 위에 올라가 손을 들고 있는 벌을 받았거든요. 그때 여자는 금방 내려가라고 하고 남자아이들은 더 벌을 받았어요."

김 선생은 남자아이들에게 그런 일을 겪고 나면 어떤 마음이 드는지 물었다.

"여자들이 미워져요."

"우리가 여자들을 놀리는 게 그래서 그런 거예요. 때리면 더 혼나니까."

"지금 친구들이 이야기한 것처럼 선생님의 편애는 왕따를 만들기도 하고, 친구 간에 괴롭힘을 만드는 원인이라는 걸 알게 됐어요. 그래서 규칙 4를 제안했는데 우리 반의 규칙으로 정해도 될까요?"

"좋아요!!"

아이들은 박수를 치며 환호했다. 김 선생은 웃으며 다시 말을 이어갔다.

"그런데 말이야. 선생님이 혹시 약속을 어길 때는 어떻게 할까?"

갑자기 아이들의 표정이 어두워졌다. 그때 정민이가 대답했다.

"우리가 선생님한테 멈춰를 하면 되죠."

김 선생이 손뼉을 치며 대답했다.

"그렇지. 그런 방법이 있네요. 우리 한번 연습해볼까? 너희가 규칙도 안 지키고 숙제도 안 해서 안 되겠어. 모두 벌 받아야겠다."

"선생님! 멈추세요!"

교권 침해에 대한 약속

"자, 그런데 선생님도 걱정이 있어. 이건 선생님뿐 아니라 대다수 선생님들이 걱정하는 문제일 거야. 이 문제가 해결되면 우리 교실은 진짜 평화로워질 수 있을 거야."

아이들이 눈을 동그랗게 뜨고 "그게 뭐예요?" 하고 물었다.

"혹시 선생님이 체벌하지 않는다고 선생님한테 대들거나 무시하는 친구가 있으면 어쩌나 하는 거야. 그럴 때 어떻게 하면 좋을까?"

"선생님도 멈춰 하세요. 우리도 멈춰 할게요."

"좋아. 그럼 이것도 한번 연습해볼까? 여기 선생님한테 덤비는 친구가 있다고 해요."

"멈춰!"

아이들은 지체 없이 바로 멈춰를 외쳤다. 김 선생은 흔쾌히 웃으며 말했다.

"걱정을 내려놓게 되니 마음이 가벼워졌어요. 사실 이런 규칙을 이야기하는 이유가 옛날 왕도 국법은 지켜야 했어요. 그런데, 작년까지도 선생님이 평화로운 교실의 규칙을 이야기하면서도 아이들이 지킬 규칙만 이야기하고 우리들이 같이 지켜야 하는 규칙으로 이야기를 하지 못했어요. 선생님은 우리가 같은 공동체의 구성원이라면 모두가 함께 규칙을 지켜야 한다고 생각해요. 그런 뜻에서 선생님도 이제야 평화로운 교실의 동등한 구성원이 되었다는 생각이 들고 아주 뿌듯해요. 그럼 우리가 함께 정한 규칙 4가지를 함께 읽으며 이 시간을 마치도록 할게요."

김 선생과 아이들은 한 목소리로 규칙을 읽어나갔다.

"우리는 괴롭힘 상황에서 서로 도울 것이다."

"우리는 괴롭힘이 있을 때 서로에게 알릴 것이다."

"우리는 혼자 있는 친구와 함께 할 것이다."

"선생님은 평화의 본보기가 될 것이다."

규칙을 다 읽고 누가 먼저랄 것도 없이 모두 함께 환호와 손뼉을 쳤다.

왕따 예방 역할극(자료)
-모두가 왕따 피해자의 아픔을 함께 느껴야

한성이는 전체 아이들 중에서 키도 제일 작아서 땅꼬마, 땅콩이라고 불린다. 아토피가 있는 한성이에게 아이들은 바이러스라고 부르며 벌레 보듯 피한다. 한성이는 아이들 모두가 알고 있고, 스스로도 인정하고 있는 전따이다. 아무도 같이하려고 하지 않기 때문에 한성이는 학교에 올 때나 갈 때 늘 혼자이다. 물론 점심시간에 밥도 혼자 먹는다.

오늘 아침에도 한성이는 힘없이 문을 열고 교실에 들어선다. 출입문 근처에서 수철이와 은혁이가 주머니에 손을 넣은 채 나란히 서 있고, 주변에 기영이와 재성이가 가위바위보를 하며 장난을 치고 있다. 창가에서는 상호와 준수가 도란도란 이야기를 나누고 현수는 자기 자리에 앉아 책을 읽고 있다. 한성이가 들어오자 수철이가 아이들에게 큰 소리로 말한다.

"얘들아, 바이러스 온다. 바이러스!"

은혁이도 한성이를 마치 벌레 보는 듯한 표정을 지어보이며 말한다.

"아, 재수 없어!"

한성이가 눈길을 피하며 자기 자리로 걸어가는데 은혁이가 한성이와 어깨를 부딪친다. 은혁이가 짜증을 내며 말한다.

"아, 바이러스 묻었어. 내 몸 썩을 거 같아."

은혁이가 부딪쳤던 부분을 손으로 닦아내며 옆에 있는 기영이의 몸에 묻히자 기영이가 몸서리를 치며 온몸을 털었다.

"아아악, 찐따 새끼 때문에 더러워 죽겠네!"

한성이는 힘없이 자기 자리로 간다. 낄낄거리며 그 모습을 보던 재성이가 한성이의 의자를 치운다. 그때 현수가 쓰레기를 버리려고 일어섰다. 기영이가 현수에게 한성이 자리를 가리키며 말했다.

"야, 여기가 쓰레기통이니까 여기에 버려라!"

기영이의 말이 끝나자마자 현수가 야비하게 웃으며 말했다.

"그래? 새 쓰레기통 좋은데."

현수가 쓰레기를 한성이 자리로 던지자 그게 신호라도 되듯 뒤이어 상호와 준수가 쓰레기를 던졌다.

왕따 예방 역할극은 어떻게 할까?

❶ 역할극은 8~10명씩 여러 개의 모둠을 나누어서 진행할 수도 있고, 반 아이들 모두가 참여할 수도 있다. 초등학교 저학년의 경우에는 모둠별로 하기 어렵기 때문에 모두가 참여하는 방식으로 진행하는 것이 좋다.

❷ 역할극을 시작할 때 교사는 이렇게 이야기한다.

"우리 반에 왕따가 생긴다면 그 친구가 어떤 기분이나 느낌이 드는지 알아보기 위한 역할극이에요. 실제 괴롭힘 상황이라 생각하고, 진지하게 참여해주세요. 그래야만 피해자가 얼마나 아픈지 공감할 수 있기 때문이에요."

❸ 모두가 가해자인 역할극을 한다. 먼저 누가 피해자 역할을 하고 가해자 역할을 시작할 것인지 정한다.

이때 고려해야 할 것이 왕따 경험이 있는 아이들이 피해자 역할을 할 때 생겨날 수 있는 문제이다. 아주 힘들게 역할을 수행하는 경우도 있고, 울면서 못하겠다고 해서 역할극을 진행하기 어려운 상황도 있다.

교사는 아이들의 생활을 주의 깊게 관찰해서 현재 또는 과거 왕따 경험이 있는 아이들이 피해자 역할을 할 때 도울 수 있는 방안을 미리 생각해두어야 한다.

교사가 미리 그런 상황을 예상하고 있다면 그 상황 자체를 학습의 기회로 삼을 수 있다. 아이들이 피해 아이의 마음을 위로하면서 그 아픔을 공감하게 된다면 상처를 치유할 수 있는 시간이 된다.

대본 ❶ (모두가 가해자일 때)

때	아침 자습시간
곳	교실
등장인물	수철(가해자), 한성(피해자), 은혁(가해자), 기영(가해자), 재성(가해자), 상호(가해자), 현수(가해자), 준수(가해자)

수철(가해자)이와 은혁이(가해자)가 주머니에 손을 넣은 채 나란히 서 있고, 주변에 기영(가해자), 재성(가해자)이가 가위바위보를 하며 장난을 치고 있다. 창가에서는 상호(가해자)와 준수(가해자)가 도란도란 이야기를 나누고 현수(가해자)는 자기 자리에 앉아 책을 읽고 있다. 한성(피해자)이가 들어오자 수철이(가해자)가 아이들에게 큰 소리로 말한다.

수철(가해자) 얘들아, 바이러스 온다. 바이러스!
은혁(가해자) (벌레를 보는 듯한 표정으로) 아, 재수 없어!

한성이(피해자)가 눈길을 피하며 자기 자리로 걸어가는데 은혁이(가해자)가 한성이(피해자)의 어깨를 툭 건드린다.

은혁(가해자) (짜증을 내며) 아, 바이러스 묻었어. 내 몸 썩을 거 같아.

은혁이(가해자)는 손으로 부딪쳤던 부분을 닦아내며 옆에 있는 기영이(가해자)의 몸에 묻힌다.

기영(가해자)   (몸서리를 치면서 온몸을 턴다.) 아아악, 찐따 새끼 때문에 더러워 죽겠네!

한성이(피해자)는 힘없이 자기 자리로 간다. 그 모습을 보더니 재성이(가해자)가 한성이(피해자) 의자를 치운다. 이 때 현수(가해자)는 쓰레기를 버리려고 일어선다.

기영(가해자)   (한성이를 가리키며) 야, 여기가 쓰레기통이니까 여기에 버려라!
현수(가해자)   (야비하게 웃으며) 그래? 새 쓰레기통 좋은데.

기영(가해자)이 말이 끝나자마자 현수(가해자)가 쓰레기를 한성이(피해자) 자리에 던진다. 그게 신호라도 되듯 뒤이어 상호(가해자), 준수(가해자)가 쓰레기를 던진다.

❹ 역할극이 끝나면, 교사는 피해자와 가해자 인터뷰를 한다. 가해자의 경우는 처음 가해 행동을 시작한 아이와 인터뷰를 한다. 모둠별로 할 경우 질문지를 준비하여 모둠에 내주고 아이들이 인터뷰를 진행할 수 있게 한다. 이때 교사는 각각의 모둠에서 진행되는 상황을 보면서 적절한 도움을 준다. 한 아이가 피해자 역할과 인터뷰를 끝내면 차례로 돌아가면서 모두 피해자 역할을 한다.

모두가 가해자일 때

피해자 인터뷰

교사   지금 어떤 느낌이 들어?

피해자   너무 무서워요. 세상에 나 혼자 남겨진 기분이에요.

교사   이런 상황이라면 학교에 오고 싶을까?

피해자   오기 싫어요.

교사   친구들이 어떻게 해주면 좋겠니?

피해자   멈춰를 하면 좋겠어요. 도와주면 좋겠어요.

가해자 인터뷰

교사   아이들이 모두 가해자를 도왔는데, 어떤 기분이 들어?

가해자   제가 왕이 된 기분이에요.

교사   피해자에게 미안한 마음이 안 들었니?

가해자   그런 마음이 좀 들긴 했는데, 다 같이 하니까 괜찮았어요.

❺ 모두가 가해자인 역할극을 한 다음에는 각자 느낌을 표현하며 학급 전체가 공유한다. 시간이 부족한 경우에는 소감문을 쓰게 하고, 몇몇 아이들이 발표하게 할 수도 있다.

"내가 피해자였을 때 어떤 기분이 들었는지 함께 이야기해볼까요?"

"우리는 단 몇 초 동안 왕따가 되었는데도 이렇게 화가 나고, 힘들었어요. 그런데 그 시간이 하루나 1년 또는 몇 년씩 왕따를 당한다고 생각해보세요. 과연 어떤 마음 상태가 될까요?"

앞의 내용처럼 아이들은 죽고 싶다거나 학교에 오고 싶지 않을 거라는 대답을 한다.

❻ 문제를 해결하기 위한 방법을 제안하고 토론한다.

교사는 아이들에게 우리가 어떻게 해야 왕따 피해자를 도울 수 있을 것인지에 대해서 묻는다.

"우리가 피해자를 도우려면 어떻게 해야 할까요?"

"멈춰를 해요."

"방어자가 돼요."

"그런데 여러 상황이 있잖아요. 방어자가 1명인 경우도 있고, 3~4명인 경우도 있고, 다수가 방어자인 경우도 있잖아요. 그때마다 느낌이 같을까요?"

"아니요!"

"좋아요. 그럼 그러한 상황과 관련해서 역할극을 해봅시다."

❼ 먼저 방어자가 1명인 역할극을 한다.

누가 방어자를 할 것인지 정한다. 아래 예시 대본은 상호가 방어자 역할을 하고 수철이가 가해 행동을 먼저 하겠다고 자원한 경우이다.

대본 ❷ (방어자가 1명일 때)

때	아침 자습시간
곳	교실
등장인물	수철(가해자), 한성(피해자), 은혁(가해자), 기영(가해자), 재성(가해자), 현수(가해자), 준수(가해자), 상호(방어자)

수철(가해자)이와 은혁이(가해자)가 주머니에 손을 넣은 채 나란히 서 있고, 주변에 기영(가해자), 재성(가해자)이가 가위바위보를 하며 장난을 치고 있다. 창가에서는 상호(가해자)와 준수(가해자)가 도란도란 이야기를 나누고 현수(가해자)는 자기 자리에 앉아 책을 읽고 있다. 한성(피해자)이가 들어오자 수철이(가해자)가 아이들에게 큰소리로 말한다.

수철(가해자)   얘들아, 바이러스 온다. 바이러스!
은혁(가해자)   (벌레를 보는 듯한 표정으로) 아, 재수 없어!

한성이(피해자)가 눈길을 피하며 자기 자리로 걸어가는데 은혁이(가해자)가 한성이(피해자)의 어깨를 툭 건드린다.

은혁(가해자)   (짜증을 내며) 아, 바이러스 묻었어. 내 몸 썩을 거 같아.

은혁이(가해자)는 손으로 부딪쳤던 부분을 닦아내며 옆에 있는 기영이(가해자)의 몸에 묻힌다.

기영(가해자) (몸서리를 치면서 온몸을 턴다.) 아아악, 찐따 새끼 때문에 더러워 죽겠네!

한성이(피해자)는 힘없이 자기 자리로 간다. 창가에서 한성이를 쳐다보던 상호가 이야기를 한다.

상호(방어자) 야, 너희들 너무하는 거 아니야? 친구한테 어떻게 그런 말을 하냐!

수철(가해자) (상호를 노려보며) 왜, 너도 찐따 되고 싶은가 보지?

은혁(가해자) (주먹을 들어 보이며) 야, 새끼야, 쳐 맞고 싶지 않으면 찌그러져 있어.

기영, 재성, 현수, 준수도 상호에게 한마디씩 하며 낄낄대고 웃는다. 상호는 아무 말도 못하고 표정 없이 서 있다.

방어자가 1명인 역할극을 한 후에는 피해자와 방어자, 가해자 인터뷰를 한다. 가해자의 경우는 2~3명만 하고 그 느낌에 공감이 되는지 전체에게 묻는다.

방어자가 1명일 때

피해자 인터뷰

교사	지금 한 명이 돕기 위해 나섰는데 어떤 느낌이 들었니?
피해자	아까보다는 나아요. 그 친구가 고마워요. 한 줄기 빛이 드는 느낌이에요. 그런데 저 친구도 같이 왕따가 될까 걱정하는 마음도 생겨요.

(그 외에도 다음과 같은 반응이 있었다. "어디선가 구원의 목소리가 들리는 것 같았어요.", "구원의 동아줄이 내려온 것 같아요.", "그 친구 얼굴만 보였어요.")

교사	친구들이 어떻게 해주면 좋겠니?
피해자	○○처럼 같이 멈춰를 해주면 좋겠어요.

가해자 인터뷰

교사	자, 교실에 방어자가 한 명 생겼는데, 그때 어떤 느낌이 들었니?
가해자	처음엔 잠깐 멈칫했는데요, 다른 애들이 호응하지 않아서 뭐 괜찮아요. 그런데 한 명이 그렇게 나서니까 더 세게 나가고 싶던데요.

방어자 인터뷰

교사	혼자 친구를 도우려고 했는데 기분이 어땠어?

| 방어자 | 다른 아이들이 가만히 있어서 답답하고 제가 괴롭힘 당할까 두려운 마음도 들었어요. |

❽ 방어자가 3명인 역할극을 한다. 방어자는 가해 행동이 3~4번 계속될 즈음 방어 행동에 나서도록 미리 약속을 한다. 아래 예시 대본은 상호, 준수, 현수가 방어자 역할을 하고, 수철이가 가해 행동을 먼저 하기로 자원한 경우이다.

대본 ❸ (방어자가 3명일 때)

때	아침 자습시간
곳	교실
등장인물	수철(가해자), 한성(피해자), 은혁(가해자), 기영(가해자), 재성(가해자), 상호(방어자), 현수(방어자), 준수(방어자)

수철(가해자)이와 은혁이(가해자)가 주머니에 손을 넣은 채 나란히 서 있고, 주변에 기영(가해자), 재성(가해자)이가 가위바위보를 하며 장난을 치고 있다. 창가에서는 상호(방어자)와 준수(방어자)가 도란도란 이야기를 나누고 현수(방어자)는 자기 자리에 앉아 책을 읽고 있다. 한성(피해자)이가 들어오자 수철이(가해자)가 아이들에게 큰 소리로 말한다.

수철(가해자)　얘들아, 바이러스 온다. 바이러스!
은혁(가해자)　(벌레를 보는듯한 표정으로) 아, 재수 없어!

한성이(피해자)가 눈길을 피하며 자기 자리로 걸어가는데 은혁이(가해자)가 한성이(피해자)의 어깨를 툭 건드린다.

은혁(가해자)　(짜증을 내며) 아, 바이러스 묻었어. 내 몸 썩을 거 같아.

은혁이(가해자)는 손으로 부딪쳤던 부분을 닦아내며 옆에 있는 기영이(가해자)의 몸에 묻힌다.

기영(가해자)　(몸서리를 치며) 아아악, 찐따 새끼 때문에 더러워 죽겠네!

한성이(피해자)는 힘없이 자기 자리로 간다. 그때 상호(방어자)와 현수(방어자)가 수철이(가해자)와 은혁(가해자)한테 다가가고, 준수(방어자)는 한성이(피해자)에게 가서 어깨동무를 하며 자리로 데려간다.

상호(방어자)　야, 너희들 너무 하는 거 아니야? 친구한테 어떻게 그렇게 하냐!
수철(가해자)　어쭈, 너 갑자기 왜 그래? 어디 아프냐?
은혁(가해자)　야, 너 오늘 좀 이상하다. 너도 찌질이 되고 싶은가 보지?
현수(방어자)　수철아, 은혁아, 친구한테 그렇게 하면 안 되지.
준수(방어자)　한성아, 어서 와. 어제 뭐 했어?

> 기영이(가해자)와 재성이(가해자)는 상호(방어자), 현수(방어자), 준수(방어자)에게 '쟤들 왜 저러냐?'라는 식의 눈초리로 쳐다보며 수군거린다. 수철이(가해자)와 은혁이(가해자)도 더 이상 말을 못하고 쳐다만 보고 있다.

역할극이 끝나고 인터뷰를 한다.

방어자가 3명일 때

피해자 인터뷰

교사	지금 세 명의 친구가 너를 도왔는데, 어떤 느낌이 들어?
피해자	좋아요. 이 정도면 저도 숨을 쉴 수 있고, 맞설 수 있을 것 같아요.

가해자 인터뷰

교사	지금 여러 명이 너의 행동을 제지했는데, 기분이 어때?
가해자	세 명이 그러니까 좀 부담스럽네요. 내가 잘못한 것 같은 느낌이 들기도 하고요.

방어자 인터뷰

교사	세 명이 같이 방어자가 되니까 느낌이 어때?
방어자	(이구동성으로) 서로 의지가 되죠. 뭔가 변할 수 있다는 자신감이 생겨요.

❾ 네 번째로 모두가 방어자가 된 역할극을 한다. 이 단계는 방어자로서 "멈춰"를 외치고, 괴롭힘 행동을 그만두게 하지만, 피해자나 가해자에게 보살핌 행동을 하지는 않는다. 학급 전체적으로 진행하는 경우에는 역할극을 하기 전에 교사는 다음과 같은 이야기를 할 수 있다.

"방어자가 3명이 되니까 맞설 수 있는 힘이 생기는 것 같다고 했어요. 절망의 상태를 벗어났네요. 3의 법칙이 통했어요. 자, 이제 모두가 멈춰를 하며 방어자가 되는 역할극을 해볼게요."

모두가 방어자인 역할극을 할 때는 가해 행동이 1번 나오면 바로 방어 행동을 하자고 약속한다. 다음 예시 대본은 수철이가 가해 행동을 하는 것으로 자원한 경우이다.

대본 ❹ (모두가 보살핌 행동이 없는 방어자일 때)

때	아침 자습시간
곳	교실
등장인물	수철(가해자), 한성(피해자), 은혁(방어자), 기영(방어자), 재성(방어자), 상호(방어자), 현수(방어자), 준수(방어자)

수철(가해자)이와 은혁이(방어자)가 주머니에 손을 넣은 채 나란히 서 있고, 주변에 기영(방어자), 재성(방어자)이가 가위바위보를 하며 장난을 치고 있다. 창가에서는 상호(방어자)와 준수(방어자)가 도란도란 이야기를 나누고

현수(방어자)는 자기 자리에 앉아 책을 읽고 있다. 한성이(피해자)가 들어오자 수철이(가해자)가 아이들에게 큰 소리로 말한다.

수철(가해자)   얘들아, 바이러스 온다. 바이러스!
은혁(방어자)   수철아, 멈춰! 친구한테 어떻게 그런 말을 하냐!
현수(방어자)   (책을 읽고 있다가 고개를 들어 수철이를 쳐다보며) 그래, 친구한테 너무 심하잖아!
상호(방어자)   이제 그만 좀 해라.

아이들은 수철이(가해자)이에게 모두 한두 마디씩 이야기를 한다.

역할극이 끝나고 인터뷰를 한다.

모두가 보살핌 행동이 없는 방어자일 때

피해자 인터뷰

교사   모두가 멈춰를 하며 도와주었는데 어떤 느낌이 들어?
피해자   정말 좋아요. 이제 무섭지 않아요.

(그 외에도 "야, 너 나한테 왜 그러는데." 등 가해자에게 분노를 표출하는 반응들도 많다.)

교사	이 정도면 학교는 다닐 만할까?
피해자	네. 다닐 만할 것 같아요.
교사	그런데 친구들에게 친구로 받아들여진 느낌은 드니?
피해자	아니요. 그렇지는 않아요.

가해자 인터뷰

교사	지금 어떤 기분이 들어?
가해자	제가 왕따 된 기분이에요. 이런 상황이라면 다시는 하기 어려울 것 같아요.

(그 외에도 "모두가 멈춰를 외치는 순간 무서웠어요.", "제가 왕따를 당하는 기분이에요."라는 이야기를 하고, 실제 우는 아이도 있다.)

방어자 인터뷰

교사	지금 기분이 어때?
방어자	다 같이 멈춰를 외치니까 이제 우리 반에서 괴롭힘을 없앨 수 있을 것 같아요.

❿ 마지막으로 모두가 방어자가 된 역할극을 한다. 이번에는 멈춰를 외치고 피해자와 가해자에게 보살핌 행동을 한다. 보살핌 행동은 피해자에게 다가가서 먼저 하고, 그 다음 가해자에게 하도록 한다.

모두가 방어자가 되는 왕따 예방 역할극에서는 가해자가 어떻게 해야 할지 모르는 상황이 발생한다. 이는 또 다른 왕따를 만들어낼 수 있는 상황이므로 가해자에 대한 비난에 그치는 것이 아니라 따뜻하게 감싸 안으면서 분위기를 바꾸는 보살핌의 언어를 아이들이 개발할 수 있는 기회를 주어야 한다.

대본 ❺ (모두가 보살핌 행동이 있는 방어자 일 때)

때	아침 자습시간
곳	교실
등장인물	수철(가해자), 한성(피해자), 은혁(방어자), 기영(방어자), 재성(방어자), 상호(방어자), 현수(방어자), 준수(방어자)

수철(가해자)이와 은혁이(방어자)가 주머니에 손을 넣은 채 나란히 서 있고, 주변에 기영(방어자), 재성(방어자)이가 가위바위보를 하며 장난을 치고 있다. 창가에서는 상호(방어자)와 준수(방어자)가 도란도란 이야기를 나누고 현수(방어자)는 자기 자리에 앉아 책을 읽고 있다. 한성이(피해자)가 들어오자 수철이(가해자)가 아이들에게 큰 소리로 말한다.

수철(가해자)   얘들아, 바이러스 온다. 바이러스!
상호(방어자)   수철아, 친구한테 어떻게 그런 말을 하냐!
현수(방어자)   (반갑게 하이파이브를 하며) 야, 한성아! 어제 뭐 했어?

아이들이 한성이(피해자)와 수철이(가해자)를 둘러싸고 이야기를 한다.

기영(방어자) (수철이 어깨에 손을 얹으며) 야, 수철아, 너 오늘 기분 안 좋냐?

상호(방어자) (장난스럽게) 스트레스를 친구한테 풀면 안 되지. 운동장에 가서 축구 한판 하고 기분 풀까?

기영, 은혁(방어자) 그래. 밖에 나가서 축구 한판 하자!

역할극이 끝나고 인터뷰를 한다.

모두가 보살핌 행동이 있는 방어자일 때

피해자 인터뷰

교사 모두가 도와주니까 어떤 느낌이 들어?

피해자 정말 좋아요. 따뜻한 물속에 있는 기분이에요.

(그 외에도 "구름 위를 나는 것 같아요."라고 하기도 한다.)

교사 지금은 친구들에게 친구로서 받아들여진 느낌은 드니?

피해자 네. 친구들이 다가 와서 말도 걸어주고 하니까 이제 진짜 친구가 된 것 같아요.

가해자 인터뷰

교사 지금 어떤 기분이 들어?

가해자 아까는 친구를 괴롭히면 안 되겠다는 생각만 들었는데 지금은 한성이에게 너무 미안해요. 그리고 저에게 말을 걸어준 친구들이 고맙고 잘 지내야겠다는 생각이 들어요.

방어자 인터뷰

교사 지금 기분이 어때?

방어자 뿌듯해요. 이제 우리 반에서 괴롭힘을 없앨 수 있을 것 같아요. 세상이 갑자기 환해진 느낌이에요.

역할극이 모두 끝난 후에는 자신의 느낌과 다짐을 간단히 글로 적어보도록 한다. 아이들이 스스로 자신의 생각을 정리할 필요가 있기 때문이다.

"마무리 활동으로 오늘 왕따 예방 역할극을 하면서 느낀 점과 자신의 약속이나 다짐을 글로 써보도록 할게요."

글을 쓴 후에는 자원하는 몇 명이 발표하도록 한다. 그리고 교사는 다음과 같은 말로 수업을 마친다.

"우리 모두가 방어자가 되는 행복한 경험을 해봤지요?"

"네!"

"앞으로 괴롭힘이 있을 때 우리 모두 어떻게 할까요?"

"방어자가 돼요!"

평화로운 교실공동체를 위한
학급 목표 정하기

3월 초에 교사가 평화로운 교실공동체를 만들겠다는 의지를 밝힌 후, 아이들과 일 년 동안 함께할 목표를 정한다. 교사와 아이들이 함께하는 평화로운 공동체가 되기 위해서는 목표를 정하는 것부터 작은 것 하나까지 함께 논의해서 결정하는 것이 중요하다. 학급의 목표 정하기는 3월 1주를 넘기지 않는 것이 좋다.

교실 평화 4대 규칙을 공유한 김 선생은 며칠 전 아이들에게 '내가 바라는 우리 반'에 대한 생각을 정리해 오는 과제를 내주었다.

"선생님, 저 우리 반 목표 생각해 왔어요. '왕따가 없고, 평화로운 반'이에요. 어때요?"

2학년 때 왕따를 당했다고 이야기했던 윤주가 쉬는 시간에 먼저 이야기를 꺼내며 관심을 보였다.

"자, 이번 시간에는 올해 우리 반 목표를 이야기해보자. 다들 생각해 왔겠지요?"

"당연하죠!"

윤주가 큰 소리로 대답했다. 다른 아이들도 기대에 찬 표정이다.

쪽지를 한 장씩 나누어주고 자신의 바람을 적어서 칠판에 붙이게 했다. 규칙에 대한 토론을 했기 때문이었을까? 아이들에게 가장 절실한 문제가 학급 내 위계질서 속에서 나타나는 괴롭힘과 따돌림이었기 때문일까? 표현은 약간씩 달랐지만 '폭력 없는 평화로운 반'이 34명 중 29명, '체육을 많이 하는 반'이 2명, '자연을 사랑하는 반'이 1명, '열공하는 반'이 2명으로 나왔다.

가장 많은 의견이 나온 '폭력 없는 평화로운 우리 반'을 목표로 결정하려고 하는데, 수빈이가 자연에 대한 내용도 넣자는 의견을 냈다. 다른 아이들의 흔쾌한 동의 속에 학급 목표는 '자연과 평화를 사랑하는 5반'이 되었다.

학급 목표를 정하고 소감을 묻자, 선규가 대답했다.

"내가 쓴 말이 들어가서 너무 기분이 좋아요."

"내 의견이 반영된 거잖아요. 앞으로 잘 지켜야지요."

아이들의 이야기에 스스로 정한 목표에 대한 자부심과 책임감이 가득 묻어났다.

학급 목표를 만드는 방법을 요약하면 다음과 같다.
- 평화로운 교실에 대한 교사의 비전과 의지를 분명하게 밝힌다.
- '내가 바라는 우리 반'이라는 주제로 미리 생각할 수 있는 시간을 충분히 준다. 숙제로 내줄 수도 있다.
- 쪽지에 '내가 바라는 우리 반'을 적어 칠판에 붙인다.
- 비슷한 것끼리 묶어 '안'을 정한다.
- 토론을 통해 결정한다.
- 함께 정한 학급 목표와 규칙은 잘 보이는 곳에 걸어두어 아이들이 항상 볼 수 있게 한다.

평화로운 교실공동체를 위한
학급 규칙 정하기

멈춰 제도와 교실 평화 4대 규칙을 기본으로 학급에서 함께 지켜야 할 규칙을 더 토론하여 학급 규칙을 정한다.

"어제 우리 반에서 일 년 동안 꼭 지켜야 할 규칙을 생각해 오라고 숙제를 냈는데, 다들 생각해 왔지요? 각자 생각해 온 것을 쪽지에 적어서 칠판에 붙여볼게요."

김 선생은 칠판에 '~하자'와 '~하지 말자'를 쓰고 분류해서 붙이도록 했다.

~ 하자	~ 하지 말자
• 싸우고 괴롭히는 걸 보면 멈춰라고 말하자. • 친구를 도와주자. • 친구들과 친하게 지내자. • 친한 친구하고만 놀지 말고 다른 친구와도 놀자. • 괴롭힘을 당하고 있는 친구를 보면 도와주자. • 혼자 있는 친구와 놀아주자. • 쉬는 시간에 조용히 책을 읽자. • 웃는 얼굴과 고운 마음을 가져서 친구들에게 친절한 말씨를 사용하자. • 약속을 잘 지키자. • 칭찬을 잘하자. • 친구들을 배려하자. • 인사를 잘하자. • 평화로운 우리 반을 만들기 위해 폭력을 쓰지 않도록 노력하자.	• 폭력을 쓰지 말자. • 왕따를 시키지 말자. • 방관자가 되지 말자. • 다굴을 하지 말자. • 협박을 하지 말자. • 놀리지 말자. • 뒷담화하지 말자. • 복도에서 뛰지 말자. • 악플, 욕문자를 하지 말자. • 친구들을 미워하지 말고 싫어하는 짓을 하지 말자. • 지나친 장난을 하지 말자. • 위험한 행동을 하지 말자. • 명령식으로 말하지 말자.

아이들이 붙인 내용을 보니 4대 규칙 가운데 첫 번째 규칙인 '우리는 괴롭힘 상황에서 서로 도울 것이다.'에 해당하는 내용들이 많았다. 그래서 4대 규칙에 포함되는 내용들을 묶어서 몇 가지로 정리하였다.

정리된 규칙은 교실에서 잘 보이는 곳에 학급 목표와 함께 게시하였다. 그것을 보고 아이들이 한마디씩 했다.
"3학년이 되면 많이 난폭해지는데, 우리 친구들도 그럴까 봐 걱정이 되었어요. 그런데 이렇게 멈춰와 규칙을 정해서 이제 안심이 돼요."
"우리가 같이 정한 거라서 친구들이 약속을 잘 지킬 거라는 생각이 들어요."
학급 규칙 만드는 방법을 요약하면 다음과 같다.

- 멈춰 제도와 교실 평화 4대 규칙을 기본 규칙으로 확인한다.
- 학급 목표를 이루기 위해 지켜야 할 규칙을 미리 생각해 오도록 과제를 내준다.
- 쪽지를 나누어주고 규칙을 적어 칠판에 붙이게 한다.
- '~하자'와 '~하지 말자'로 나누어 비슷한 것끼리 분류한다.
- 토론을 통해 결정한다.

보살핌의 원 넓히기
– 학기 중에 전학 온 아이와 어떻게 규칙을 공유할까?

아이들과 교실 평화 4대 규칙을 공유하고 멈춰 제도를 통해 학급 질서가 안정적으로 형성되었는데 한 아이가 전학을 오면 어떻게 할까? 번거롭다고 해서 그 아이가 이미 형성된 질서에 적응하기만을 바라는 것은 또 하나의 폭력이다. 다시 한 번 목표와 원칙을 공유하고 함께 토론하는 것이 중요하다. 이렇게 모두가 한 걸음씩 물러나서 보살핌의 원을 넓히지 않으면 새로 온 아이는 원 밖에 있게 될 것이고, 이는 또 하나의 왕따 만들기나 다름없기 때문이다.

다음 이야기는 보살핌의 원을 어떻게 넓힐지 잘 보여주는 사례이다.

2학기 개학 첫날, 오랫동안 떨어져 있던 어색함을 날려 보내기 위해 신나게 강당에서 놀고 있을 때 새로 전학 온 여자아이가 엄마와 함께 그곳으로 찾아왔다.

"어머, 전학 왔어요?"

"안녕?"

놀이하던 아이들이 우르르 나와 반갑게 인사하자, 전학 온 새롬이는 수줍은지 눈만 껌벅거리고 있었다. 새롬이 어머니는 당황해서 교실에서 기다리겠다며 아이를 데려가려고 하셨다.

김 선생은 마침 잘되었다 싶어 여기서 아이들과 같이 노는 게 좋겠다고 어머니께 말씀드렸다. 그리고 어머니와 잠깐 이야기하고 강당에 들어가니 새롬이는 어느새 여자아이들 손에 이끌려 환한 얼굴로 놀고 있었다. 손에 손을 잡고 강강술래를 하는데 새롬이는 줄곧 같이 지낸 것처럼 몸과 마음이 열려 신나게 뛰어놀았다.

놀이를 통해 어색함을 날려버린 아이들은 쉬는 시간마다 새롬이에게 몰려가 이야기꽃을 피운다.

"나는 인서고, 얘는 지민이고······."

"우리 반에는 멈춰라는 것이 있는데, 이건 말이야······."

"우리는 하루 열기, 닫기도 해."

자기소개에서부터, 멈춰와 하루 열기, 닫기, 우리 반 규칙까지······.

김 선생은 집에 가기 전 새롬이에게 전학 온 첫날 소감을 물었다.

"하루 만에 친구가 생겼어요. 지난번 학교에서는 전학 오고 일주일 동안 말을 못했는데, 여기는 아이들이 너무 잘 대해줘요. 앞으로 학교생활이 재미있을 것 같아요."

학급 전체가 따뜻하게 맞아주면 전학 온 아이도 새로운 상황에 대한 긴장과 불안감을 떨쳐버리고 기대감과 안전한 느낌을 갖게 된다.

이때 교사가 주의할 것은 단지 기존에 형성된 규칙에 대한 설명만으로 끝나서는 안 된다는 것이다. 단 한 명의 아이라 하더라도 그 규칙을 공유하는 데 참여하지 않은 이상, 규칙에 대한 토론과 멈춰 제도에 대한 합의, 역할극을 처음부터 다시 해야 한다. 함께 정하지 않은 규칙을 전학 온 아이에게 일방적으로 강요하는 것은 옳지 않기 때문이다.

교실 평화 4대 **규칙**을
부모와 어떻게 공유할까?

　교실 평화 4대 규칙을 부모와 공유하는 것은 아이에게 안전하고 즐거운 환경을 만들기 위한 중요한 요소이다. 아이가 관계 맺는 가장 중요한 두 장소, 즉 학교와 가정에서 부모와 교사가 목표와 원칙, 방법을 공유하게 되면 아이들이 성장할 수 있는 사회적 기반이 강화되는 것이다.

　여기서 중요한 것은 교사의 비전이다. 교사의 비전이 부모에게 수용되면 자연스러운 소통이 가능해지고 문제가 생겼을 때 쉽게 해결할 수 있다.

　부모와 공유하는 방법은 3월 학부모 총회에서 제안하는 방법과 가정통신문, 홈페이지 활용 등 다양한 방법이 있다. 특히 지속적인 소통과 만남을 위해 정기적인 부모 모임을 만들어 진행하면 더욱 좋다.

[가정통신문 예시]

학부모님께

안녕하세요? ○학년 ○반 담임을 맡게 된 교사 ○○○입니다.
봄을 재촉하는 비가 오고, 땅이 완전히 풀린 봄입니다.

얼굴 뵙고 인사드려야 하겠지만, 편지로 첫인사를 대신합니다. 저에 대한 소개와 올해 하고 싶은 계획은 아이들에게 나눠준 제 소개서에 간단히 적어두었습니다. 학급 운영은 교사인 저 혼자 하는 것이 아니라 아이들과 함께하는 것이고, 부모님들의 의견도 반영해야 한다고 생각합니다. 그러려면 우선 제 생각을 먼저 말씀드리는 것이 도움이 될 듯하여 기본적인 몇 가지 계획을 말씀드리고자 합니다.

1. 학교 폭력 없는 평화로운 교실공동체를 만들겠습니다.

저는 앞으로 아이들과 평화로운 교실공동체를 만들기 위해 4가지 약속을 할 것입니다.

첫째, 우리는 괴롭힘 상황에서 서로 도울 것이다.
둘째, 우리는 괴롭힘이 있을 때 서로에게 알릴 것이다.
셋째, 우리는 혼자 있는 친구와 함께할 것이다.
넷째, 선생님은 평화의 본보기가 될 것이다.

이것은 폭력에 반대하고, 평화를 실천하려는 우리의 행동 약속이 될 것입니다. 오늘은 아이들에게 이 약속을 지키기 위한 장치로 '멈춰 제도'를 소개했습니다. 제가 약속을 어길 때나 우리 반 누구라도 괴롭힘을 당할 때는 언제든 '멈춰'를 외치고, 함께 회의를 통해 문제를 해결해가는 것입니다. 이러한 약속과 장치가 우리 반 모두의 규칙이 된다면, 학교 폭력 없는 평화로운 교실은 현실이 될 것입니다. 평화로운 교실공동체를 만들기 위한 규칙이 아이들에게 내면화될 수 있도록 부모님들께서 가정에서 토론하고, 함께 실천해 주시면 고맙겠습니다.

2. 모두가 주인이 되어 함께 책임지는 학급을 만들도록 노력하겠습니다.

교육은 모두가 참여하고 정당한 권리를 누리며 책임질 줄 아는 사람을 키우는 것이라고 생각합니다. 그래서 학급회의와 하루 열기·닫기를 통해 함께 논의하고 결정하며, 스스로 책임질 수 있도록 지도할 생각입니다. 학습 분위기 조성, 학기 초 교실 꾸미기, 동아리 활동 등에 아이들이 직접 의견을 내고 참여하도록 하겠습니다. 부딪히고 갈등하면서 의견을 모아내고 그것을 지키는 과정을 통해 민주주의와 자치를 배울 수 있도록 지도하겠습니다.

3. 놀이와 노래로 하나가 되는 반을 만들어갈 계획입니다.

아동기 때 놀이는 무척 중요합니다. 그리고 요즘처럼 아이들이 방과 후에도 바쁜 경우는 더욱 그렇다고 생각합니다. 아이들은 놀면서 자연스럽게 사회성이 발달하고, 친구들과 친해지고, 많은 것을 경험하게 됩니다. 그래서 올해 우리 반에서는 다양한 전래 놀이와 노래를 배우면서 공부도 하고, 마음껏 어울리며 마음을 모아가려고 합니다.

4. 부모님과 친해지는 아이, 학부모와 친해지는 담임이 되고 싶습니다.

집에서는 부모님이 당연히 '부모'이지만 학교에서는 담임이 부모 같은 존재라고 생각합니다. 집과 학교의 부모가 한마음이 되어 아이를 생각한다면 우리의 아이들은 밝고 힘차게 클 것입니다. 그래서 올해 저는 마을 방문을 해보려고 합니다. 제가 마을 방문을 가려는 것은 아이들이 살고 있는 공간을 이해하고, 아이들과 좀 더 가까워지는 계기를 마련하기 위함입니다. 또 하나 가정 방문은 부담을 느낄 수 있기에 아이들이 자연스럽게 자신이 살고 있는 마을을 안내하는 형식으로 진행하려고 합니다. 3월 말부터 4월 초에 아이들이 많이 살고 있는 동네부터 시작하려고 합니다.

아이들은 늘 변합니다. 그 변화를 어른들이 잘 살펴서 옳게 변하도록 돕는 일이 부모님과 제가 할 일이라고 생각합니다. 궁금한 점이나 상의할 일이 있으면 언제라도 연락해주세요. 늘 건강하십시오.

손전화: 012-3456-7890   e-mail : abc@detg.net

20 년 3월 ○○일

담임 ○○○ 드림

아이, 교사, 부모가 함께하는
평화 서약식

평화 서약식은 교사, 학생, 학부모가 한자리에 모여서 원칙을 공유하고, 다짐을 하는 자리이다. 부모와 교사가 폭력을 절대 용납하지 않는다는 원칙을 아이들에게 분명하게 보여줄 수 있는 좋은 기회이다.

아이들의 서약서는 함께 토론하여 공동서약서를 작성하고, 부모의 서약서는 가정통신으로 미리 보내 받은 후 서약식에 참여하도록 한다. 부모가 참여하지 못할 경우는 부모가 보내온 서약서와 교사와 아이들의 비폭력 선언으로 진행할 수도 있다.

시기는 4월 초에서 중순경이 좋으며 장소는 교실이나 좀 더 넓은 장소에서 해도 좋을 듯하다.

순서는 예를 들면 강강술래(놀이)-취지 및 경과 보고-아이들 서약서 낭독 -부모 서약서 낭독-교사 서약서 낭독-서약서 게시하기-소감 나누기-간단한 다과의 순이다.

[아이들 서약서 예시]

평화와 우정을 나누기 위한 서약서

학교 폭력은 집단 내에 존재하는 서열을 바탕으로 지속적·반복적으로 괴롭히는 행위를 말한다. 폭력의 결과는 그것을 당한 사람에게나 그것을 휘두른 사람에게 똑같이 나타난다. 폭력은 우리의 몸과 마음을 파괴한다. 파괴된 내 마음은 다른 사람의 몸과 마음을 파괴하고, 함께 사는 삶을 파괴하고, 자연을 파괴하고, 이 우주를 파괴한다. 폭력은 우리 반의 '평화와 우정을 나누는 반, 서로의 의견을 존중하는 반'이라는 학급 목표와 함께 갈 수 없으며, 행복하고 안전한 관계를 맺을 수 없으므로, 반드시 우리 곁에서 추방되어야 한다. 이에 따라 우리는 지금 이 자리에서 우리의 온 마음을 걸고 약속한다.

첫째, 우리는 괴롭힘 상황에서 서로 도울 것이다.
둘째, 우리는 괴롭힘이 있을 때 서로에게 알릴 것이다.
셋째, 우리는 혼자 있는 친구와 함께할 것이다.
넷째, 선생님은 평화의 본보기가 될 것이다.
다섯째, 교실 평화 4대 규칙을 명심하고, 반드시 지킨다.

이러한 서약에도 불구하고 폭력이 발생했을 경우에는 학급회의를 통해 학급 공동체가 할 수 있는 모든 일을 찾아 적극 실천하도록 약속한다.
위의 내용에 적극적으로 찬성하며 내 이름을 이 서약서에 뚜렷하게 적어 ○○초등학교 ○학년 ○반 친구들과 영원히 함께하겠다.

20   년   월   일

이름 : _____ (서명)

[부모님 서약서 예시]

평화교육 부모 선언

학교 폭력이 사회 문제가 된 지 오래 되었지만 우리 사회는 이 문제를 본격적으로 다룰 힘을 가지고 있지 않습니다. 이는 우리 사회가 공동체적 삶의 조건을 제대로 갖추고 있지 못하기 때문입니다. 공동체라면 마음 바탕이 같고, 공동체 내에서 일어나는 사건에 공감하는 마음씨가 생겨야 하는데 공동체를 파괴하는 심각한 사건이 생겨도 공감하는 마음이 형성되지 않는다면 이를 어떻게 공동체라고 할 수 있겠습니까?

학교 폭력 문제에 대해 대다수 사람들은 모르거나 방관하고 있습니다. 괴롭히는 아이와 그 부모들은 자신의 행위를 정당화하고, 괴롭힘을 당하는 아이와 부모는 자신을 방어하기 바쁘거나 방어 행위 자체를 비난받고 있습니다. 학교는 폭력의 실상을 드러내지 않으려고 하고, 언론은 선정적이고 자극적으로 다룰 뿐 사건의 본질을 파헤치거나 근본적인 대책을 세우는 데 오히려 방해가 되고 있는 것이 현실입니다. 정부는 큰 사건이 생길 때 마다 피상적인 대책을 내놓는 것으로 면피하려고만 합니다.

이런 상황에서 우리 부모들은 학교 폭력에 대한 책임을 교사에게 떠넘기거나 경찰에 맡겨왔습니다. 우리는 그동안 학교 폭력에 대해 소극적으로 임해왔던 우리 부모들의 태도를 반성하며, 가정·학교·사회의 구체적 삶의 현장에서 학교 폭력 예방을 위한 주체적 참여자로서 부모의 책임과 역할을 다하기 위하여 다음과 같이 약속하고 실천해나갈 것입니다.

우리의 약속

1. 우리는 가정에서 체벌과 편애를 하지 않겠습니다.
2. 우리는 우리 아이가 괴롭힘 상황에서 서로 돕도록 가르칠 것입니다.
3. 우리는 우리 아이가 외로운 친구에게 손을 내밀고 포용할 수 있도록 가르칠 것입니다.
4. 우리는 누군가 괴롭힘당하는 것을 알게 되면 학교에 알릴 것입니다.
5. 우리는 위의 약속을 교사와 공유하며 함께 협력하여 해결해나가겠습니다.
6. 우리는 서로에 대한 존중과 배려로 평화로운 가족문화·사회문화를 만들겠습니다.

20   년   월   일

이름 : _____ (서명)

평화로운 교실공동체 성장 단계 평가

한 개인이 성장하는 것처럼 집단도 발달과정을 거친다. 평화샘 프로젝트는 공동체의 발달을 4단계로 정리하였다. 이러한 발달 단계는 우리 학급이 어떤 단계에 있는지 아이들과 함께 평가할 수 있는 기본 자료가 될 수 있으며 공동체에 대한 통찰력을 제공할 수 있다.

학급 발달 단계

[1단계] 서로 친해지기-놀이를 통해서 개별적으로 또는 반 전체가 서로 친밀감을 형성하는 단계

[2단계] 함께 결정하기-모두가 함께 규칙을 정하고 힘과 영향력을 공유하는 단계

[3단계] 배움의 원 만들기-서로 협력하며 배우고 가르치는 일이 일어나고 있으며, 공동의 학습이 일어나는 단계

[4단계] 나날이 새로워지기-서로 애착과 공감, 친밀성, 돌봄과 보살핌의 공동체가 되어 협력이 이루어지고, 서로에 대한 믿음을 바탕으로 하여 변화 혁신이 자연스럽게 이루어지는 단계

학급 발달 단계 진단지는 학기 중 또는 학기 말에 공동체에 대한 성찰이 필요할 때나 서로의 역할에 대한 검토를 할 때 평가 자료로 활용한다.

학급 발달 단계 진단지

1단계 친해지기	• 학기 초에 모두가 어울리는 놀이를 진행했는가? • 두려움 없이 자신의 생각을 말할 수 있는가? • 교사나 친구들이 서로의 이야기를 잘 들어주는가? • 학생들 중 외톨이가 없는가? • 누구나 멈춰를 외칠 수 있는가?
2단계 함께 결정하기	• 누구나 동아리를 만들고 학급 운영에 주체적으로 참여하는가? • 모든 아이가 하루 열기와 닫기를 운영할 수 있는가? • 하루 닫기에서 모든 아이가 발언하는가? • 규칙을 정할 때 모두의 의견이 반영되는가? • 새로운 생각이 거부 없이 받아들여지는가? • 누구나 부담 없이 갈등을 표현하고 함께 토론할 수 있는가? • 모든 구성원들의 재능이 인정되고 있는가?
3단계 배움의 원 만들기	• 개인차가 존중되는가? 학생들이 학습에 흥미를 갖고 있는가? • 공부할 때 친구들은 서로 돕는가? • 여러 가지 문제들을 토의를 통해서 해결할 수 있는가? • 갈등이 배움의 순간으로 활용될 수 있는가? • 모든 학생이 동아리 활동에 참여하는가? • 잘 모르는 것을 스스럼없이 도와달라고 요청하는가?
4단계 나날이 새로워지기	• 우리 학급에 대한 자부심을 느끼는가? • 우리 학급에 대해 다른 반과 다른 점이 있다고 느끼는가? • 우리 학급에 생긴 문제를 함께 해결할 수 있는가? • 서로의 단점을 지적하고 충고할 수 있는가? • 내가 좋은 것이 학급에 좋은 것이고, 학급에 좋은 것이 내가 좋은 것이라고 생각하는가?

평화샘 프로젝트,
1학년이 쉽고 빠르다

 많은 교사들이 그렇듯이 고학년만 하다가 1학년을 맡는다는 것은 굉장히 두려운 일이다. 김 선생도 마찬가지였다. 그동안 4~5년을 5학년만 하다가 1학년을 맡게 되니 아이들과 어떻게 대화하고 관계를 맺을지 모든 것이 낯설고 자신 없어 2월 말부터 잠도 잘 오지 않았다.

 그래서 1학년 아이들과는 어떻게 생활하고 공부해야 할지 평화샘 프로젝트 문재현 책임연구원에게 고민을 털어놓았다. 문재현 책임연구원은 세 가지 측면에서 방향을 일러주었다.

 "첫째, 1학년 아이들에게는 특히 놀이가 중요합니다. 놀이는 서로 고양된 상태에서 쉽게 마음의 벽을 뛰어넘을 수 있어 위계적 구조를 약화시키는 힘을 가지고 있어요. 학급에서 누구나 놀이를 제안하고 수용할 수 있는 관계를 만드는 것이 중요합니다. 자유놀이 시간을 가지면서 놀이 관찰을 통해 한 아이가 맺고 있는 관계 전체에 대한 통찰력을 얻을 수 있어요. 그러다 잘 어울리지 못하는 아이들이 보이면 그 아이들과 교사가 놀이를 시작하는 거죠. 그러면서 자연스러운 참여가 이루어지도록 아이들 관계를 지원해야 합니다. 둘째는 어떤 행동 특성을 또래의 아이들이 공통적으로 보인다면 그것은 그 발달 단계에 보이는 특성이므로 배운다는 생각으로 여유를 가져야 합니다. 그리고 마지막으로 1학년 단계의 아이들은 성숙이 해결해주는 측면이 있어요. 그러니 너무 걱정하지 말고 여유 있게 아이들을 맞이하면 어떨까요?"

문재현 책임연구원의 말을 들으며 김 선생은 마음이 가벼워졌다. 그리고 아이들과 만나는 첫 순간을 진짜 공감할 수 있는 시간으로 만들기 위해 여러 가지 계획을 짰다.

1학년은 다른 학년과 달리 첫날 입학식을 하는데 그렇게 되면 부모들이 지켜보는 가운데 첫출발을 하게 된다. 김 선생은 한편으로 부담스럽기도 했지만 첫 순간을 아이, 부모, 교사가 서로 마음을 열고 시작할 수 있는 만남의 기회로 삼을 수 있겠다는 생각이 들었다.

아이들, 학부모, 교사…… 서로의 마음 열기

입학식이 끝나고 교실에서 아이들과 부모들이 한자리에 모였다. 교실 뒤쪽은 부모님들이 병풍처럼 둘러서 있고 소곤대는 몇몇 아이들을 제외하고는 모두 얼음처럼 조용히 앉아 있다.

김 선생은 교실 안을 한번 둘러보고는 입을 열었다.

"선생님은 어제 밤잠을 설쳤어요. 어떤 친구들이 1학년 2반이 될까? 부모님들은 또 어떤 분들일까? 올해가 스무 번째지만 매년 긴장되고 떨려요. 여러분 기분은 어때요?"

입학식 전까지 조잘대던 여자아이가 긴장된 분위기를 의식한 듯 조심스럽게 손을 들었다.

"두근두근했어요."

김 선생은 다른 아이들의 기분도 물었다.

"저도 떨렸어요."

"긴장돼요."

"이상한 기분이 들었어요."

이번에는 부모님들의 기분은 어떤지 묻자 한 엄마가 쑥스러운 듯 손을 들고 말했다.

"첫애라 그런지 많이 긴장돼요. 잘 적응할지 불안하기도 하고. 새벽 1시에 둘이 깨서 잠을 청하느라 혼났어요."

그러자 여기저기서 "맞아, 맞아." 하며 공감하는 목소리가 들렸다. 김 선생은 아이들과 부모들을 번갈아 보며 말을 이었다.

"선생님이나 친구들이나 부모님들이나 다 똑같네요. 이렇게 낯선 환경에서 낯선 사람들과 만나면 누구나 긴장되고 스트레스를 받는다고 해요. 여러분은 스트레스를 받으면 어때요?"

김 선생의 얘기가 끝나자마자 아이들이 이구동성으로 대답했다.

"화나고 짜증 나요."

"가슴이 답답해요."

"맞아요. 그럼 이 무거운 스트레스를 우리 교실에서 멀리 날려버리려면 어떻게 하면 좋을까요?"

"빨리 친해져요."

"그래요. 빨리 친해지는 방법으로 노는 것만큼 좋은 게 없지요? 선생님이 간단한 놀이 하나 알려줄 테니 같이해봐요. 부모님들도 같이하실 거죠?"

김 선생은 전래 놀이 중 '난다 난다'를 간단하게 시범을 보인 뒤 둘씩 짝지어 해보자고 제안했다. 아이들은 짝꿍과 손을 잡고 놀이에 빠져 "아싸, 내가 이겼다." 하며 신이 났다. 부모들도 둘씩 짝지어서 하는데 처음에는 좀 쑥스러워하더니 여기저기 웃음이 터져 나온다. 김 선생과 짝을 했던 아이는 선생님한테 이겼다며 좋아라 하고 자꾸만 하자고 했다. 교실 안이 웃음소리와 떠드는 소리로 왁자지껄해졌다.

"놀고 나니까 기분이 어때요?"

"편안해요."

"기분이 좋아요."

"선생님도 그래요. 우리 앞으로 지금 이 기분으로 일 년 동안 잘해봐요."

김 선생은 분위기가 어느 정도 풀어지자 아이들의 걱정이 무엇인지 물었다.

"교실을 못 찾아올까 봐 걱정돼요."

"내일 선생님이랑 친구들이랑 우리 학교 한 바퀴 돌아볼 거예요. 그럼 조금 익숙해질 거예요."

"공부 못할까 봐 걱정돼요. 우리 엄마는 그러면 때리는데."

아이의 천진난만한 이야기에 '우하하' 웃음이 쏟아지고 아이의 엄마는 고개를 숙이고 어쩔 줄 몰라 했다.

"아이들이 공부에 대해 걱정이 많은데 무조건 때리거나 혼내시지는 않을 거지요?"

김 선생의 물음에 부모들이 "네." 하고 대답하자 아이들의 얼굴에 웃음꽃이 피었다.

멈춰 소개하기

김 선생은 한바탕 놀고 나니 아이들과 부모들의 얼굴이 하나둘 보이기 시작했다. 아이들, 부모들과 눈을 맞추며 분명한 목소리로 이야기를 계속해나갔다.

"근데, 간혹 서로 싸움이 생길 수도 있어요. 예를 들어볼게요."

김 선생은 한 아이의 귀에 대고 다른 한 아이를 손가락으로 가리키며 말했다.

"야, 우리 쟤랑 놀지 말자."

손가락질을 당했던 아이는 김 선생이 기분을 물었지만 눈을 둥그렇게 뜨고 어쩔 줄을 몰라 했다. 그러자 옆에 있던 아이가 큰 소리로 말했다.

"마음이 찢어져요."

부모들 사이에서 "아······." 하는 탄성 소리와 고개를 끄덕이는 등 공감하는 반응을 보였다. 그러자 다른 아이도 덧붙였다.

"마음이 폭발할 거 같아요."

"맞아요. 맞아. 엄청 화나요."

김 선생은 계속해서 물었다.

"그럼 누가 화난다고 나를 '퍽' 때렸어. 그때는?"

"나도 때리고 싶어요."

"짜증 나죠. 화나고."

"그럼 '어이 땅꼬마.' 하고 놀렸어. 그때는?"

"나를 얕잡아보는 것 같아서 싫어요."

"진짜 화나요."

"그래. 이런 상황에서 괴롭힘을 당한 친구나 주변에 있는 친구들이 바로 '멈춰'를 외치는 거예요. 자, 연습해볼게요."

김 선생이 다시 한 아이를 손가락으로 가리키며 "야, 쟤랑 놀지 말자."라고 말하자 이곳저곳에서 작은 목소리로 "멈춰." 소리가 들렸다.

"잘 안 들려요. 뭐라고요?"

"멈춰!"

"너무 목소리가 작은데?"

아이들은 더 크게 "멈춰!"를 외쳤다.

"와, 잘했어요. 이렇게 멈춰를 외치면 괴롭히는 행동을 즉시 멈추고 우리 반 모두가 함께 이야기해서 해결할 거예요."

김 선생은 첫날 소감이 어떤지 아이들에게 물으며 짧은 만남을 마무리했다. 집에 가기 전 한 남자아이가 김 선생에게 다가와 작은 목소리로 말했다.

"선생님, 착한 선생님인 거 같아요."

1학년 아이들과 자유놀이

"애들아, 우리 나가서 놀자."

김 선생이 운동화를 들고 먼저 교실 문을 나서자 아이들은 신이 나서 실내화 주머니를 챙겨 들고 따라나섰다. 미끄럼틀, 그네, 정글짐 등 여기저기 흩어져 오르락내리락하는데 명수와 은진이가 머뭇거리며 다른 아이들 노는 모습을 물끄러미 바라보는 모습이 김 선생의 눈에 들어왔다.

"은진아, 명수야! 우리 그림자밟기 놀이할까?"

은진이는 살짝 웃었고 명수는 별 표정 없이 고개를 끄덕였다. 명수는 발달장애가 있는 아이이다. 김 선생과 두 아이가 가위바위보를 하고 놀이를 시작하자 다른 아이들도 하나둘씩 다가왔다.

"선생님, 무슨 놀이하는 거예요? 나두 시켜줘요."

"나두요!"

어느새 몇몇을 제외한 반 아이들이 모두가 다 같이 그림자밟기 놀이를 시작했다. 조금 놀다 진희가 '무궁화 꽃이 피었습니다'를 하자고 제안했다. 이제는 김 선생이 끼지 않아도 서로 자기가 아는 놀이를 제안하며 신나게 어울려 놀았다.

김 선생은 처음에는 평화샘 프로젝트를 1학년 단계에서 어느 정도 적용할 수 있을지 걱정을 했다. 그런데 3월 한 주를 아이들과 진행해보면서 평화샘 프로젝트야말로 1, 2학년 단계에서 시작해야 하고, 오히려 쉽다는 것을 확인했다.

첫째, 아이들의 반응이 솔직하고 빨랐다. 아이들은 어색하고 불안하고 불편한 상태를 벗어나서 마음의 안정을 갖게 되자 바로 민감하게 반응했다. 자연스럽게 멈춰를 하고 친구의 아픔에 공감하며 적극적으로 해결하려는 모습을 보였다.

둘째, 부모들과 소통하기 쉽다는 것이다. 1학년 부모들은 아이들이 학교생활에 잘 적응할 수 있을까 불안한 상태이기 때문에 항상 관심을 가지고 있다. 따라서 교사가 아이에 대해 상의하면 바로 교사를 찾아와 자기 이야기를 한다. 교사, 아이, 부모 모두가 함께 모여서 시작하는 입학식도 도움이 된다. 그 순간을 학급의 목표와 규칙을 공유하는 시간으로 만들면 좋다. 대개 부모들은 3, 4학년쯤 되면 교사에 대한 기대를 접고, 5, 6학년이 되면 아예 포기하고 믿지 못하는 상황이 만들어진다. 따라서 1학년 때부터 교사와 제대로 관계를 맺고 지원받을 수 있는 관계가 되면 그 신뢰가 초등학교 내내 이어질 수 있다.

셋째, 1학년 때부터 평화샘 프로젝트를 진행하면 학년이 올라갈수록 그 경험들이 누적되고 몸에 익어 이후에는 기본적인 합의만으로도 평화로운 학급공동체를 만들 수 있다.

평화샘 프로젝트는 왜 벌과 보상을 넘어선 공동체의 창조를 말하는가

평화샘 프로젝트를 진행한다고 해서 처음부터 아이들의 마음이 일치하는 것은 아니다. 아이들은 다양한 경험을 가지고 새로운 교실로 오기 때문이다. 체벌을 당하는 것에 익숙한 아이도 있고, 보상에 의해 행동하는 것에 길들여진 아이도 있다. 또, 방임적인 문화 속에서 규범의식을 갖지 못한 아이도 있고, 민주적인 문화를 경험하고 온 아이도 있다.

그래서 평화샘 프로젝트를 진행하고 있는 교실에서도 생활지도와 관련된 문제가 생길 때 처음에는 "그냥 때려요.", "우리 스티커 해요." 하며 저항을 하는 아이가 나타난다. 이런 상황에서 교사에게 필요한 것이 인내이다. 아이들은 민주주의를 배울 시간, 공동체를 만들기 위한 시간, 무엇을 나누는 데 익숙해지는 시간 등이 필요하기 때문이다. 물론 그 시간은 길지 않다. 교사의 의지와 비전이 명확하다면 2주, 길어도 한 달이면 충분하다.

그래서 김 선생은 아이들에게 자신들의 교실 경험을 올바르게 평가할 수 있는 기회를 주기로 했다.

처벌에 대한 아이들 목소리

김 선생은 먼저 아이들에게 벌에 대해 어떻게 생각하는지 물었다.

"여러분은 학교에서 벌을 받거나 단체로 벌을 서거나 손바닥을 맞으면서 어떤 생각을 했나요? 벌을 받으면서 내 잘못을 고치고 싶다는 생각이 들었나요?"

아이들의 이야기가 곧바로 쏟아져 나왔다.

"절대로 안 바뀌어요."

"내가 잘못한 것도 아닌데, 왜 단체로 책임을 져요? 진짜 억울해요."

"선생님들도 벌을 받아보면 좋겠어요. 얼마나 힘든지."

"내가 잘못했어도, 그렇게 심하게 안 하면 좋겠어요."

"더 반항하는 마음이 생겨요."

"저는 뒤에서 선생님 욕을 했어요."

"맞아요. 스티커는 친구 사이를 나쁘게 만들고 체벌은 선생님하고 사이가 안 좋아지는 것 같아요."

"그리고 누구의 잘못으로 단체 벌을 받게 되면 그 친구가 미워요."

아이들의 목소리를 통해서 우리는 벌이 가지는 문제점을 파악할 수 있다.

먼저, 벌은 교사와 아이들의 관계를 악화시킨다. 벌을 받게 되면 분노와 적대감이 아이들 마음속에 자라기 때문이다.

아이들은 집단 체벌에 대해서도 비판적이다. 집단 체벌이 아이들 간에 연대의식을 길러줄 수 있다는 일부 교사들의 주장과는 다른 결과이다. 실제 아이들의 마음은 친구 때문에 벌을 받게 된 것을 억울해하고 심할 경우 보복을 할 수 있다.

또한 벌은 교육적으로도 문제가 있다. 아이들이 폭력을 배우는 가장 기본적인 통로가 되기 때문이다. 교사가 아이를 벌한다는 것은 힘 있는 사람이 힘없는 사람을 마음대로 할 수 있다는 것을 가르쳐서 아이들로 하여금 폭력으로 문제를 해결하는 방법을 가르치는 것이다.

벌은 아이들이 도덕성을 기르는 과정도 방해한다. 힘으로 만들어진 질서 속에서 내적인 도덕성과 책임감을 기르는 것은 불가능하기 때문이다.

보상에 대한 아이들 목소리

"작년에 좋은 스티커, 나쁜 스티커도 있었어요. 앞에 있는 아이가 말을 시켜서 나쁜 스티커를 받았는데, 걔가 굉장히 미웠어요. 내가 잘해도 다른 아이 때문에 나쁜 스티커를 받으면 결국 그게 그거니까. 개인적으로 주는 스티커도 별로예요."

"스티커는 학원에서도 줘요. 애들이 스티커를 더 많이 받으려고 그때만 잘하는 척하고요, 심지어는 못 받은 아이들이 잘하는 애들 것을 떼어 가지고 가기도 해요. 또 어쩔 때는 선생님 책상에 있는 것을 맘대로 떼서 자기 것에 붙이는 애들도 있어요."

"선생님이 스티커 가지고 우리를 똥개 훈련시키는 것 같아서 너무 기분 나빠요."

체벌에 비해서 스티커 등으로 보상을 하는 방식은 좀 더 부드럽게 아이들의 행동을 통제할 수 있다는 점에서 많은 교사들이 선호하는 방법이다. 그리고 더 좋은 방법이라고 믿는 것이기도 하다.

그러나 아이들의 목소리를 통해 확인할 수 있듯이 아이들은 교사가 자신들을 조종하기 위해 스티커를 사용한다는 것을 이미 꿰뚫고 있다.

스티커나 별표 등의 보상 방식은 스키너 학파로부터 비롯된 것이다. 그들은 인간의 내적 동기를 신뢰하지 않고, 외적인 보상을 통해서만 움직일 수 있다고 믿었다. 만약 인간이 내적 동기가 없다면 어떻게 서로 공감하고 교류하면서 함께 성장할 수 있을까? 교사가 아이들에게 내적 동기가 없다고 믿는다면 그가 선택할 방법은 벌 아니면 보상밖에 없는 것이다.

스티커를 포기한 선생님의 목소리

우리 프로그램은 벌과 보상을 넘어선 공동체의 창조를 통한 문제 해결을 지향한다. 그런데 많은 교사들은 벌과 보상 없이 과연 학급을 운영할 수 있을까 하는 의구심을 갖는다.

평화샘 프로젝트를 진행했던 교사 중에도 체벌을 하지는 않지만 스티커를 사용하는 교사가 있었다. 평화샘 모임에서 토론을 통해 스티커 사용을 포기했는데 그 뒤 어떤 일이 일어났는지 그 목소리를 직접 들어보자.

"선생님 오늘 자리 바꾸나요? 오늘 바꿔주세요!"
우리 반 아이들은 월말이 다가올수록 아주 분주하다.
"한 달간 별 스티커를 몇 개나 모았니?"
"네가 100개나 모았다고? 거짓말하지 마!"
서로 좋은 자리에 앉고자 하는 열망이 더해져서 아이들의 별 스티커 모으기는 교사가 심각하다고 느낄 정도로 경쟁적인 상태가 되어 있었다.

몇 년째 별 스티커를 통해 학급 운영을 하고 있었지만 작년처럼 치열했던 적도 없었던 것 같다. 덕분에 교사인 나는 숙제를 해 오라고, 발표를 하라고 아이들에게 잔소리할 필요가 없었다. 수업을 진행할 때 아이들은 서로 경쟁적으로 손을 들어 발표를 하고자 하였다. 반 아이들이 발표를 열심히 하고 수업에 적극적으로 참여하는 것이 스티커의 힘이라고 믿으며 교사로서 아주 뿌듯한 마음이 들기도 했다.

나름 별 스티커를 통한 학급 운영 방식이 정착되어 갈 무렵 현철이가 학급회의 안건을 제안하였다.

"선생님! 별 모으기 안 하면 안 되나요?"

"현철아, 선생님은 별 모으기 덕분에 너희들이 숙제도 잘 해 오고 발표도 잘하고 자기 역할도 잘하는 것 같은데……. 왜 그런 생각을 했니?"

"선생님, 별을 많이 모으는 애들만 항상 앞자리에 앉게 되잖아요? 별 많이 못 모으는 저는 매일 뒷자리에 앉아야 해요. 불공평해요!"

우리 반에서 별 개수가 항상 1, 2등인 진숙이가 말했다.

"너도 별을 모으면 되잖아. 네가 숙제도 안 해 오고 발표도 안 하니깐 그렇지."

결국 여러 아이들이 별을 모아서 자리를 바꾸는 것은 공평하다는 의견을 냈고 그대로 두 달이 지났다.

학급회의 시간에 또다시 현철이가 불만을 터뜨렸다.

"선생님! 별 모으기 이제 진짜 그만해요. 맨날 지들끼리만 앉아서 짜증나요!"

안 그래도 교사 모임을 통해 스티커를 이용한 학급 운영 방식이 아이들의 내적인 동기를 길러줄 수 없다고 토론한 뒤라 아이들의 의견을 물어보았다.

"애들아~. 너희들의 솔직한 생각을 듣고 싶어. 사실 선생님은 요즘 별 모으기에 대해 고민을 하고 있어. 만약 별 모으기를 안 했을 때 너희들이 숙제도 안 하고 발표도 안 하고 규칙도 잘 지키지 않을까 봐 살짝 걱정이 되는데 너희들은 어떻게 생각하니?"

이때 별 모으기에 대해 그동안 열심히 실천하였던 모범생 진경이가 말했다.

"선생님, 사실 별 모으고 관리하는 거 힘들긴 해요. 좋은 자리에 앉고 싶어서 열심히 모으긴 하지만, 친구들끼리 서로 발표하려고 눈치도 봐야 하고 가끔은 친구들 사이에 별 때문에 사소한 다툼이 일어나기도 했어요."

그러자 여기저기에서 별 모으기를 그만하고 싶다는 의견이 나왔다.

반면에 별 모으기를 계속해야 한다는 의견을 제시하는 아이들도 있었다. 하지만 대다수 아이들은 별 모으기로 나름의 스트레스를 받고 있었다. 잘 모으는 아이는 잘 모으는 대로, 못 모으는 아이는 못 모으는 대로……

그래서 스티커 사용은 하지 않는 것으로 결정하고 자리 배치는 뽑기 방식으로 하기로 했다. 나는 랜덤으로 자리를 배치하는 프로그램을 이용하여 자리를 배치해주었다.

자리 바꾸는 날, 아이들은 긴장감과 기대를 갖고 자리 배치 프로그램의 화면을 바라보았고 아이들도 교사도 부담 없이 자리를 바꿀 수 있었다.

매달 아이들은 별의 개수를 세어 이름표 옆에 쓸 필요가 없었고, 나도 별 개수를 이용해서 1등부터 39등까지 줄 세워야 하는 불필요한 일들을 할 필요가 없었다. 숙제와 발표는? 솔직히 발표 횟수는 조금 줄었지만 여전히 우리 반 아이들은 숙제도 발표도 열심히 하였다. 내가 걱정했던 일들은 일어나지 않았다. 1학기 때 아이들이 서로 경쟁하고 긴장하였던 분위기는 2학기 때 느낄 수 없었다. 가끔 자리 배치가 맘에 안 드는 아이가 "선생님 별 모으기 또 하면 안 돼요?" 하고 물어 오는 경우가 있기는 하였지만 나도 아이들도 즐겁게 한 해를 마무리하였다.

2010년 2학기부터 스티커 없는 학급 운영을 해오고 있다. 요즘에 나는 주변의 선생님들께 스티커로 하는 학급 운영 방식의 문제점을 열심히 이야기하고 있다.

3장

회복의 원 만들기

신뢰와 보살핌 재확인하기

학교 폭력 예방 및 대처를 위한 핵심 장치 '멈춰'

"어이, 땅꼬마!"

교실에 들어서는 선기는 주변에 누가 있는지부터 확인했다. 그리고 은정이 앞으로 다가와서는 가운데 손가락을 들어 올리며 야비하게 웃었다. 선기는 힘도 제일 세고 싸움도 욕도 잘하는 학년 짱이다. 올해도 아이들을 괴롭힐 기회를 계속 노렸지만 담임선생님이 학교 폭력에 대한 분명한 태도를 보이자 평상시에는 조심하는 모습이었다. 그런데 은정이가 혼자 있는 것을 확인하고 놀릴 마음을 갖게 된 것이다.

은정이는 선기의 그 웃음이 정말 무섭고 싫었다. 마음속으로는 수도 없이 멈춰를 외쳤지만 입술만 달싹거렸을 뿐 목소리가 나오지 않았.

작년과 달라진 것이 있다면 전에는 친구들의 폭력을 혼자 감당해야 했지만 올해는 선생님에게 이야기할 수 있게 되었다는 것이다.

그래서 방과 후에 선기와 있었던 일을 선생님에게 이야기했다.

"저런, 정말 속상했겠다. 멈춰는 했니?"

"아니요, 못했어요."

"음……. 네가 전에 왕따를 당했던 경험 때문에 더 힘든 거 같아. 너의 옛날 경험을 나한테 더 자세히 얘기해줄 수 있겠니?"

은정이가 이야기를 막 시작하려고 하는데 집에 간 줄 알았던 아이들이 교실로 들어서며 하나둘 모여들었다. 머뭇거리는 은정이에게 선생님이 물었다.

"친구들이 있어서 불편하면 다음에 얘기할까?"

은정이는 잠시 고민했지만 아이들의 우호적인 눈빛을 확인하고는 자신의 이야기를 털어놓기로 했다.

"3학년 때부터 친구들이 제가 키도 작고 못생겼다고 놀렸어요. 내가 우유를 나누어주면 썩었다고 하고, 급식소 갈 때도 내 뒤에는 아무도 서지 않으려고 했어요. 그러면서 꼭 하인처럼 부려먹었어요."

"너, 정말 많이 힘들었겠다."

"나도 그런 놀림 당한 적 있어. 그때 정말 짜증 났어."

"은정아, 걱정하지 마. 이제는 우리가 있잖아."

은정이는 친구들의 위로를 들으면서 힘을 얻었다. 그리고 선생님과 함께 '멈춰'를 연습했다. 다 같이 입을 모아 외쳐보기도 하고, 돌아가면서 외치기도 하였다. 친구들과 눈을 맞추며 함께 외치니 더 힘이 났다. 이제 선기 앞에서도 '멈춰'를 할 수 있을 것 같았다.

며칠 후, 은정이가 화장실에 가려고 교실 문을 나서는데 달려오던 선기와 부딪혀 넘어졌다. 옷을 털며 주섬주섬 일어서는 은정이에게 눈을 번뜩이고 주먹을 들어 보였다.

"에이, 재수 없어. 땅꼬마 주제에."
은정이는 주먹을 움켜쥐었다. 숨을 크게 들이쉬고는 있는 힘껏 외쳤다.
"멈춰!"
순간 교실에 있던 아이들과 선생님이 우르르 복도로 쫓아 나왔다. 선기는 당황한 표정이었지만 애써 태연한 척했다. 은정이의 목소리는 떨렸지만 분명했다.
"선생님, 제가 선기한테 멈춰했어요. 학급회의를 했으면 좋겠어요."
선생님은 아이들을 둘러보며 이야기했다.
"얘들아, 모두 교실로 들어와. 멈춰가 들어왔어. 우리 같이 얘기해보자."
교실 구석에서 딱지치기를 하던 남자아이들, 수다를 떨던 여자아이들이 모여들었고 교실 안은 긴장감이 감돌았다. 아이들이 여기저기서 "은정이가 진짜 선기한테 멈춰한 거야?" 하며 수군거렸다.
선생님은 아이들이 모두 모이자 어떻게 된 상황인지 은정이에게 물었고, 선생님과 못 본 친구들을 위해 상황을 재연해보자고 했다.
선생님이 먼저 은정이에게 기분을 물었다. 은정이는 속상하다고 대답했고, 센 척하면서 버티고 있는 선기에게 은정이의 말을 듣고 느낌이 어떠냐고 물었다. 선기는 "뭐 괜찮은데요." 하면서 전혀 공감하지 못하는 모습이었다. 그래서 선생님은 선기가 은정이의 아픔을 이해할 수 있도록 감정이입 지도를 하는 것이 중요하다고 판단했다.
"네가 지금 은정이가 얼마나 힘든지 느끼지 못하는 것 같아. 입장을 한 번 바꿔서 선기가 은정이의 역할을 하고, 은정이가 선기의 역할을 해보는 게 좋겠어."
은정이와 선기의 입장을 바꾸어서 역할극을 하는데, 선기가 몰입할 수 있도록 가장 듣기 싫어하는 별명인 돼지로 부르기로 했다. 은정이가 주변 친구들에게도 잘 들리지 않는 작은 소리로 말하자 친구들과 선생님이 좀 더 크게 하라고 응원해주었다.

은정이는 아랫배에 힘을 주고, 선기의 어깨를 밀치는 흉내를 내며 단호하게 말했다.

"에이, 재수 없어. 돼지 주제에."

다른 친구들도 "맞아, 맞아." 하면서 동조했다.

선기는 얼굴이 빨개졌고, 어떻게 할 줄 모르는 모습이었다.

선생님이 선기에게 기분이 어떤지 물었다.

"은정이 기분이 되게 나빴을 거 같아요. 그동안 은정이한테 함부로 대해서 미안해요."

사과를 빌은 후 은정이의 행동은 많이 변했다. 목소리에는 힘이 실렸고, 학습과 동아리 활동 등 뭐든지 적극적으로 나서면서 활달한 아이로 변화해갔다.

멈춰 제도

멈춰 제도는 평화로운 교실공동체 프로그램의 가장 핵심점인 요소이다. 노르웨이에서 처음 실시한 것으로 폭력 상황을 전체가 인식하고 개입하기 위한 제도이다.

노르웨이에서는 아이가 폭력을 당해 곤경에 처할 경우 '멈춰.' 하고 외치면 도우미들이 학교 곳곳에 자리 잡고 있다가 바로 개입한다. 평화샘 프로젝트에서 진행하는 멈춰 제도도 아이가 폭력을 당해 곤경에 처할 경우 '멈춰.' 하고 외치고 가해 학생은 규칙에 따라 즉시 그 행동을 그만둬야 하는 것은 같다.

그런데 우리나라에서 이 제도를 그대로 진행하기에는 몇 가지 어려움이 있었다.

첫째, 노르웨이에서는 국가 차원에서 진행된 프로그램인 반면 우리는 교사의 자발성에 의해서 교실 차원에서 진행되었기 때문에 부모와 학생들을 설득시키는 것이 온전히 교사의 책임이었다.

둘째, 인권의식이 상대적으로 높고 폭력의 정도가 약한 노르웨이에 비해서 우리 사회는 폭력의 강도가 세고 위계적인 사회문화가 있는데다가 교실 권력을 형성하고 강화시키려는 일진이라는 좀 더 견고하고 광역화된 폭력적 구조를 가지고 있다.

셋째, 담임교사에 대한 충성도가 높아 담임이 아닌 다른 교사가 진행할 경우 멈춰 제도가 힘을 받지 못한다.

그동안 우리나라에서도 멈춰 제도를 도입하려고 시도했지만 별다른 효과를 거두지 못했던 것은 이러한 요인들을 제대로 고려하지 못했기 때문이다. 그래서 우리 프로그램은 올베우스 프로그램에 없는 몇 가지 요소를 추가하였다.

멈춰를 외친 피해 학생에게 학급회의를 소집할 수 있는 권리가 있고 역할극을 통해서 모두가 상황을 공유하는 것이 대표적이다.

멈춰 제도를 진행하는 교실에는 다음과 같은 효과가 나타난다.
- 멈춰를 하는 순간, 개인의 사건이 아닌 학급 전체가 공유하는 사건이 된다.
- 목소리를 잃어버린 피해 아이들의 목소리를 찾아주고 힘을 부여한다.
- 아이들에게 문제 해결 능력과 자치 능력을 길러준다.
- 누구에게나 학급회의를 열 수 있는 권한을 부여함으로써 기존의 서열 구조가 해체되고 권력의 재분배가 일어난다.

- 멈춰는 가장 여린 목소리, 침묵의 목소리에도 반응하는 보살핌의 감성을 계발한다.
- 아이들에게 자기와 세계를 믿을 수 있는 사회적 공명 공간을 만들어 준다.
- 구성원의 슬픔과 고통에 공감하는 마음은 사회적 결속과 사회적 공동 행동의 기반을 만들어준다.

TIP 멈춰가 중·고등학교에서도 가능할까요?

평화샘 프로젝트를 강의하다 보면 중·고등학교 교사들이 그것은 초등학교에서나 가능하지 않느냐는 질문을 한다. 올베우스 프로그램은 고등학교 2학년까지 성공적으로 진행된 프로그램이므로 우리나라에서 가능하지 않다는 것은 근거가 없다. 다만, 초등학교와 중학교의 조건이 다르므로 몇 가지 고려해야 할 요소가 있다.

첫째, 담임교사가 생활지도에 관한 권한을 가져야 한다.

둘째, 담임과 교과 교사와의 협력이 필요하고, 이를 위해 정기적인 생활지도 협의회가 열려야 한다.

셋째, 생활부장이 담임교사를 지원할 수 있도록 전문성을 높이고, 생활 담당 부서가 팀으로 운영되어야 한다는 것 등 학교 차원의 체계적인 지원이 필요함을 알고 제도를 도입해야 한다.

멈춰 어떻게 할까?

"애들아, 우리 반에서 첫 번째 '멈춰'가 들어왔어. 다들 모여봐! 학급회의하자."

아이들이 자리에 앉자 강 선생은 은지와 상열이 주변에 있었던 아이들도 모두 앞으로 나오라고 했다. 강 선생이 은지에게 무슨 일이 있었는지 묻자 은지가 작은 소리로 울먹이듯 대답했다.

"걸레를 꺼내려고 사물함 앞에 있었는데, 상열이가 '야, 돼지야! 꺼져!' 하는 거예요. 너무 속상해서 '멈춰' 했어요."

은지의 목소리가 떨렸다. 강 선생은 상열이에게도 무슨 일이 있었는지 물었다. 상열이는 고개를 삐딱하게 하고 못마땅한 표정으로 은지 말이 맞다고 했다. 그리고 청소하는데 걸리적거려서 짜증나서 자신도 모르게 그렇게 말했다고 했다.

함께 나온 현준이와 수빈이에게도 어떻게 된 일인지 물었다. 현준이는 거기에 있기는 했지만 보지 못했다고 하고 수빈이는 자기가 들은 이야기를 했다.

"저는 책상을 나르고 있었는데, 상열이가 '돼지야, 꺼져.'라고 하는 소리를 들었어요."

강 선생은 수빈이에게 그 소리를 듣고 어떻게 했는지 물었다.

수빈이는 머리를 긁적이며 "아무 얘기도 못했어요."라고 말했다.

강 선생은 은지의 어깨를 감싸 안으며 부드럽게 말했다.

"은지가 정말 속상했겠다."

그리고 다시 아이들을 향해 말했다.

"이야기만 듣고는 무슨 일이 있었는지 잘 모르겠어. 자, 실제 어떤 상황이 있었는지 한번 재연을 해보자."

아이들은 상황을 그대로 재연해보았다. 상열이는 담담하게 역할극을 했다.

역할극이 끝나고 강 선생은 먼저 은지에게 기분이 어떤지 물었다.

"화나고 안 좋아요."

강 선생은 은지의 이야기를 듣고 상열이는 기분이 어떤지 물었더니 "진짜 기분 나빴을 것 같아요. 미안해요." 하며 은지를 살짝 쳐다보았다.

상열이의 얘기를 들으며 은지의 얼굴은 더욱 밝아졌다. 강 선생은 상열이의 등을 다독이며 물었다.

"그럼 청소할 때 친구가 방해가 되면 뭐라고 말하면 좋을까?"

"은지야, 좀 비켜줄래?"

강 선생은 대안 행동을 연습하기 위해 역할극으로 해보자고 제안했다. 상열이가 은지에게 비켜달라고 부드럽게 말하자, 은지가 "알았어." 하며 옆으로 비켜섰다. 아이들이 여기저기서 '아하!' 하며 그렇게 말하면 되겠다고 공감했다.

마지막으로 수빈이와 현준이가 방어자가 되어 "멈춰!"를 함께 외치는 상황을 연습했다. 은지와 아이들의 표정이 환해졌다.

"은지는 기분이 어때?"

"친구들이 같이 멈춰를 외쳐주니까 든든해요."

은지의 목소리에 힘이 느껴졌다. 강 선생은 현준이와 수빈이에게도 역할극을 하고 나서 기분이 어떤지 물었다.

"뿌듯해요. 앞으로는 주변 일에 관심을 갖고 바로 도울 거예요."

강 선생은 다시 아이들을 향해 물었다.

"우리가 함께 약속한 첫 번째 규칙이 무엇인지 기억해요?"

"네! 우리는 괴롭힘 상황에서 서로 도울 것이다."

"잘 기억하고 있네요. 앞으로 괴롭힘 상황에서 서로 돕기로 다시 한 번 약속해요."

강 선생과 아이들은 큰 소리로 함께 읽었다. 한쪽에서 시작된 박수 소리가 교실 전체를 가득 채웠다.

상열이가 머리를 긁적이며 은지에게 다가가 다시 사과를 했다. 살짝 상기된 은지의 얼굴이 편안해 보였다.

멈춰 제도의 방법을 요약해보면 다음과 같다.
- 폭력을 당한 아이가 멈춰를 외치면, 규칙에 따라 괴롭히는 아이는 그 행동을 즉시 멈춰야 한다.
- 폭력을 당한 아이가 멈춰를 스스로 외치지 못할 경우 주변의 아이들이 참여하여 함께 멈춰를 외친다.
- 교사를 포함한 학급 전체가 긴급 학급회의를 소집한다. 공동체의 성원 중 한 사람의 아픔도 공동체 모두의 아픔이기 때문에 단 한 사람의 요구에도 총회(긴급 학급회의)를 여는 것이 원칙이다. 시기는 멈춰를 외친 그 즉시 하는 것이 좋다. 바로 할 수 없는 상황이라면 그날 중 언제 할지 약속을 정해야 한다. 다음 날로 넘겨서는 안 된다.
  예) 지금은 전담시간이니까 끝나고 4교시에 하자.
- 긴급 학급회의에서는 역할극을 통해 상황을 공유하고, 입장을 바꿔보면서 서로의 감정을 이해할 수 있도록 도와준다. 폭력의 순간이 가장 훌륭한 감정이입을 배우는 시간으로 전환되는 것이다.
- 교사를 포함한 학급 전체가 평화를 위한 행동을 다시 연습한다.
- 규칙을 좀 더 명료화하고 반 전체가 평화를 위해 노력할 것을 다짐한다.

> **Tip 멈춰 제도 진행 시 주의할 점**
> - 멈춰 제도에 대한 교사의 확신과 지속성이 성공의 열쇠가 된다.
> - 멈춰 제도는 가해 학생을 비난하거나 반대하는 것이 아니라 위험한 행동을 멈추게 하고 피해 학생을 안전하게 보호하기 위한 것이다. 따라서 긴급회의의 목표를 분명하게 하여 아이들이 가해 학생에게 공격적인 태도로 비난하지 않는 환경을 만드는 것이 중요하다.

'멈춰' 연습이 필요해

지속적으로 폭력에 노출된 아이는 쉽게 멈춰를 하지 못한다. 몸과 마음이 위축되어 자신의 진정한 목소리와 진실한 감정을 알아차릴 수 있는 힘을 잃어버렸기 때문이다. 이런 상황에서 교사가 답답해하거나 화를 내면 아이는 더 힘들어한다.

두려워하는 눈빛, 위축된 어깨, 무표정한 아이 얼굴에서 들려오는 침묵의 목소리를 들을 수 있어야 한다. 그리고 다음과 같은 메시지를 끊임없이 전해야 한다.

"네가 멈춰를 외치지 못하고 당하기만 해서 가슴이 아파. 난 네가 적극적으로 얘기를 했으면 좋겠어. 이미 친구들이 도우려고 나섰잖아?"

그리고 멈춰를 외칠 수 있게 다시 한 번 연습을 함께해야 한다.

처음부터 모든 아이들이 멈춰를 외치기는 어렵다. 특히 힘이 약한 아이가 힘의 우위에 있는 아이에게 저항하는 것은 더 큰 용기가 필요하다. 개인에 대한 저항이 아니라 암묵적으로 합의된 교실의 위계질서에 대한 저항이라서 반 전체에 맞서는 심각한 상황에 직면하는 것이기 때문이다. 이는 교사가 침묵을 강요하는 권위적인 분위기의 교무회의에서 혼자 일어나 문제 제기하는 것보다 더 큰 용기가 필요한 상황일 수 있다.

폭력을 보고도 멈춰를 외치지 못하는 방관자를 어떻게 도울까?

서 선생이 동 학년 협의를 마치고 돌아오는데 교실 앞이 소란스럽다. 석진이와 상현이는 엎치락뒤치락 싸우고 있고, 준섭이는 옆에서 지켜보다 그냥 교실로 들어가는 모습이 보였다. 서 선생은 얼른 달려가서 멈춰를 외치고, 아이들을 데리고 교실로 들어와 함께 학급회의와 역할극을 진행했다. 그리고 방관했던 준섭이의 태도에 대해서도 함께 이야기를 나누었다.

"우리 폭력을 당하거나 폭력이 일어나는 것을 보면 어떻게 하기로 했지?"
서 선생이 묻자 아이들은 일제히 입을 모아 외쳤다.
"멈춰!"
"그렇지. 그런데 아까 준섭이는 안 했네. 왜 그랬는지 얘기해줄래?"
준섭이는 머뭇거리더니 모기만 한 소리로 말했다.
"까먹었어요."
"그랬구나. 그럼 지금 한번 연습해볼까?"
서 선생의 제안에 준섭이는 고개를 숙인 채 작고 힘없는 목소리로 말했다.
"멈춰······."
서 선생은 준섭이의 어깨를 다독이며 좀 더 큰 소리로 해보자고 격려했지만, 준섭이 목소리는 여전히 작았다. 아이들이 준섭이에게 좀 더 큰 소리로 하라고 응원했다. 용기를 얻은 준섭이가 얼굴을 들고 큰 소리로 외쳤다.
"멈춰!"
준섭이의 목소리가 교실에 울려 퍼졌고, 아이들 틈에서 "그래, 그렇게!"

하며 환호성이 울렸다.

"그래. 그렇게 해야 싸우는 친구도 그 소리를 듣고 멈출 수 있고, 다른 친구들도 그 소리를 듣고 도움 행동을 할 수 있겠지. 우리 다 같이 외쳐보자, 멈춰!"

서 선생이 아이들을 향해 말하자 아이들도 마음을 모아 큰 소리로 외쳤다.

"멈춰!!!"

평화로운 학급을 만들어가기 위한 제도로서 멈춰를 약속했지만, 아직 익숙하지 않은 제도였다. 축구선수가 공에 익숙해지고 잘 다루기 위해 연습이 필요하듯, 멈춰도 연습이 필요하다.

서 선생 학급처럼 초기에는 아이들이 멈춰를 외치며 적극적으로 개입하지 못하고 방관을 하는 경우가 많다. 이때 교사는 '우리는 괴롭힘 상황에서 서로 도울 것이다'라는 규칙을 다시 한 번 확인하고 그 상황에서 멈춰를 외치지 않은 이유를 묻고 어떻게 도움 행동을 할 것인지 함께 토론한다.

아이들과 대화해보면 다음과 같은 이유들을 이야기하는데, 그런 아이들의 말에 대해서 적절히 대응할 수 있어야 한다.

- **"몰랐어요. 못 봤어요. 못 들었어요."**

모두가 상황을 알거나 집중하는 것은 아니기 때문에 대다수 아이들이 사건에 대해 자세히 모를 수 있다. 또한 자기 일에만 관심 있는 아이들도 있을 수 있다. 이때는 다른 사람의 마음을 읽을 수 있도록 아이를 이끌어야 한다.

"네가 폭력을 당할 때 다른 사람들이 도와주지 않으면 넌 어떤 기분이 들까?"

"우리 반에서 일어난 일은 내 일이 아닌 것이 없다는 생각이 필요해."

● "남의 일에 끼어들지 말랬어요."

교사나 부모로부터 "남의 일에 참견하지 말라."는 말을 듣고 자란 아이들이 보이는 태도이다. 이런 아이에게도 스스로 괴롭힘을 당한 아이에게 감정이입할 수 있도록 도와주는 것이 좋다.

"그럼, 네가 폭력을 당할 때 다른 사람들이 도와주지 않으면 넌 어떤 기분이 들까?"

● "어떻게 해야 할지 몰랐어요."

아이들이 상황에 개입하려면 정서적으로 민감한 반응이 필요하지만 그러한 공감 능력 자체가 길러지지 않았을 때 이런 반응이 나타난다. 자신과 다른 사람의 감정을 읽고 민감하게 반응할 수 있는 공감 능력은 역할극을 통해 길러야 한다.

"그랬구나. 그때 멈춰를 외치는 거야. 한번 해보자."

● "무서워서 못했어요."

보복이 두려운 것은 아직 관계에 대한 믿음이 부족하기 때문이다. 교사가 끝까지 이 문제를 풀어갈 것이란 믿음과 확신을 주는 것이 필요하다.

"보복이 두려웠구나? 친구들과 선생님을 믿고 한번 해보자."
"그랬구나. 네가 폭력을 당한 적이 있는지 궁금한데, 내게 얘기해줄래?"

● "잊어버렸어요."

약속을 지켜야 한다는 규범의식이 내면화되어 있지 않기 때문이다. 또는, 폭력 상황에서 회피하려고 하는 태도 때문일 수 있다. 어느 경우에 해당되는지 민감하게 살펴서 대처해야 한다.

"이런! 우리가 같이 정한 규칙을 잊었다니, 속상하네. 다시 한 번 연습해 보자."
"그랬구나. 우리 약속을 다시 한 번 외우고, 연습해보자."

위에서 제시한 대처 논리는 아이들의 초기 반응에 대한 것이다. 한두 달이 지나고 나서도 비슷한 반응을 보인다면, 과거에 상처받은 경험이 없는지 개별 상담을 통해 확인할 필요가 있다.

학원에서도 집에서도 '멈춰!'

홍 선생이 방과 후에 업무를 보고 있을 때였다. 같은 학원에 다니는 지현이와 상영이가 다가와 어제 학원에서 있었던 일에 대해 이야기했다.

"선생님, 어제 학원에서 멈춰가 있었어요. 영섭이가 수성이에게 멈춰를 했는데, 수성이가 '어쩌라고.' 하며 막 욕을 했어요."

홍 선생은 다른 반인 영섭이와 수성이가 멈춰를 알고 있다는 것이 신기해서 다시 물었다.

"다른 반 친구들도 멈춰를 알아?"

지현이는 뿌듯한 얼굴로 대답했다.

"저랑 우리 반 친구들이 알려줬어요. 그래서 학원 친구들은 다 알아요."

"그럼 실제 멈춰를 하고, 그게 효과가 있어?"

홍 선생의 이어지는 질문에 옆에서 지켜보던 상영이가 신이 나서 불쑥 끼어들었다.

"그럼요. 친구랑 놀다가도 장난이 지나쳐서 제가 기분이 상하면 멈춰를 해요. 친구도 제가 기분 나쁘게 하면 바로 멈춰를 해서 잘 싸우지 않게 되었어요."

지현이와 상영이의 이야기를 듣고 있던 소연이는 집에서도 멈춰를 한다고 했다. 홍 선생이 그 사례를 한번 정리해보라고 했더니 다음 날 바로 써서 가지고 왔다.

> 얼마 전까지 오빠와 나는 거의 매일 싸웠다.
> 예전 같았으면 아빠나 엄마가 강제로 화해를 시키거나, 벌을 주었다. 그런데 내가 학교에서 하는 멈춰 제도를 엄마께 말씀드린 뒤에는 소소하게 싸운 건 오빠와 내가 알아서 화해를 했다. 정말 심하게 싸웠을 때는 엄마나 아빠가 우리 둘을 앉혀놓고, 서로의 말을 들으며, 자신의 잘잘못을 헤아려 진심으로 화해를 하게 되었다.
> 예전에는 강제로 화해해서 억울할 때도 있고, 분이 안 식어 더 심하게 싸우게 됐는데, 지금은 화해를 한 다음에는 한구석에 응어리가 남지 않아 좋다. 그래서 그 덕분에 가족끼리의 소통도 더 많아진 기분이다.

아이들은 학급을 넘어서 자신이 생활하는 모든 공간에서 평화롭고 안전하게 살아가고 싶은 욕구를 갖게 된다. 멈춰 제도를 학원과 가정까지 확산하기 위해 제안하고 과정을 조직하는 자발성과 적극성을 보이기도 한다. 한 학급에서 형성된 평화에 대한 가치가 학원, 가정으로까지 전이된 것이다.

다음은 연구에 참여한 교사의 학

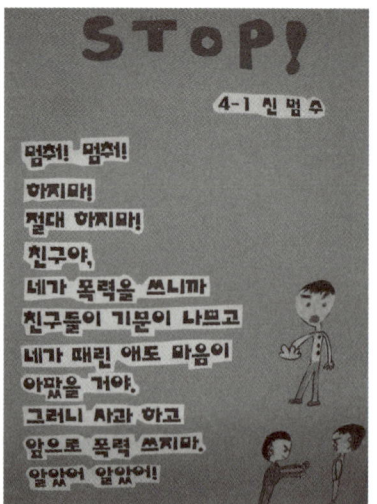

급에서 멈춰 제도에 대해 말하는 아이들의 생생한 목소리이다.

"멈춰는 생명이다. 왜냐하면 생명처럼 소중하기 때문이다."

"멈춰는 우리 반의 안 좋은 점을 고쳐주고, 친구들의 변화를 일으킨다."

"멈춰는 약한 아이들의 억울함과 불만을 풀어주며, 우리 모두의 평화를 위한 규칙이다."

"멈춰로 스트레스는 사라지고 서로 진실된 우정을 가지게 되었다."

아이들의 평가를 통해 멈춰 제도가 친구의 목소리를 찾아주고, 그 과정에서 형성된 서로에 대한 믿음이 진정한 보살핌과 우정의 기반이 되었다는 것을 확인할 수 있었다.

궁금해요

Q **멈춰가 너무 많아요. 어쩌지요?**

A 평화샘 프로젝트에 참여하는 모든 교사들이 초기에 같은 경험을 했다. 멈춰 제도를 실시하게 되면 처음 일주일간은 하루에도 4~5건의 학급회의가 열릴 수도 있다. 하지만 이것을 바쁘고 귀찮다고 여기면 멈춰 제도는 생명력을 잃는다.

아이들의 분주한 문제 제기는 폭력에 대한 새로운 인식 때문에 전에는 참고 넘어갔던 것을 표현하는 과정이기도 하고, 자기 목소리에 교사가 어떻게 반응하는가 시험하는 것이기도 하다. 만약 교사가 귀찮아하거나 짜증을 내면 "거봐, 어른들은 다 똑같아." 하며 교사에 대한 기대를 접게 될 것이다.

빈번한 멈춰와 회의 요구를 아이들의 성장과정으로 여기고 초기에 반드시 거쳐야 하는 단계로 파악하는 것이 중요하다.

Q **잡아떼며 인정하지 않아요. 어떻게 하면 좋아요?**

A 괴롭히는 아이는 자기가 한 일을 잘 인정하지 않는다. 그럴 때 학급회의에서 함께 역할극을 하면 학급 전체가 상황을 이해할 수 있게 된다. 괴롭힌 아이도 자신의 행동을 객관적으로 바라보게 되면서 그 행동이 잘못되었다는 것을 인정하게 된다.

Q **멈춰라고 해도 무시하면 어떻게 하나요?**

A 서열이 높은 아이들은 다른 아이들이 멈춰라고 해도 자신의 행동을 멈추는 것이 아니라 '네가 어쩔 거냐.'는 태도로 무시하기 일쑤이다.

"어쩌라고!"

"그래서? 너나 잘해!"

이런 상황에서는 다시 한 번 규칙을 확인하고 규칙 위반을 어떻게 다룰 것인지 아이들과 함께 토론한다. 다음 사례를 살펴보자.

영태는 말과 행동이 느린 편이다. 그런 영태에게 진수가 "거북이"라고 놀렸고, 영태는 "멈춰"를 외쳤다. 그런데 진수는 "어쩌라고?" 하며 우스꽝스러운 얼굴로 영태 얼굴에 바짝 갖다 댔다. 진수가 멈춰를 무시했다는 이야기를 들은 김 선생은 긴급하게 학급회의를 제안했다. 김 선생은 상황을 설명하며 다른 아이들의 생각을 물었다.

"멈춰 제도는 우리 모두가 소중하게 생각하는 학급 규칙인데, 그걸 무시한 거니까 이건 아주 큰 사건이에요."

"그건 우리 반 전체를 무시한 거예요."

"이런 일이 계속 생기면 멈춰 제도가 아무 힘이 없어져버려요."

한 번 입을 떼기 시작한 아이들의 입장은 단호했다. 김 선생은 앞으로 멈춰 제도를 무시하는 아이들을 어떻게 하면 좋을지를 물었다. 명심보감 쓰기, 벌 청소, 반성문 쓰기 등 그동안 자신들이 받아왔던 벌의 목록이 쏟아져 나왔다. 순간 김 선생도 아이들도 난감해졌다.

잠시 방안을 찾기 위해 모두가 골몰해 있을 때 정적을 깨고 수연이가 말했다.

"우리 반 전체를 무시한 거니까 우리 반 모두에게 진심으로 사과를 하고 다시 약속을 했으면 좋겠어요."

수연이의 제안이 어찌나 반가웠던지 김 선생과 아이들 모두 흔쾌하게 받아들였다.

"네, 그게 좋을 거 같아요."

김 선생네 반에서는 앞으로 멈춰 제도를 무시하는 아이들은 반 친구들 모두에게 진심으로 사과를 하고 다시 약속을 하기로 했다.

함께 문제를 해결하고 **반성하는 장소**, 학급회의

많은 교사들이 학급회의를 시도하지만 성공한 사례는 별로 없다. 이럴 때 대다수 교사들은 아이들 탓을 한다.

"아이들은 얘기도 잘 안 하고, 무슨 얘기를 하는지 잘 이해하지도 못하고, 서로 듣지도 않고, 떠들기만 해."

아이들은 자신의 생각을 자유롭게 표현하도록 격려받을 때, 교사가 자신의 말을 귀담아듣고 진지하게 받아들일 때, 자신의 생각이 인정받을 때 그 논의 과정에 능동적으로 참여한다. 그리고 자신이 참여해서 만든 규칙이나 해결방법에 자부심과 책임성을 느껴 적극적으로 따르려고 노력한다.

따라서 아이들이 적극적으로 회의에 참가하지 않는다면 교사가 어떤 방식으로 회의를 이끌어 가는지에 대해 돌아볼 필요가 있다. 많은 교사들이 아이들을 통제하기 위한 수단으로 학급회의를 활용하는 경우가 있기 때문이다. 이럴 때 아이들은 학급회의에 대한 근본적인 의문이 생길 수밖에 없다. '이 의제가 과연 나의 문제일까? 이것을 결정한다고 무슨 변화가 있을까? 또 내가 이렇게 얘기하면 선생님은 과연 어떻게 생각할까? 혼내지는 않을까?'

이때 아이들은 교사에게 비난받지 않기 위해서 그리고 교사 마음에 들기 위해서 이기적으로 행동하게 된다. 이렇게 아이들이 이기적인 마음을 가지고 있는 상태에서 진행하는 학급회의는 갈등의 원천이 될 수밖에 없다.

우리 평화샘 프로젝트는 학급회의를 갈등 해결의 장소로 삼는다. 갈등 해결의 장소가 되는 까닭은 서로 목표를 공유하고 공동체적인 보살핌 관계를 만들 수 있기 때문이다.

우리 프로그램에서는 다음과 같은 네 가지 회의 형태를 활용한다. 멈춰가 발생했을 때 바로 여는 긴급회의, 정기적으로 열리는 정기회의, 학년 초 규칙을 공유하기 위해 집중적으로 진행하는 회의, 나날이 열리는 작은 학급회의인 하루 열기와 닫기가 그것이다.

긴급회의

멈춰가 발생했을 때 바로 여는 회의[4]를 말한다.

괴롭힘을 당한 개인이 공동체 전체의 관심을 촉구하고 문제 해결에 모두를 참여시키기 위한 중요한 제도이다. 긴급회의는 바로 그 순간 열어야 하며 적어도 그날 안에 소집해야 한다.

정기회의

학급의 크고 작은 의제들과 폭력에 대처하는 규칙들의 발전과 명료화, 그리고 규칙 위반에 대한 대처방법 등을 토론하기 위한 회의이다. 일주일에 한 번 정도가 적당하며 가능하면 한 주를 평가하는 시점인 금요일에 하는 것이 좋다. 다만 금요일의 마지막 시간은 피하는 것이 좋다.

규칙 공유와 관련된 회의

학년 초 규칙 공유를 위해 집중적으로 진행하는 회의[5]이다.

하루 열기와 닫기 — 나날이 열리는 작은 학급회의

많은 아이들이 생활하는 학급에서는 하루에도 크고 작은 많은 일들이 벌어진다. 정기적인 학급회의에서 다루기 어려운 사안이나 그날, 그날 해결하지 않으면 안 되는 문제들은 하루 닫기 시간을 통해서 함께 해결할 수 있다. 특히 하루 닫기가 중요하다. 하루 일에 대한 공유와 평가가 그때 이루어지기 때문이다.

하루 열기와 닫기는 3월 1주 정도만 교사가 진행을 한다. 학급 상황에 따라 다르겠지만 2주부터는 아이가 '하루 선생님'이 되어 진행할 수 있도록 한다.

---

4) 자세한 내용은 3장 118쪽 참고.
5) 자세한 내용은 2장 42쪽 규칙 공유 참고.

하루의 시작을 활기차게 '하루 열기'

라온이는 교문에 들어서는 발걸음이 가볍다. 오늘이 하루 선생님을 하는 날이기 때문이다. 어젯밤에 친구들과 함께 들을 음악도 찾아두었고, 함께 나눌 이야기도 준비했다. 작년에는 아침에 가자마자 한자를 써야 했는데, 친구들의 목소리로 하루를 시작하는 게 정말 좋다.

교실에 들어서니 시계바늘은 8시 30분을 가리키고 있었다. 교실에 있는 아동용 컴퓨터로 슈베르트의「송어」를 찾아 틀었다. 음악에 맞춰 흥얼거리며 칠판에 작곡가와 곡명을 적었다. 그 다음 할 일은 커피포트에 찻물 올려놓기.

드디어 하루 열기 시간!

"지금부터 하루 열기를 시작하겠습니다. 컵을 책상 위에 올려놓으면 제가 찻물을 따라줄게요."

차를 한 잔씩 받은 아이들은 맛을 음미하는 듯 조용해졌다.

"제가 집에서 작은 실험을 해봤어요. 작은 접시에 화장지를 깔아놓고 물을 적신 후 현미와 백미를 올려놓았어요. 그리고 매일 분무기로 물을 뿌렸거든요. 그랬더니 현미에서는 싹이 파랗게 났지만 백미는 시간이 흘러도 아무 변화가 없는 거예요. 그러니까 현미는 살아 있지만 백미는 죽어 있는 거죠. 그래서 우리 집은 살아 있는 현미를 먹어요. 여러분도 몸에 좋은 현미를 먹어보세요."

이야기를 듣고 있던 윤철이가 신기하다는 듯 입을 다물지 못한다.

"우와~ 나도 집에서 한번 해봐야겠다. 엄마가 현미밥을 해주시면 까칠하다고 안 먹었는데, 앞으로 잘 먹어야겠다."

윤철이의 말에 아이들이 까르르 웃었다.

하루 열기는 아이들의 주도로 즐겁고 친밀한 분위기 속에서 하루를 시작한다는 데 그 의미가 크다. 가볍게 10분 정도가 적당하며 아이들과 토론해서 구체적인 진행방법을 정할 수 있다. 하루 선생님은 모든 아이가 진행하는 것을 원칙으로 하되 순서는 공정해야 한다.

하루 선생님이 된 아이들의 대다수는 자신의 차례를 잊지 않고 진행할 내용을 반드시 준비해 온다. 가끔 아이들 중에 한두 명이 잊고 오는 경우가 있지만 그렇다고 해서 그 역할을 싫어하거나 거부하지 않는다. 이것은 하루 열기와 닫기를 시도한 모든 학급에서 확인된 사항이다.

● 하루 열기 진행 순서 (예시)

- 8시 30분 하루 선생님 등교, 오늘의 음악 틀어놓기, 차 마실 물 준비
  음악은 우리 음악이나 클래식이 좋다.
  음악가와 곡명을 칠판에 적는다.
- 8시 40분 아침활동하기-독서, 판소리 등 학급의 특색에 맞게 진행
- 8시 50분 하루 열기
  "지금부터 하루 열기를 시작하겠습니다."
  하루 선생님이 준비한 이야기, 노래, 수수께끼, 뉴스 등 다양한 활동을 한다.
  "학교 오가면서 보았던 것이나 집에서 있었던 일 등 친구들과 함께 나누고 싶은 이야기를 해주세요."
  어제 하루 닫기 이후 함께 나누고 싶은 이야기나 정보, 에피소드를 말한다.
  "이것으로 하루 열기를 마치겠습니다. 1교시 수업 준비를 해주세요."
  ※ 차를 마시는 것은 마음을 가라앉히고, 포근한 분위기를 만들 수 있다.

마무리를 의미 있게 '하루 닫기'

오늘 하루 선생님은 영서이다. 영서는 학년 초에는 말수가 별로 없는 아이였다. 그런데 어느 순간 멈춰를 외치기 시작하더니 자기표현을 분명하게 할 수 있게 되었다. 오늘도 영서는 반 아이들 한 명, 한 명과 눈을 맞추며 분명한 목소리로 하루 닫기를 진행했다.

"지금부터 하루 닫기를 시작하겠습니다. 오늘 칭찬하고 싶은 일이나 사과할 일, 학급 전체에게 하고 싶은 말, 멈춰를 하고 싶었는데 못했던 상황이 있으면 이야기해주세요."

영서의 말이 끝나자 연우가 손을 들었다.

"얘들아, 급식시간에 덥다고 에어컨 앞에서 멈추지 않았으면 좋겠어."

"연우 의견에 대해 어떻게 생각해?"

"찬성! 알았어."

아이들이 흔쾌하게 큰 소리로 대답했다. 그때 강주가 손을 들었다.

"나, 사과하려고. 연우야, 내가 에어컨 앞에 맨날 멈추어서 줄을 늘어지게 했어. 미안해. 얘들아, 내가 앞으로는 그 버릇 고칠게."

강주가 스스로 인정하며 사과를 하자 영서가 빙그레 웃으며 말했다.

"강주야, 너만 그런 거 아닌데……."

연우는 하루 닫기 시간에 거의 발표를 하지 않았던 아이이다. 그런데 얼마 전 평화 서약서에 '이제 제가 느끼는 것을 적극적으로 표현하겠습니다.'라고 쓰더니 요즘 그 약속을 지키려고 노력하고 있다.

"더 얘기할 사람 없어?"

영서가 반 아이들을 둘러보며 묻자 상희가 조심스럽게 손을 들었다.

"남자아이들이 수업시간에 '쎄쎄쎄'를 해서 공부에 방해가 돼."

말이 없고 자기 자리만 지키던 상희가 하루 닫기 시간에 드디어 발표를 한 것이다. 아이들은 적극 호응해주었다. 이날 이후로 상희는 거의 매일 하루 닫기 시간에 이야기도 하고 자신의 감정을 표현하게 되었다.

이어서 영서가 체육시간에 발등을 다친 은정이가 빨리 나았으면 좋겠다는 바람을 말했다. 그러자 여기저기서 은정이를 걱정하는 아이들의 목소리가 들렸다.

"맞아. 은정이 발이 빨리 나았으면 좋겠어."
"은정이가 많이 안 다쳐서 정말 다행이야."

이번에는 은선이의 제안이 있었다.

"바둑알이 자꾸 바닥에 돌아다니는데, 잘 정리했으면 좋겠어."
"물론이지. 알았어. 잘 정리할게."

은선이 말이 끝나자마자 합창하듯 대답했다. 더 이상 이야기가 없자 아이들이 외쳤다.

"오늘의 한마디는?"

영서네 반은 하루 닫기 마지막 순서로 반 친구들이 모두 새겨봐야 할 이야기로 마무리한다.

"놀고 난 뒤 바둑돌을 잘 정리하자."

경쾌한 영서의 목소리가 교실 안에 울려 퍼졌다.

하루 열기와 닫기를 통해서 아이들이 학급생활을 점검하고 자신의 요구를 해결하기 때문에 교사가 잔소리할 일이 없다. 그리고 모두가 주체적인 역할을 할 수 있도록 기회를 제공하기 때문에 소외되었던 아이가 자아존중감을 회복하고 목소리를 복원하는 계기가 된다.

그러면 교사는 어떤 역할을 할까?

하루 닫기를 진행하다 보면 아이들이 서로 보복하는 모습을 보이기도 한다. 다른 아이가 하루 닫기에서 자신의 문제를 지적하면 그 아이도 문제가 있다고 반격을 하는 것이다. 이러한 과정을 방치하면 하루 닫기는 또 다른 투쟁의 장이 되어버린다. 이를 방지하기 위해서는 하루 닫기에서 이야기하는 것이 친구를 도와주기 위해서이지 공격하거나 창피를 주기 위한 것이 아니라는 것을 분명히 알려주어야 한다. 아울러 그것이 언어를 이용한 또 다른 괴롭힘이라는 것도.

그리고 하루 닫기에서 제기되는 문제가 짧은 시간에 해결될 수 없는 것이라면 정기회의에 안건으로 제출하는 것도 좋은 방안이다.

하루 닫기 시간에 교사는 동등한 구성원 자격으로 참여하는 것이기 때문에 하고 싶은 말이 있을 때는 발언권을 얻어 발표한다.

하루 닫기는 수업을 마치고 10~20분 정도 진행하는 것이 좋다. 하루 닫기를 진행하다 보면 귀가 시간이 늦어지기도 하는데 학년 초에 부모와 하루 닫기의 의미를 공유하고 학원시간 등 아이의 일정을 미리 조정해야 한다.

● **하루 닫기 진행 순서(예시)**

- "지금부터 하루 닫기를 시작하겠습니다."
시작 전에 하루 닫기 대형으로 자리를 배치한다. ㄷ자 형이나 원으로 서로의 표정을 볼 수 있게 배치한다.
- "오늘 사과하고 싶은 이야기나 칭찬하고 싶은 것, 멈춰를 하고 싶었는데 못했던 상황, 전체에게 하고 싶은 말이 있으면 이야기해주세요."
교사는 아이들이 자유롭게 이야기하도록 분위기를 만들어주며 함께 참여한다.

- "오늘의 한마디는?"

  하루 선생님이 생활 속에서 친구들과 꼭 공유하고 싶은 이야기를 한다.

교사가 없어도 하루 열기와 닫기는 계속된다

최 선생은 갑자기 출장을 가게 되었다. 2시까지 가야 했기 때문에 하루 닫기를 하고 갈 시간이 없었다. 고민이 되어 걱정스러운 얼굴로 아이들에게 물었다.

"선생님이 지금 출장을 가야 해서 하루 닫기를 할 시간이 없는데, 어떻게 하지?"

"저희들끼리 할게요."

라는 명쾌한 대답이 돌아왔다. 혹시 하지 말자고 하면 어떡하나 걱정했는데, 아이들의 밝은 대답에 마음이 한결 가벼워졌다.

다음 날 아침, 어제 하루 닫기 상황을 물어보았다.

"주호가 좀 떠들었어요. 그래도 잘 끝났어요."

민영이가 자랑스럽게 대답했다. 그런 민영이 뒤로 상준이가 불쑥 끼어들었다.

"상희랑 은진이가 대충대충 하고 가자고 했는데, 아이들이 아무 대꾸도 안 했어요."

그 이야기에 최 선생은 싱긋 웃었다.

"너희들끼리 하루 닫기 한 느낌이 어때?"

"선생님이 안 계셔서 심심했어요."

"우리끼리 끝까지 해서 기분이 좋아요."

하루 열기와 닫기를 지속적으로 진행하자 아이들은 교사가 없을 때도 스스로 학급을 운영할 수 있게 되었다. 모든 아이들이 하루 선생님 역할을 해봄으로써 책임감을 획득하고 자치 능력을 발휘하는 기회를 갖게 되었다.

서로를 이해하는 시간, 역할극

남을 괴롭히는 아이들은 자기 행동이 다른 아이에게 어떤 의미를 가지는지 잘 알지 못한다. 이런 아이들에게 훈계나 체벌이 과연 효과가 있을까? 중요한 것은 그들이 다른 사람의 마음을 이해할 수 있도록 도와주는 것이다.

학교 폭력 상황은 아이들에게 감정이입을 가르칠 수 있는 가장 중요한 배움의 시간이 될 수 있다. 이렇게 생활 속에서 감정이입 지도를 위해 필요한 것이 역할극이다.

괴롭힘당하는 아이에게 치유를, 괴롭히는 아이에게 성찰을

멈춰 제도를 아이들에게 이야기하고 며칠 후의 일이다.

아침에 교실에 들어서니, 아이들이 김 선생이 오기만을 기다린 듯이 앞으로 우르르 몰려나왔다. 주호가 영수에게 의자를 들어 협박을 해서 반 아이들이 멈춰를 외쳤다는 것이다. 김 선생은 그 상황을 보지 못한데다가 다른 아이들도 마찬가지여서 이야기하기가 힘들었다. 그래서 그 상황을 재연해보기로 했다.

영수랑 주호랑 몇몇 남자아이들이 잡기 놀이를 하고 있었는데 주호가 술

래였을 때 영수가 뒷문을 잠그고 열어주지 않은 것이다. 뒷문에 영수가 서 있고 밖에서 주호가 문을 탕탕 두드렸다.

"문 열어. 문 안 열어!"

"싫어! 내가 왜 열어줘. 열어주면 내가 죽는데. 싫어!"

그러자 주호가 어느새 앞문으로 뛰어 들어와 의자를 들고 영수를 위협했다.

"너 죽을래!"

영수는 움찔했다. 지민이, 규현이는 멈춰를 외쳤고, 영훈이는 멈춰를 외치며 몸으로 직접 주호를 말렸다.

역할극이 끝나고 다른 아이들을 바라보니, '아하! 바로 그런 상황이었구나.' 하는 얼굴들이었다. 김 선생은 영수의 손을 잡으며 말했다.

"영수야, 성말 놀랐겠다. 그때 기분이 어땠어?"

"주호가 의자를 들어서 던질까 봐 겁났어요."

주호는 분이 안 풀렸는지 옆에서 계속 씩씩거리면서 서 있다. 김 선생은 주호의 행동을 이야기하기 전에 먼저 놀이 규칙이 지켜지지 않은 것을 짚기로 했다.

"주호는 영수가 문을 안 열어줘서 화가 났구나. 그런데 애들아, 잡기 놀이에서 문을 잠그는 것에 대해 어떻게 생각해?"

"잡기 놀이를 계속할 수 없어요."

"놀이 규칙을 어긴 거예요."

"그래, 영수가 놀이 규칙을 어긴 것에 대해서는 따로 이야기를 해보자. 그리고 주호야, 영수가 아까 겁이 났다는 말을 했는데, 그 말을 듣고 네 기분이 어때?"

"전 너무 화가 나서 그랬다고요."

씩씩거리던 주호의 얼굴이 조금 누그러졌지만 대답이 흔쾌하지는 않았다.

"주호가 아직 영수의 기분이 어떤지 잘 모르는 것 같으니까 우리 역할을 바꾸어서 해보자."

주호 역할을 하는 영수는 간신히 의자를 들고는 기어들어가는 목소리로 "너 죽을래."라고 말을 했다. 영수의 얼굴이 어색하고 두려운 표정이어서 김 선생은 더 큰 소리로 외치도록 했다.

영수의 역할을 하는 주호는 내내 떨떠름한 표정이었다. 역할극이 끝나고 영수와 주호의 기분이 어떤지 물어보았다.

주호는 씩씩거리던 아까와는 달리 차분해진 표정으로 대답했다.

"영수가 많이 속상했을 것 같아요."

미안해하는 주호의 마음이 전달되었는지 영수가 얼른 이야기를 받는다.

"문을 잠근 건 제가 잘못했던 것 같아요."

김 선생은 영수에게 영훈, 지민, 규현이가 방어해주었을 때 기분이 어떤지 물었다.

"정말 고마웠어요."라고 말하며 밝게 웃었다.

김 선생은 영훈, 지민, 규현이에게도 방어자가 된 기분을 물었다.

"아까는 진짜 주호가 던질까 봐 겁이 났는데 멈춰 하고 나니까 뿌듯해요."

"우리가 멈춰를 하니까 주호도 멈추고, 영수도 고마워해서 기분이 좋아요."

김 선생은 아이들을 향해 다시 물었다.

"그때 영훈이가 몸으로 말리지 않았다면 어떤 일이 생겼을까요?"

"영수가 크게 다쳤을 수도 있어요."

"그랬다면 주호는 또 어떨까?"

"후회했을 거예요."

김 선생은 주호를 쳐다보며 말했다.

"주호야, 너는 영훈이가 말린 것에 대해서 어떻게 생각해?"

"그때는 기분이 나빴는데, 지금은 고마워요."

주호는 머리를 긁적이며 멋쩍게 웃었다.

"그러면 오늘처럼 누가 다칠 수도 있는 긴급한 상황에서는 어떻게 방어 행동을 해야 할까요?"

"영훈이처럼 몸으로 말려요."

"저도 주호처럼 좀 욱하는 편이라 실수를 많이 해요. 그럴 때 옆에서 아빠와 같이 심호흡을 하고 숫자를 10까지 세어요. 그러면 마음이 좀 가라앉아요."

"그것 참 좋은 방법이다. 흥분한 친구들에게 정말 도움이 될 것 같아. 얘들아, 한번 연습해보자."

토론을 마무리하며 김 선생은 아이들에게 느낌이나 할 이야기가 있으면 해보자고 하니 세은이가 쭈뼛쭈뼛 손을 들었다.

"주호야, 의자를 드는 건 너무 심한 폭력이야, 앞으로 절대 하지 않았으면 해."

"맞아, 주호야."

"그래. 폭력은 안 돼."

아이들 모두가 같은 느낌, 같은 생각이었나 보다. 세은이의 말에 모두 고개를 끄덕이며 맞장구를 쳤다. 주호는 친구들이 일치된 목소리를 내자 처음에는 어색한 표정을 지었지만 기분이 나빠 보이지는 않았다.

"주호야, 어떻게 할까?"

"영수한테 너무 미안해요. 사과할래요. 영수야, 내가 의자를 들어서 네가 너무 놀랐을 것 같아. 미안해. 앞으로는 절대 그러지 않을게."

주호의 진심 어린 사과에 영수도 얼른 대답을 했다.

"그래, 나도 좀 더 친절하게 이야기할게."

자리에 앉아서 바라보는 아이들의 얼굴도 뿌듯한 표정이었다. 아이들의 얼굴에 학급의 폭력 문제를 반 전체가 함께 참여해서 해결했다는 자부심이 묻어났다.

멈춰는 선언에 그치는 것이 아니라 실제 약속이 되어야 하고 그러기 위해서는 훈련이 필요하다. 김 선생은 평화도 훈련이 필요하다는 것을 다시 한 번 실감했다.

회복의 원을 만들기 위한 역할극은 다음과 같이 이끌어 간다.

먼저 모두가 상황을 공유하고, 참여할 수 있는 기반을 만들기 위해 재연을 한다.

"선생님이 이야기만 듣고는 무슨 일이 있었는지 잘 모르겠어. 실제 어떤 상황이었는지 한번 재연을 해보자. 여기를 멈춰가 일어났던 장소라고 생각하고, ○○이는 어디에서 어떻게 했고, ◇◇는 어디에서 어떻게 하고 있었니?"

상황을 확인한 다음에는 피해자를 위로하고, 모든 아이들과 그 상황에서 어떤 느낌을 가졌는지, 바람은 무엇인지를 이야기 나눈다. 교사는 피해자와 먼저 이야기를 나눈다.

"○○(피해자)아, 그때 기분이 어땠어?"
"다른 친구들이 방관할 때 무슨 생각이 들었어?"
"◇◇(방어자)가 도와줄 때 기분은 어땠어?"

다음으로는 가해자와 이야기를 나눈다.

"○○(피해자)이가 속상하다고 하는 말 들었지? 그 말에 대한 느낌이 어때?"
"◇◇(방어자)가 멈춰할 때는 기분이 어땠어?"

"방관하는 친구들을 볼 때 기분이 어땠어?"
"만약 누가 너한테 그랬다면 기분이 어땠을까?"

교실 평화 규칙을 지키고 방어 행동을 한 아이와는 이렇게 이야기할 수 있다.
"○○(피해자)이가 너에 대해 고맙다고 했는데 기분이 어때?"
"네가 도와줄 때 방관하는 친구들이 있었는데 그때 어떤 기분이었는지 말해보자."
"다른 친구들 몇 명이 너를 도와 함께 방어자가 되었더라면 어땠을까?"
마지막으로 방관한 아이들과 이야기를 나눈다.
"우리가 서로 도와수기로 약속했었지? 그런데 왜 도와주지 못했는지 이야기해보자. 자, △△부터……."
"만약 네가 괴롭힘을 당할 때 친구들이 너처럼 방관한다면 기분이 어떨까?"

이 과정에서 피해자는 자신의 감정을 충분히 드러내고 위로받음으로써 치유될 수 있고, 가해하거나 방관한 아이들은 자신의 행동을 객관적으로 바라보며 성찰할 수 있는 힘을 갖게 된다. 그리고 학급 공동체 모두가 참여하는 대안행동에 대한 토론을 한다.

상황을 재연하고도 가해자가 피해자의 마음을 공감하지 못하면 강한 감정이입 지도가 필요하다. 그래서 피해자와 가해자가 서로 역할을 바꾸어 재연한다. 이때 괴롭힌 아이는 피해를 당한 아이의 마음을 이해하게 된다. 교사의 훈계가 아니라 역할극 속에서 스스로를 돌아보고 변화할 수 있는 계기가 마련되는 것이다.

대안 행동에 대한 토론은 학급 전체가 참여하는데, 기존에 방관했던 아이들도 멈춰를 외치며 괴롭힘당한 아이를 돕는다. 이처럼 피해자, 가해자, 방관자 모두를 돕는 다양한 방어행동에 대해 토론하고 연습한다.

이 과정에서 교사는 자신의 말투와 표정, 태도가 평화의 본보기가 되고 있는지 성찰하며 역할극을 이끌어야 한다.

역할극을 하면 다음과 같은 효과가 있다.
- 학급 전체가 상황을 공유하게 해준다.
- 실제 상황에서 방관자들에게 어떤 역할을 할 수 있을지 가르쳐준다.
- 괴롭힘을 당하는 아이에게는 치유의 과정이 된다.
- 괴롭히는 아이는 반성과 성찰의 과정이 된다.

Tip 역할극을 할 때 주의할 점
- 역할극에서 괴롭힘 행동은 흉내만 낸다.
- 피해자가 역할극을 힘들어하면 다른 아이가 대신할 수 있다.
- 역할극에 참여하는 아이들의 느낌을 수시로 물어 모두가 공유할 수 있게 한다.

우리 문화와 평화샘 프로젝트
- 올베우스 프로그램, 키바 코울루 프로젝트와의 비교를 중심으로

북유럽에서 학교 폭력이 사회적 이슈가 된 것은 1970년대 초반이었다. 우리 사회처럼 북유럽도 학교 폭력이 오랫동안 언론과 학생, 학부모들에게는 중요한 문제였지만 학교와 교육당국은 그 심각성을 인정하지 않고 있었다. 당연히 개입을 위한 적극적인 노력도 하지 않아 시민사회와 마찰을 빚었다. 이러한 상황에 변화를 가져온 것이 1982년 가을, 노르웨이에서 10대 초반 소년 3명이 자살한 사건이었다.

특별한 증거는 없었지만 동료 학생들에게 심한 폭행을 당한 결과 일어난 사건으로 추정되었다. 당연히 전 사회 차원의 심각한 파문이 일어났고 수상 직속의 위원회가 설치되었다. 그리고 1년 동안 사회적 토론을 거쳐 1983년 가을에 전국의 초등학교와 중학교를 대상으로 범국가적 캠페인을 전개했다. 학교 차원에서는 올베우스 프로그램을, 사회 전체적으로는 그 프로그램을 지원하는 캠페인을 전개한 것이다.

올베우스 프로그램은 피해자를 어떻게 도울 것인가에 초점을 맞춘다. 학우들이 그들을 어떻게 돕고 피해가 생겼을 때 어떻게 보호하며 교사가 괴롭힘 상황에서 어떻게 대응할 것인가에 대한 구체적인 조치를 담고 있는 매뉴얼을 바탕으로 진행된다. 그리고 그 진행 방식도 어른들이 먼저 학습하고 대응 시스템을 근본적으로 변화시킨 다음에 아이들에게 적용하는 것이 특징이다.

전 사회적 차원에서 진행된 캠페인 역시 피해자 보호와 사회의 성찰을 핵심 내용으로 삼고 있다. 당시 캠페인에 활용된 올베우스 프로그램의 영상 자료 하나를 살펴보자.

한 아이가 투명인간 취급을 당하고 있다. 그 아이는 실체감 없이 희미한 형태로 화면에 등장한다. 그 아이가 교실에 있든, 학교 로비에 있든, 강당에 있든 아무도 아는 척을 하지 않는다. 그런데 식당에서 한 친구가 와서 인사를 하며 같이 앉는 순간 아이가 뚜렷한 실체로 등장한다. 그리고 자막이 나타난다. '왕따를 당할 때 멈춰를 외치면 도움을 받을 수 있습니다.' 그 외에도 여러 편의 광고 자막이 있는데 내용을 살펴보면 그 사회의 관심사가 어디 있는지 알 수 있다.

'왜 아무도 대그(광고에 나오는 아이 이름)를 도와주지 않는가? 우리는 이 폭력을 막을 수 없는가?'

'지금 교사는 이 폭력 앞에 무엇을 할 것인가?'

'당신은 이 폭력에 동의하는가? 우리는 이 아이를 보호할 수 없는가?'

'왜 아이는 매일 머리가 아픈가? 아무에게도 이 폭력을 말할 수 없는가?'

그리고 30년이 지난 2011년 12월, 한국에서도 학교 폭력과 관련되어 여러 아이가 자살한 사건이 일어났다. 우리 사회의 야만성과 학교 폭력 대응 시스템의 문제점이 집약적으로 나타난 사건이다. 따라서 이 사건들을 집중적으로 분석하고 성찰함으로써 올바른 대안을 찾을 수 있다.

이를 위해서는 피해자에 대한 전 사회적인 애도 분위기 속에서 사건의 내용을 이해할 수 있는 풍부한 자료가 사람들에게 제공되어야 한다. 또한 왜 어른들과 주변 친구들이 돕지 못했는가에 대해서도 깊이 있게 토론해야 한다. 이렇게 사회가 피해자와 방관자에 초점을 맞추면 전 사회적인 성찰과 공동 대응이 가능해진다. 그런데 우리 사회에서는 언론과 정책당국 그리고 교원단체들의 대응이 가해자에게 초점을 맞추고 있다. 가해자에 초점을 맞추는 것이 문제가 되는 것은 그럴 경우 그 폭력 행동의 심각성만 선정적으로 드러내어 처벌 위주로 사회적 분위기가 흐르기 때문이다. 자살한 학생에 대한 애도와 그 곤경에 대한 감정이입은 찾아볼 수가 없다.

문제는 지금까지 가해자에게 초점을 맞춘 정책으로는 학교 폭력이 줄어든 사례를 발견할 수 없다는 것이다. 오로지 피해자를 돕고 방관자들을 어떻게 방어사로 이끌 것인가에 대한 내용을 담은 대응 프로그램을 진행한 나라들에서만 학교 폭력이 줄어드는 성과가 나타났다.

평화샘 프로젝트는 공동체를 향상시키는 것이 학교 폭력에 대응하기 위한 가장 좋은 방법이라는 믿음을 바탕으로 한다. 이 프로젝트의 접근방법이 학교 폭력 문제 해결에서 어떤 의미가 있는지 외국 사례와 비교해서 또렷하게 하는 것이 이 글의 목적이다.

외국 사례
- 올베우스 프로그램, 키바 코울루 프로젝트

학교 폭력에 대해 선진적으로 대응해온 북유럽 여러 나라는 전 세계에 알려진 저명한 학교 폭력 대응 프로그램을 가지고 있다. 대표적인 것이 노르웨이의 올베우스 프로그램, 핀란드의 키바 코울루 프로젝트이다.

노르웨이의 올베우스 프로그램

우리나라에 올베우스 프로그램이 소개된 것은 1996년이다. 『바로 보는 왕따 대안은 있다』라는 책이 그것인데, 1999년 KBS1 TV를 통해 알려지기도 했다.

댄 올베우스는 학교 폭력을 최초로 연구한 학자 가운데 한 명인데, 전 세계적으로 가장 잘 알려진 올베우스 프로그램의 창시자로도 유명하다.

올베우스 프로그램은 예방 프로그램일 뿐만 아니라 상황이 발생했을 때 대처할 수 있는 구체적인 행동지침을 담고 있다.

그 핵심적인 프로그램으로는 폭력에 대처하는 4대 규칙, 멈춰, 역할극이 있다.

폭력에 대처하는 4대 규칙은 학교 폭력을 해결하기 위해서 모든 사회 구성원들이 합의해야 할 규칙일 뿐만 아니라 구체적인 폭력 상황에서 개입할 수 있는 수단이 되기도 한다.

1. 우리는 다른 학생에게 폭력을 행사하지 않을 것이다.
2. 우리는 폭력에 시달리는 학생을 도와주려고 할 것이다.
3. 혼자 떨어져 나가기 쉬운 학생들을 포용하도록 노력할 것이다.
4. 만약 누군가 괴롭힘당하는 것을 알게 되면, 우리는 학교나 집의 어른들에게 이야기할 것이다.

노르웨이는 어른들이 집단괴롭힘에 대해서 어떻게 개입해야 할 것인지에 대한 구체적인 매뉴얼을 가지고 있다.

먼저 그 상황을 제지한 후 그 주변에 있는 아이를 모두 모이게 한다. 그리고 피해자를 위로한 후, 가해자 및 방관자들에게 4대 규칙 중 어떤 것을 위반했는지 확인한다. 다음으로 문제 해결을 위해서 무엇을 할 것인지에 대해 다시 한 번 학습하고 상황을 정리한다.

멈춰 제도는 아이들이 방관자가 아니라 방어자가 될 수 있게 하는 프로그램이다. 그 방법은 누가 괴롭힐 때 피해자와 주변 아이들이 멈춰를 외치는 것이다. 아이들이 있을 만한 곳에는 교사나 도우미들이 노란 옷을 입고 대기하고 있다가 아이들이 멈춰를 외치면 개입한다.

역할극은 모든 아이들이 학교 폭력이 지속되는 데 책임 있다는 인식하에 이루어지는 활동이다. 학교 폭력 상황에서 아이들의 역할을 8가지(가해자, 피해자, 동조자, 조력자, 소극적 조력자, 방관자, 소극적 방어자, 방어자)로 분류한다. 이 가운데 조력자부터 소극적 방어자까지가 방관자이다. 역할극을 통해서 자신들이 방어자가 되는 인식과 방법을 개발한다.

올베우스 프로그램을 학교에서 진행할 때는 두 가지 방법이 있다. 올베우스 센터에서 파견된 트레이너의 도움을 받아서 진행하는 경우가 있고, 학교에서 올베우스 연수에 교사를 파견하여 전체 프로그램을 이해한 후 학교 차원에서 진행하는 것이다. 어떤 경우이든 6개월의 준비과정을 거친다. 올베우스 프로그램을 진행하는 학교에서는 먼저 학교폭력방지위원회를 구성한다. 학교폭력방지위원회에는 우리나라와 달리 운전기사, 영양사, 학교 행정 직원의 대표까지 참가하며 이틀 동안 올베우스 프로그램을 숙지하기 위한 연수를 한다. 그 이후에는 학교 차원에서 체계적인 폭력 실태조사를 하고, 이를 바탕으로 학교 차원의 계획을 세운 후 교사 연수를 실시한다. 이 과정은 6개월이 걸리며 새로운 학기에 올베우스 프로그램 시작을 기념하는 행사를 갖고 학교와 지역 차원의 홍보와 개입이 시작된다.

핀란드의 키바 코울루 프로젝트

키바 코울루 프로젝트는 왕따 문제의 해결을 정규 교육과정을 통해서 해결하려고 하는 것이 특징이다. 그 대상은 초등학교 1학년, 4학년, 7학년(우리나라에서는 중학교 1학년) 학생이다. 키바 수업은 일주일에 한 번씩 총 20시간에 걸쳐서 이루어진다. 수업 내용은 왕따 역할극, 단편영화 감상, 학생토론, 발표 등으로 구성된다. 모든 학생은 역할극에서 왕따 역할을 하게 된다. 이를 통해 학생들은 피해 학생의 고통에 공감하게 되고 따돌림받는 학생을 어떻게 도울 수 있을지에 대한 방법을 배우게 된다. 매 수업이 끝나면 학생들 스스로 폭력에 대처하는 규정을 만들어 지켜나간다. 이렇게 해서 모인 규칙들을 학년 말 키바 조약으로 정리한다. 그리고 모든 학생이 이 조약에 서명을 하고 지키려고 노력한다. 2009년 가을 학기부터 800여 개 학교에서 도입한 이 프로젝트는 왕따를 줄이는 데 그 효과가 입증되었다. 그래서 그 다음 해에는 핀란드에 있는 3,000여 개의 초·중등학교 중 2,300여 개의 학교에 도입되는 등 놀라운 효과를 보여주고 있다.

두 프로그램의 특징

세계에서 가장 잘 알려진 두 프로그램의 특징을 살펴보자.

먼저, 모든 아이들을 대상으로 교육이 실시된다는 것이다.

우리나라에도 친구사랑주간이 있어 모든 아이들을 대상으로 예방교육이 실시되지만 일회성 행사를 벗어나지 못하고 있다. 이에 비해서 핀란드와 노르웨이에서는 아주 체계적이고 구체적인 행동지침을 담고 있다.

다음으로 방관자의 역할을 중요시하고 있다.

두 프로그램 다 피해자나 가해자가 아니라 침묵하는 다수가 왕따를 막는 데 책임이 있다는 것을 가르치는 데 초점을 맞추고 있다. 즉 학교 폭력을 방지하는 데 있어서 개인적 접근 방법인 가해자-피해자 틀이 아니라 생태학적 접근방법, 참여자 역할 접근방법을 기초로 한 가해자-피해자-방관자 틀을 선택하고 있다.

마지막으로 어른들의 역할을 강조하고 있다.

두 프로그램 다 아이들을 비난하는 것이 아니라 어른들이 먼저 준비하고 실시한다는 것이 특징이다. 신뢰받는 정부, 신뢰받는 학교, 신뢰받는 교사가 학교 폭력 해결의 가장 중요한 기반이라는 것을 인식하고 있는 것이다.

평화샘 프로젝트에 대해서
(올베우스 프로그램과의 비교를 중심으로)

평화샘 프로젝트는 책임연구원인 문재현의 개인적 경험으로부터 시작되었다. 두 아들이 학교 폭력 피해를 당한 후 교사와 아이, 부모, 지역사회가 함께할 수 있는 프로그램을 찾아보았으나 발견할 수 없었다. 그래서 북유럽의 이론과 실천적 경험을 연구하면서 해결 방안을 모색했고 그 결과 아이를 고통으로부터 구해낼 수 있었다. 특히 올베우스 프로그램의 도움을 많이 받았다. 그 뒤 올베우스 프로그램의 여러 가지 요소들, 멈춰, 역할극, 4대 규칙 등을 우리 사회에 어떻게 적용할 것인가 고민하였다. 그런데 노르웨이와 한국은 정책환경, 교직문화, 사회문화적 요인, 학교 폭력의 강도, 문화심리적인 특성의 차이가 있었기 때문에 그대로 적용하는 것은 불가능하였다. 그래서 시행착오를 거쳐서 한국적 특성에 맞는 프로그램으로 재탄생한 것이 평화샘 프로젝트이다.

정책환경의 차이

올베우스 프로그램은 정부의 시책으로 도입한 것이다. 먼저 학교 차원에서 변화를 시도하였고 바로 지역사회 차원의 개입 프로그램을 만들었으며 이어서 전국 차원의 캠페인으로 연결되었다. 따라서 학교 차원, 지역 차원, 국가 차원에서 동시에 또는 유기적인 연관을 가지고 진행할 수 있었다.

올베우스 프로그램은 또한 외부 전문가의 지원에 의해서 진행되는 프로그램이다. 따라서 이미 정해진 프로그램을 실행하는 것이 교사의 역할이다.

평화샘 프로젝트는 10명의 교사들이 전문가와 함께하면서 자기 교실을 바꾸기 위한 교실 프로그램에서 출발하였기 때문에 교사가 모든 상황에서 주체적으로 대응하면서 절차를 만들어갈 수밖에 없었다. 그래서 이 프로젝트에 참여한 교사들은 현재의 학교 관행과 충돌하면서 프로그램을 이해하고 소화하고 적용하기 위해 분투해야 했다. 교실 프로그램을 완전히 재구성하고 스스로 확신을 갖기 위해서는 1년이라는 시간이 필요했다.

교직문화의 차이

북유럽의 경우 교사가 아이들에게 직접적인 폭력을 행사하는 경우가 거의 없다. 올베우스 프로그램은 교사와 학생 간의 평화로운 관계를 바탕으로 구성된 것이다. 그런 환경에서도 교사가 아이들을 괴롭힐 가능성을 항상 주목한다. 신체적인 체벌은 하지 않더라도 아이들을 비난하거나 무시할 수 있는 가능성을 고려하여 교사가 자신이 아이들을 괴롭히는 교사인지를 체크하는 프로그램이 마련되어 있다. 또한 가해자에 대한 설문조사를 통해서 교사나 부모의 폭력으로 인해 아이가 폭력을 배웠는지를 확인한다. 그런데 우리나라의 경우 대다수의 교사가 직·간접적인 처벌이나 보상을 중심으로 교실을 운영한다. 따라서 아이들에게 평화로운 교실공동체에 대한 확신을 주기 위해서는 과정이 필요했다. 초기에는 교사의 비폭력 선언으로부터 시작했지만 그것 자체가 교사와 아이들이 각기 다른 규칙을 바탕으로 생활하는 문제가 있었다. 그래서 규칙을 함께 만들고 함께 지키는 내용으로 바꾸었다 (자세한 내용은 규칙 4. 58쪽 참고).

사회문화적인 요인

우리 사회에는 차이를 차별로 만드는 왕따 문화가 깊이 뿌리내리고 있다. 교실뿐만 아니라 직장에서도 왕따 문화는 쉽게 발견된다. 교직사회 역시 왕따 문화가 심하게 나타나는 곳이다. 왕따 현상이 발견되는 직장은 강력한 위계질서로 인해 의사소통이 잘 이루어지지 않는 곳이다. 모든 의사소통이 수직적이고 아래에서의 변화 요구는 묵살된다. 이런 환경에서는 구성원들의 진솔한 관계를 위한 갈망이 좌절된다. 그리고 그 좌절의 경험은 강한 공격성으로 표출된다. 문제는 그러한 공격성이 자신이 그를 공격해도 반격을 받지 않을 만한 약한 존재를 대상으로 삼는다는 것이다. 남성 관리자가 있고 관계적 공격을 잘하는 여성들이 많은 학교 사회는 왕따 현상이 일어날 수 있는 특징을 고루 가지고 있다. 부모들 역시 자기 아이에게 힘이 약하거나 자신보다 부족한 아이와 사귀지 말라고 요구한다. 또한 생활 속에서 소수자를 무시하는 언동을 통해 아이들에게 왕따 문화를 가르친다. 어른들이 이렇게 왕따 문화에서 자유롭지 못하기 때문에 아이들은 어른들의 그런 모습을 더 쉽게 모방하고 내면화한다. 따라서 평화샘 프로젝트는 장애인, 다문화 가정 아이, ADHD, 자기요구를 하지 못하는 아이 등 쉽게 공격받을 수 있는 아이들을 보호하기 위한 프로그램을 개발해야 했다.

학교 폭력 강도의 차이

올베우스 프로그램을 적용하는 데 있어서 한계로 다가왔던 요인 가운데, 특히 중요했던 것이 학교 폭력의 강도였다. 노르웨이는 사회 전체의 인권의식이 높은데다가 학교 폭력의 강도가 약해 멈춰 제도가 쉽게 자리를 잡을 수 있었다. 그런데 우리 사회는 노르웨이보다 폭력의 강도가 더 세다. 그래서 아이들이 더 많이 위축되어 있었고 프로젝트 초기 참여 교사들은 멈춰를 잘 외치지 않는 피해자와 방관자들을 돕는 데 많은 주의를 기울여야 했다. 그래서 올베우스 프로그램에는 없는 총회 소집 권한을 멈춰를 외친 사람에게 부여했다. 그리고 그 총회에서 역할극을 하는 것도 올베우스 프로그램과는 다른 것이다.

또 다른 차이도 있었다. 노르웨이에도 교실의 서열구조가 있었지만 그 정점에 있는 아이가 계속 바뀐다. 인기 주기와 다른 아이들의 동맹으로 인해 그 지위가 언제든지 바뀔 수 있기 때문이다. 그런데 우리 사회에서는 일진 아이들로 인해 정점에 있는 아이들도 변화가 없고, 한번 왕따가 된 아이는 계속 왕따가 되는 현상이 관찰되었다. 전학을 가도 상급학교에 올라가도 왕따에서 벗어나기 어려운데 이는 일진이라는 광역화된 견고한 폭력구조가 있기 때문이다. 그래서 피해자는 쉽게 멈춰를 하지 못했고 선생님과 주변 친구들이 자신을 도울 수 있는 힘을 가지고 있다는 것을 믿지 못했다. 자신을 도울 수 있는 공동체의 힘을 체감했을 때 비로소 멈춰를 외쳤다. 이는 교사의 인내, 세심한 보살핌과 함께 또래들의 적극적인 사회적 지지가 프로젝트를 수행하는 데 있어 필수임을 보여주는 것이다.

문화심리적 특성의 차이

유럽인들은 어떤 제안이 합리적이라고 생각할 경우 꼭 애착과 친밀감을 형성하지 않더라도 동의하고 함께 실천할 가능성이 높다. 그런데 우리 문화는 아무리 옳더라도 내가 친밀하게 느끼는 존재가 아니라면 함께 행동에 나서는 것을 기피하는 경향이 강하다. 그래서인지 평화샘 프로젝트를 진행하는 데 있어서 담임교사의 영향이 결정적이라는 것을 확인할 수 있었다. 멈춰나 역할극을 상담교사나 전담교사가 진행할 경우 아이들은 잘 따르지 않았다. 지속적으로 생활을 공유하지 못하기 때문이기도 하지만 아이들이 담임교사에게 가지는 정도의 애착과 친밀감을 형성할 수 없었기 때문이다. 심지어 담임교사가 휴가를 냈을 경우 기간제 교사가 담임 역할을 대신할 때에도 아이들은 교사에게 협조하지 않으려고 했다.

4장

학교 폭력의
토양

학급 카스트

김 선생
학급 카스트를 알다

 영철이는 자그마한 키에 얼굴도 잘생기고, 교사에게 애교도 잘 부리는 남자아이이다. 수업시간에 우스갯소리도 잘하고 공부와 운동을 잘해서 여자아이들에게 인기가 많다. 그런데 김 선생은 지난 1년간 영철이에 대해서 뭔가 석연치 않은 점들을 느끼고 있었다. 김 선생이 누가 뭘 잘하냐고 물으면 남자아이들은 항상 영철이라고 대답을 하고, 체육시간에 피구나 축구를 하면 남자아이들 모두가 영철이에게 공을 몰아주었다. 한번은 영철이 옷을 강당까지 헐레벌떡 뛰어가서 가져온 남자아이를 보고 "영철이보고 가져오라고 하지." 했더니 "제가 더 빨리 갈 수 있어서요."라고 대답을 한 적도 있었다.
 김 선생은 그런 모습들을 보면서 영철이가 아이들 사이에서 과도한 영향력을 행사한다는 느낌을 받았다. 하지만 겉으로 보이는 것은 모범생의 모습을 크게 벗어나지 않아 딱히 개입할 지점을 못 찾고 있었다. 김 선생은 고민하던 중에 평화샘 준비모임에서 영철이의 이야기를 했다. 평화샘 준비모임에 참여하고 있는 교사들은 김 선생에게 학급 카스트를 그려볼 것을 제안했다. 그때가 11월이다.

김 선생은 혹시나 하는 마음으로 아이들에게 삼각형의 피라미드가 그려진 종이를 내주었다.

김 선생은 아이들이 그린 카스트를 보고 놀라지 않을 수 없었다. 학급에 힘이 센 아이와 약한 아이가 존재하는 건 알고 있었지만 이렇게 분명한 위계질서가 있을 것이라고는 상상도 하지 못했기 때문이다. 남자아이들이 그려낸 카스트에는 서열의 최상위부터 제일 아래까지 배치된 아이들이 거의 비슷한 분포를 보였다. 그리고 모든 아이들이 맨 꼭대기에 영철이를 올려놓고 있었다.

김 선생은 이렇게 엄격한 서열이 형성되어 있다면 교사가 없는 곳에서 영철이가 주도한 폭력적인 일들이 많이 있었을 것이라는 생각이 들었다. 그래서 백지를 내주고 그동안 서로 괴롭힌 사례나 친구가 힘들게 했던 일이 있으면 모두 적어 내라고 했다. 김 선생의 예상대로 아이들은 영철이 때문에 힘들었던 일들을 쏟아놓았다.

김 선생은 아이들의 이야기를 들으면서 입을 다물 수가 없었다. 1년 동안 다른 아이들과 거의 싸우지 않는 것처럼 보였던 영철이는 자기 밑의 서열인 영웅이와 성찬이를 부추겨서 다른 아이들과 싸우도록 배후 조종을 하고 있었다. 그뿐이 아니었다.

가방 심부름 등 각종 심부름은 기본이고 친구들 물건과 돈 뺏기, 맘에 안 드는 친구 왕따시키고 다굴하기, 선생님이나 부모님에게 이야기하면 친구들을 불러 모아 보복 폭행까지 서슴지 않았다.

아이들은 교사가 카스트를 알게 되었다는 것에 신뢰감과 안전함을 느꼈는지, 그동안 있었던 일들을 거침없이 이야기했다. 영철이는 그런 아이들의 모습을 보면서 센 척하는 모습이 수그러들고 눈물을 보이더니 사과를 했다.

다음 날부터 영철이의 잘못을 지적하고 부당한 요구에는 거절하는 아이들이 나타나기 시작했다. 하지만 김 선생은 영철이의 학급 내 위치와 역할을 너무 늦게 알게 되어 다른 아이들과 제대로 어울리고 보살피는 아이가 될 수 있도록 도와주지 못한 것이 아쉬웠다. 그래서 다음 해에는 학급 카스트를 일찍부터 파악해봐야 하겠다고 다짐했다.

김 선생은 다음 해에도 영철이처럼 학급에서 서열의 최상위이면서 일진인 동찬이를 만났다. 동찬이도 역시 교사 모르게 아이들에게 영향력을 행사하려고 시도했지만 김 선생은 지난해의 경험을 바탕으로 이를 예방할 수 있었다. 교사가 학급 카스트 안에서 동찬이 지위를 알고 있었기 때문에 아이들은 선생님을 믿고 쉽게 이야기할 수 있었다. 그리고 김 선생이 없어도 함께 힘을 합쳐 동찬이의 잘못된 행동을 멈추게 하였다.

동찬이는 4월 학교 일진 조사에서 일진임이 밝혀졌다. 학년 아이들이 압도적인 비율로 동찬이를 일진으로 지목했고, 동찬이도 자신이 학년 일짱임을 인정했다.

일진 조사 후 동찬이 부모는 일찍 알게 되어서 다행이라는 반응이었다. 그리고 가족회의 등을 통해서 동찬이가 일진 활동을 하지 않도록 함께 노력했다. 김 선생이 부모를 상담한 다음 날 동찬이는 아이들에게 앞으로 절대 괴롭히지 않고, 일진을 하지 않겠다고 선언을 했다.

그 뒤 동찬이는 학급 안에서 평등한 관계의 일원이 되었다. 동아리 활동에 참여도 하고, 교실 안팎에서 누가 다른 사람을 괴롭히는 것을 보면 멈춰를 열심히 외치고, 중재도 했다.

학급 카스트는
왜 파악해야 할까?

요즘 아이들 사이에는 일종의 권력구조, 즉 서열이 존재한다. 교실 내에 어떤 권력관계가 있는지 학생의 목소리를 직접 들어보자. 다음은 한 여고생이 교육방송 '학교 폭력에 관한 토론회' 이후 게시판에 남긴 글이다.

저는 학생으로서 제가 경험한 학교구조에 대해 말씀드리고자 합니다.
학교에는 말입니다, 그곳이 어느 학교이든, 초등학교, 중학교, 고등학교든 권력구조가 형성되어 있습니다. 심지어 초등학교 2학년에도 이런 구조가 있다는 것을 들었습니다. 그리고 이 권력구조는 아시다시피 중학교 때 절정을 이루죠. 이것이 가장 근본적인 문제라고 생각합니다.
학교는 절대 평등사회가 아닙니다. 안타깝지만 지금까지는 말이죠. 학교는 그야말로 계급사회입니다.
권력구조는 크게 세 부류로 나눌 수 있습니다. 한 부류는 소위 노는 애들, 또 한 부류는 놀지 않고 평범한 애들, 그리고 마지막 부류는 소심하거나 많이 착하거나 또는 특이하거나 왕따 경험이 있는, 아이들의 표현을 빌리자면 찌질한 아이들로 나눌 수 있습니다. 또한 노는 애들은 또다시 몇 가지 부류로 나눌 수 있습니다. 가장 중심이 되는 아이들이 있고, 그 아이들을 추종하는 아이들이 있고, 그 노는 애들 그룹에 끼길 원하는 아이들 등이 있습니다. 참 이렇게 학생을 나누고 보니까 저도 어이가 없지만 이게 학교 현실입니다.

평화샘 프로젝트 책임연구원인 문재현은 요즘 아이들의 관계를 이렇게 설명한다.

"요즘 아이들한테 왜 친구들끼리 서로 싸우고 괴롭히냐고 물으면 '쟤는 친구 아닌데요.'라는 말이 서슴없이 나온다. 봉건적 신분 논리가 교실사회를 지배하는 것이다. 그래서 일진 아이들이나 가해자들이 왕따 또는 찌질이를 괴롭히는 것은 당연한 권리이고 피해자가 항변을 하는 것은 인간의 권리가 아니라 응징해야 할 천민들의 반란이라고 인식되는 것이다. 아이들 세계의 이런 신분 질서는 사실상 봉건적 신분사회로 회귀하고 있는 우리 사회의 실상을 반영한다."

그럼 현재 학교에서 아이들을 고통 속으로 밀어 넣고 있는 근원적인 폭력구조인 위계서열은 누가 만들고 강화할까?

학교 폭력에 관한 외국의 사례를 보면 전 세계 어디에나 교실에는 파벌이 있고, 서열이 존재하는 것으로 보인다. 그런데 다른 나라의 경우에는 교실위계에서 그 정점에 있는 아이들이 지속적으로 변하는 데 비해서 우리 사회는 그 지배구조가 매우 견고하고 잘 변하지 않는 것이 특징이다.

왜 그럴까? 한 아이가 자신의 힘과 능력으로만 서열의 정점에서 오래 버티기는 힘들다. 그런데 만약 각 반에서 서열의 정점, 즉 짱이 된 아이들이 모임을 결성하면 그 아이의 지배권은 장기적인 안정 상태에 있을 수 있게 된다. 그 아이가 초등학교 5학년이라고 생각해보자. 학년 모임을 구성하고 있을 뿐만 아니라 6학년, 중학교, 고등학교 선배들과 연계되어 있는 거대한 모임을 배경으로 둔 무서운 존재라고 생각하면 어떤 아이도 감히 도전할 생각을 할 수 없게 된다. 따라서 누구든 때릴 수 있고 누구에게나 돈을 갈취할 수 있는 아무도 도전할 수 없는 절대 권력자가 되는 것이다. 빵셔틀, 왕따, 욕설과 놀림 등 남을 괴롭히고 지배하는 행동은 일진 아이들이 교실 안에서 위계질서를 세우고 강화하는 수단이다.

하룻밤 사이에 한 학교에서 전따가 되고, 이를 피해서 전학을 가도 왕따가 되는 것은 변함이 없고, 상급 학교에 올라가도 왕따가 되는 것이 우리 현실이다. 이는 일진이라는 커뮤니케이션 체제가 광역적으로 확립되어 있지 않고서는 가능하지 않은 것이다. 따라서 일진에 대한 어른들의 인식을 제고하지 않고서는 학교 폭력을 해결할 수 없는 것이 한국사회의 특징이다.

그러면 학교 폭력을 해결하고 새로운 교실·학교공동체를 창조하려면 어떻게 해야 할까?

먼저 공격성이 아니라 보살핌이 인간의 기본적 본성이라는 것을 믿어야 한다. 공격성은 인간의 본성이라기보다는 애착과 사랑이 부정되었을 때 인간이 보이는 반응이다. 따라서 체벌이 아니라 미세한 소리에도 반응할 수 있는 사랑의 힘인 보살핌을 통해서만 아이들을 서열구조로부터 해방시킬 수 있다. 그러나 현재 많은 교사와 부모들이 바쁘다는 이유로 아이들과 인격적 관계를 형성하고 보살핌을 제공하는 것을 자신의 일로 생각하지 못한다. 또한 책임 있는 교육당국, 정치 지도자들도 아이들을 보살필 수 있는 제도 마련에 소극적이다. 이러한 환경이기 때문에 아이들은 어른들을 믿지 못해 작은 소리조차 내지 못하는 것이다. 우리는 아이들이 마음껏 자기 목소리를 표현할 수 있는 환경을 만들어야 할 뿐만 아니라 침묵의 소리에도 반응할 수 있는 힘을 가져야 한다.

그러나 보살핌을 기반으로 하는 학급공동체는 아이들을 온정적으로 보살피는 것만으로는 가능하지 않다. 아이들이 서로 보살피기 위해서는 서열구조에서 고통을 받는 아이들이 이에 맞설 수 있는 힘을 길러줄 때 실현 가능하다.

학급 내에 카스트가 있음을 확인할 수 있는 징후들

- 발표를 할 때 어떤 아이에게는 집중을 하면서, 어떤 아이의 실수에는 비난이 쏟아질 때
- 인기가 유달리 많은 아이가 있을 때
- 남자아이들 사이에 싸움이 잦을 때
- 잘못을 했지만, 아이들로부터 문제 제기나 비난을 받지 않는 아이가 있을 때
  - 똑같이 실수로 발을 밟고 지나갔는데, 어떤 친구에게는 화를 내고, 어떤 친구에게는 화를 내지 않을 때
  - 청소를 하지 않는 두 친구를 보고, 한 친구에게만 하지 않는다고 항의를 할 때
- 서로 잘못을 했는데, 꼭 먼저 사과를 하는 아이가 있을 때
- 아이의 책상과 앉은 자리 주변이 항상 지저분할 때
- 비싼 옷이나 게임기, 고가의 소지품, 운동화 등을 자주 잃어버리는 아이가 있을 때
- 심부름을 도맡아 하는 아이가 있을 때
- 종종 두통이나 복통 등 몸이 좋지 않다고 호소하며 집에 가고 싶어 하는 아이가 있을 때
- 당번(청소, 우유 급식 등)을 도맡아 하는 아이가 있을 때
- 급식할 때 좋아하는 반찬을 빼앗기는 아이가 있을 때
- 체육시간 등 수업시간에 짝을 정할 때 홀로 남겨지는 아이가 있을 때

여기에 여자아이들은 조금 더 다른 특성을 보이는데, 다음과 같다.

- 그룹을 짓고 함께 다니는 아이들이 고정될 때
- 밥을 먹거나 화장실에 다녀올 때, 집에 갈 때 등 주로 혼자 생활하는 아이가 있을 때
- 어울려 다니는 아이가 자주 바뀔 때
- 친한 아이의 심부름을 대신 해주는 아이가 있을 때
- 유난히 교사 주변을 빙빙 도는 아이가 있을 때

인간사회의 **위계질서**는 **당연한** 것일까?

학급 내 카스트의 존재에 대해 교사나 부모들과 이야기하다 보면 두 가지 반응이 나타난다. "같은 친구들이고 또래들인데, 위계질서가 있으면 안 되는 것 아니야?"라는 반응과 "당연한 것 아니야? 어차피 사회가 불평등한데 그것을 어려서부터 경험해야 하는 거지."라는 반응이다. 이러한 차이는 인간의 본성에 대한 입장과 관점, 이론이 반영된 것이다.

다시 말하면 인간에 관한 긍정적 관점과 어두운 관점에 따라 이런 차이가 나타나는 것이다. 긍정적 관점은 사람들이 관계를 지향하려는 욕구, 새로운 것을 알기 좋아하는 배움의 욕구를 가지고 있으며 평등한 관계를 옹호하는 반면, 어두운 관점은 인간의 본성이 공격적이고 이기적이라고 본다. 따라서 학교 폭력에 대해서도 긍정적 관점은 공동체적 해결을, 어두운 관점은 훈육과 체벌을 강조한다.

20세기 초반에는 동물행동학의 연구 결과를 바탕으로 한 어두운 관점이

사회에 많은 영향을 미쳤다. 그런데 20세기 후반, 기존 동물행동학의 연구 결과가 잘못된 것임이 드러나면서 애착이론을 중심으로 인간에 대한 긍정적 관점이 다시 확산되고 있다. 그러나 교육현장에는 아직도 20세기 초반에 형성된 인간에 대한 어두운 관점이 깊이 뿌리내리고 있어 이에 대한 비판적 고찰이 필요하다.

다음의 이야기들은 인간에 대한 어두운 관점이 새로운 연구에 의해서 바뀌게 된 과정을 이야기로 재구성한 것이다.

야생에서 평화로운 닭이 왜 닭장 안에서 폭력적으로 될까?[6]

얘들아, 보통 학급에는 제일 힘이 센 아이가 있지? 그 애가 장난을 빌미로 다른 아이들을 괴롭힐 때 힘이 약한 아이들이 이에 맞서 욕하거나 때릴 수 있을까? 그렇지 않다고? 그러면 그 학급엔 힘에 따른 서열구조가 있다는 것을 의미하는 거야. 이런 모습을 아주 비슷하게 보여주는 데가 있대. 바로 닭장이야.

닭장 안에 여러 마리의 암탉을 모아놓으면 서열이 생긴대. 가장 힘이 센 암탉 A는 다른 모든 닭들을 쪼을 수 있지만 다른 암탉들은 절대 그러질 못하지. 그 다음 서열인 암탉 B도 같은 권리를 가졌지만 A만은 공격할 수가 없어. 이런 식으로 닭들의 서열 사다리는 맨 마지막까지 이어지는 거야. 가장 서열이 낮은 닭은 모든 닭들에게 시달려야 하지만 누구에게도 반항할 수가 없어. 닭 모이를 먹을 때도 언제나 암탉 A를 중심으로 순서가 정해져 있어. 혹 서열이 가장 낮은 암탉이 불쌍해서 주인이 일부러 모이통을 앞으로 밀어 넣어줘도 모이통을 뺏기고 닭들의 처절한 공격을 받게 돼. 이러한 닭의 위계

---

6) 『휴머니즘의 동물학』(비투스 B. 드뢰서, 이마고, 1993)에 나오는 이야기를 입말로 재구성하였다.

질서를 '닭쪼임 순서'라고 해.

그런데 야생의 닭들도 이런 모습일까?

비투스 B. 드뢰셔라는 동물행동학자가 인도의 몬순지역에서 집닭의 원래 조상인 야생 닭을 관찰했대. 그런데 닭의 무리는 닭장처럼 암탉만 모아놓은 곳이 아니라 수탉을 중심으로 여러 암탉들, 새끼들이 어울려 살아가는 공동체였대. 그리고 수탉은 지배자가 아니라 공동체를 보호하는 수호자였다고 해.

자신의 무리에 있는 암탉들을 보호하기 위해 보초를 서고, 경고신호를 보내고 먹이와 잠자리를 찾아주는 임무를 띠고 있었던 거야.

한 예로 야생의 무리에서 암컷이 알을 낳고 새끼를 부화하게 되면 무리에서 떨어질 수밖에 없어. 수탉이 이끄는 무리들은 이미 수백 미터 밖에 가 있는데 여기에 합류하지 못하면 암탉과 병아리는 천적들의 먹이가 될 수밖에 없어. 숲에는 호랑이, 표범, 붉은 늑대, 담비, 몽구스 등 닭을 잡아먹으려는 천적들이 우글거리기 때문이지. 이러한 생존이 걸린 상황에서 알을 낳고 부화한 닭은 크게 울어. 수탉을 부르는 거야. 그러면 수탉은 나머지 무리를 뒤로 두고 소리가 들리는 방향을 향해 돌진해. 자기가 희생될 위험을 무릅쓰고 말이야.

자, 그러면 닭장과 우리 교실을 비교해보자. 너희들이 교실에 모여 있으니까 누군가 너희를 괴롭혀도 도망갈 수가 없잖아. 만약 집 주변에서도 그럴까? 바로 집으로 도망가버렸겠지? 그런데 교실은 그럴 수 없으니까 무서워도 제자리에 앉아 있을 수밖에 없는 거야. 학급에서도 언제든지 도망갈 수 있다면 그런 서열이 만들어질 수 없을 거야.

다시 말하면 이 학급 내의 위계질서, 즉 학급 카스트는 자연적인 질서가 아니야. 낯선 아이들이 많이 모여 있는 상태에서 힘들고 짜증 나는데 이를 해결할 방법이 없기 때문에 생겨나는 문제야.

학생들과 선생님이 마음을 모으고 서로 도우면서 생활하면 이러한 문제는 충분히 해결할 수 있는 거야.

인류 역사의 99%는 공동체 생활이었다 – 세마이족, 쿵산족 이야기[7]

우리가 어떤 사람한테 도움을 받을 때는 고맙다는 말이 당연하다고 하지? 미국에서는 고맙다는 말이 인간관계를 맺어주는 마법과 같은 말이라고 한대.

그런데 옛날 구석기 시대에 살던 사람들도 그랬을까?

그때는 아무 기록이 남아 있지 않기 때문에 알 수는 없지만 그때와 비슷한 방법으로 살아가는 사람들이 지금도 있거든. 부시맨이라고 불리는 아프리카의 쿵산족, 중앙말레이시아의 세마이족, 오스트레일리아 사막에 사는 부족들이 지금도 수렵, 채취 중심의 생활을 하고 있지. 그래서 인류학자들은 그들의 생활을 연구하면 인류 초기 사람들의 사회질서와 생각들을 알 수 있다고 판단하고 그 부족들과 함께 생활하면서 연구를 해.

그중 로버트 덴탄이라는 인류학자가 말레이시아의 세마이족을 조사하면서 재미있는 것을 발견했어.

사냥꾼이 뜨거운 사막에서 하루 종일 힘들게 사냥을 해서 사냥물을 그 부족이 살고 있는 곳으로 끌고 왔어. 그리고 그것을 어떻게 먹었을까? 요즘 도시 사람들 같으면 그냥 자기들 집에 놓고 가족들끼리 먹겠지. 그런데 그 부족들은 그렇게 하지 않고 누가 사냥을 해 오든 똑같은 크기로 부족 사람들에게 나눠주었대. 그런데 받아가는 사람들이 아무도 고맙다는 말을 하지 않는 거야.

그래서 사냥꾼에게 물었지. 섭섭하지 않냐고. 그랬더니 그 사람이 뭐라고 했는지 알아? 펄쩍 뛰면서 내가 그런 사람으로 보였냐는 거지. 고맙다는 말

---

7) 『작은 인간-인류에 관한 102가지 수수께끼』(마빈 해리스, 민음사, 1999, p.322)에 나오는 이야기를 입말로 재구성하였다.

을 들으려고 하는 것은 그 사냥꾼이 스스로 얼마만큼 주고받는지 계산하는 아주 타산적이고 몰인정한 사람이라는 뜻이라고 했대. 함께 나누는 것이지 누구에게 베풀고, 베풂을 받는다는 것은 그들의 생각 속에는 없었다는 거지.

그 비슷한 사례가 또 있어.

리처드 리라는 인류학자가 쿵산족하고 함께 생활하다가 고마움에 보답하려고 했어.

커다란 소를 사서 도살한 다음에 나눠주었지. 그런데 쿵산족 사람들의 반응이 묘했대. 리처드 리가 바보같이 속아서 비루먹은 소를 사 왔다고 투덜거렸어. 그리고 나눠주면 먹겠지만 그렇다고 배가 부르지는 않을 것 같다고 불평하면서 집으로 갔다는 거야.

실제 젊은 사냥꾼이 고기를 잡아 온 다음에 으스대면서 나눠주면 부족 사람들은 그것을 아주 불쾌하게 생각한대. 자기를 대단한 사람인 줄 알고 나머지 사람을 자기보다 못한 사람으로 여기는 무례한 태도라는 거지. 그래서 그런 사냥꾼에게는 고기를 받아가면서도 썩었다느니, 냄새가 난다느니 하면서 그의 허황된 가슴을 식혀주고 예의 바르게 만든다는 거야. 그들의 공동체는 평등해서 사냥을 해 온 사람뿐만 아니라 뒤에 남아서 잠만 자거나 무기와 도구를 지켰던 사람, 그리고 어린아이까지 포함해서 똑같이 나눠 먹는대.

그럼 쿵산족에도 우두머리가 있을까? 쿵산족에도 우두머리는 있어. 20~30명의 무리를 밴드라고 하는데, 각 밴드마다 우두머리가 있고, 거의 남자들이래. 그들은 다른 사람들보다 발언을 더 많이 하고, 그의 말이 약간 더 존중되기는 한다고 해. 그러나 그들은 설득을 할 수 있지만 명령을 할 수 있는 힘은 없어.

한번은 리처드 리가 쿵산족 사람에게 다른 사람들의 의사에 반해 명령할 수 있는 "우두머리가 당신들에게 있느냐?"고 물었대. 그랬더니 그의 대답이 재미있었어.

"물론, 우리에게는 우두머리들이 있지요! 사실은 우리 모두가 우두머리거든요. 우리 각자는 스스로에게 우두머리라고요."

사실상 우리가 생각하는 우두머리라는 개념 자체가 없는 거지.

쿵산족에게 우두머리는 강요가 아니라 회유를 통해서 평화를 도모하며 인격적으로 존경받는 인물이야. 훌륭한 우두머리는 언제나 성원들의 일반적인 생각이나 느낌을 존중하는 진정한 '여론의 대변자'라고 할 수 있지.

자, 이제 인류의 본성에 위계적인 집단을 만들고자 하는 필연성이 있다는 말은 설득력이 전혀 없다는 것을 알겠지? 오히려 이 세상이 귀족과 평민, 주인과 종, 억만장자와 거지로 이분화되는 것은 인간 본성을 완전히 역행하는 것으로 볼 수 있어.

인류 역사를 200만 년으로 볼 경우 대부분의 기간인 199만 년이 수렵채취 생활이었고, 농사가 시작된 1만 년 전부터 작은 위계들이 생겨나는데, 본격적으로 계급관계가 만들어진 것은 수천 년에 불과하다는 것을 우리는 알 필요가 있어.

학급 카스트 **파악방법**

교사가 카스트를 파악하는 가장 좋은 방법은 아이들이 직접 학급의 서열구조를 그려서 확인하는 것이다. 방법으로는 피라미드와 관계도 그리기가 있다. 이것은 아이들이 자신들의 관계를 구조적으로 인식할 수 있는 능력을 길러준다.

피라미드 그리기

김 선생은 야생 수탉의 이야기를 끝내고 칠판에 삼각형 모양을 그렸다.

"자, 이제 우리 반의 서열을 피라미드로 그려보자."

"어떻게 그리는 건데요?"

"피라미드의 위쪽에는 학급의 규칙을 어기거나 다른 친구들을 괴롭히는 아이들을 적고, 맨 아래쪽에는 다른 친구들을 괴롭히지 않거나 괴롭힘을 당하는 친구들을 쓰는 거야. 그리고 이름 옆으로는 왜 그 위치에 썼는지 이유를 적어봐."

"칸을 몇 칸으로 나누어요?"

"칸은 네가 필요한 만큼 나누어서 그리면 돼."

"규칙을 안 지키는 친구만 적어요?"

"아니야, 우리 반 친구들 다 적는 거야."

김 선생의 설명이 끝나자 아이들은 바로 피라미드를 그리기 시작했다. 피라미드를 그리는 아이들의 얼굴이 무척 진지했다.

김 선생은 교실을 돌아다니며 카스트를 다 그린 아이들의 종이를 걷었다.

"얘들아, 우리가 그린 피라미드는 내일 공개하려고 해. 우리가 피라미드를 그리는 것은 위쪽에 있는 친구들을 비난하기 위해서가 아니야. 위쪽에 있는 친구들은 친구들이 나를 어떻게 생각하는지 자신을 돌아보고, 서로가 돕는 기회가 되었으면 좋겠어."

김 선생의 눈에 불안해하는 몇몇 아이들의 얼굴이 보였다. 공개가 부담스럽다고 항의하는 아이들이 있었지만 다른 아이들이 호응을 해주지 않자 곧 사그라들었다.

다음 날 김 선생은 아이들이 그린 피라미드를 종합해서 발표했다. 피라미드의 위쪽에서 이름이 불리는 아이들의 얼굴에 긴장한 기색이 역력하다.

"이런 결과가 나온 것은 피라미드 위쪽에 있는 친구들이 학급 규칙을 지키려고 노력하지 않거나 친구들에게 함부로 했기 때문이라고 생각해. 그래서 앞으로 어떻게 고칠 것인지 우리 반에게 약속하는 게 좋겠다. 먼저 서열 1위로 나온 진수부터 이야기해보자. 다른 친구들이 진수가 고칠 점을 이야기해주면 도움이 될 거야. 자, 진수가 어떤 점을 고쳤으면 좋겠니?"

진수에게 직접 이야기하는 게 부담스러운지 교실에 잠시 정적이 흘렀다.

"이건 분명 우리 모두의 일이야. 진수가 정말 잘못된 점을 고쳐야 한다고 생각하면 진심을 담아 이야기해보자. 우리 함께 우리 반을 평화의 공동체로 만들어가자."

처음에는 한두 명이 조심스럽게 이야기를 했지만 곧 이어 이야기가 쏟아져 나왔다.

"자기주장만 고집해요. 다른 사람 이야기를 좀 들어주었으면 좋겠어요."

"진수야, 버럭 화 좀 내지마. 욕도 안 했으면 좋겠어."

"내 얘기에 비난하거나 놀리지 않았으면 좋겠어. 이상한 부분이 있다면 그걸 이야기해줘."

"하지 말라고 하면 '아, 뭐~'라고 하는데 그렇게 하면 말을 할 수가 없어. 그런 말은 안 했으면 해."

처음에는 진수 표정이 조금 일그러지기도, 뭐라고 중얼거리기도 하더니 이내 어두운 표정으로 아래만 바라보고 있다. 김 선생은 진수의 생각을 물었다.

"얘들아, 내가 버럭 화내고 욕해서 미안해. 앞으로는 욕도 안 하고, 이상하게 놀리지도 않을게. 앞으로 내가 이 약속을 지키지 않으면 너희들에게 진심으로 사과할게."

진수는 그 어느 때보다 진지했다.

김 선생은 다른 아이들도 앞으로 어떻게 할 것인지 자기 다짐을 써서 발표를 하게 했다.

항상 양보하며 웃기만 하는 희수는 "저는 이제 참지만은 않겠습니다."

행동이 거친 여자아이 영주는 "남자아이들을 때리지 않고 친절하게 대하고, 마음을 열겠습니다."

가장 말이 없는 진우는 "적극적으로 내 마음을 표현하겠습니다."라고 자신과 아이들에게 약속을 했다.

자연스럽게 평화와 우정을 염원하는 서약식이 되었다.

학급 피라미드는 보통 3월 말~4월 초, 9월 말~10월 초 이렇게 두 차례 정도 그려서 파악하고 변화를 살핀다.

가장 먼저 학급 카스트를 조사하는 이유를 아이들과 이야기한다.

인간 본성에 관한 이야기 중 야생 수탉이나 쿵산족의 이야기를 한 다음, 왜 피라미드를 그리는지 아이들과 이야기한다. 학급 카스트, 즉 학급에 존재하는 위계서열 자체가 폭력이므로 불공평한 위계서열을 평등하게 만들기 위해서임을 분명히 한다.

그 다음 종이를 아이들에게 내주고 종이에 △모양을 그리고 가로로 여러 칸을 나누어 그린다. 가로의 칸은 자신이 생각하는 대로 나누도록 한다.

피라미드의 위쪽에는 학급의 규칙을 어기며 다른 친구들을 괴롭히는 아이들을, 밑으로 갈수록 학급의 약속을 잘 지키고 다른 친구들을 괴롭히지 않는 아이들 또는 괴롭힘을 당하는 아이들의 이름을 쓴다. 이름 옆으로는 왜 그 위치에 썼는지 구체적인 이유를 적도록 한다.

종이를 내줄 때는 A4 용지를 가로로 넓게 하여 △모양을 그려주고 한쪽에 학급 명단을 기록해서 주면 빠지는 아이들이 없어서 그리기가 좋다. 남자와 여자는 나누어서 그린다.

피라미드는 작성한 후 가능한 빨리 공개하도록 한다. 단, 아직 반의 분위기가 문제를 함께 해결하려고 하는 것보다 비난하는 경향이 강하다면 공개는 하지 않아도 좋다. 교사가 학급의 위계서열을 파악하여 개별 상담 자료로 활용하도록 한다. 수합하여 살펴보면 피라미드의 경향성이 파악되는데, 칠판에 피라미드를 그려놓고 가장 많이 나온 경향대로 전체 아이들을 배치하여 함께 살펴본다.

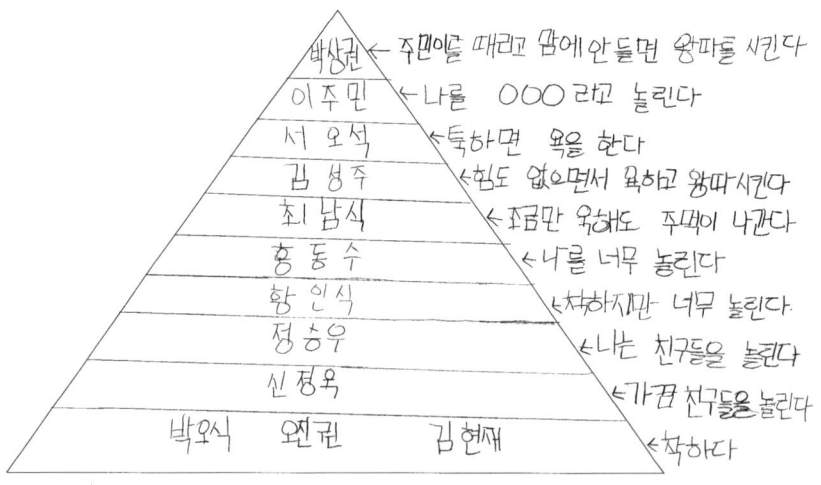

[3학년 아이가 그린 피라미드]

이때 서열이 낮은 아이가 자기가 그린 피라미드를 직접 발표하고, 의견을 표현할 수 있다면 가장 바람직한 상황이다. 서열이 낮은 아이들이 보복에 대한 두려움을 극복할 정도로 학급이 안전한 환경이 되었다는 것을 보여주는 것이기 때문이다.

결과를 공개하고 난 후에는 피라미드를 그리면서 들었던 생각과 느낌을 이야기하는 시간을 갖는다.

특히 서열이 낮게 나온 아이들이 이야기하기 어려워하면 교사가 도움을 준다. 개인에게 책임을 돌리기보다 서열관계가 우리를 얼마나 힘들게 하는지, 왜 극복해야 하는지 토론을 진행한다.

그리고 서열구조를 없애고 평등한 관계를 만들자는 약속을 함께하는 것으로 마무리한다. 서열이 높은 아이들이 그동안의 잘못된 행동에 대해 자발적으로 사과하고 약속을 하면 가장 좋지만 억지로 강요하는 분위기는 만들지 않는다.

카스트 공개에 대한 논란

카스트를 공개하는 것이 좋을까? 교사만 알고 사후 지도 자료로만 사용하는 것이 좋을까?

많은 교사들에게 받은 질문이다.

우리 연구에서도 다음과 같은 질문 때문에 카스트 공개에 대한 논란이 장기간 지속되었다.

"위쪽에 나온 아이들을 공개적으로 비난하는 것은 아닐까요?"
"아래쪽에 나온 아이들이 상처를 받지 않을까요?"
"아이들을 낙인찍게 되는 것은 아닌가요?"

논란 끝에 우리는 사회적 공개는 아이들의 인권을 침해할 가능성이 있지만 학급 안에서의 공개는 당연하다는 결론을 내렸다. 학급의 위계서열을 가장 잘 알고 있는 것은 아이들이기 때문이다. 이미 모두가 알고 있는 사실을 공

> 개하지 않는 것은 아이들이 상황을 올바르게 인식하고 해결책을 모색하는 데 장애가 된다.
> 폭력을 당하는 아이와 방관자가 문제를 직접적이고 본질적으로 제기하는 것이 새로운 교실문화를 만드는 가장 중요한 요소라고 믿기 때문이다.

관계도 그리기

"준엽아, 네가 눈치 안 보면서 마음대로 장난 칠 수 있는 사람이 있니?"

박 선생이 질문을 던지자, 평소에도 다른 아이들 눈치 보지 않으며 자신의 생각을 솔직하게 표현하는 준엽이는 아무렇지도 않게 대답을 한다.

"네. 음······. 명구, 현섭이, 태훈이, 송준이, 철민이요."

"그래. 그럼 명구는 준엽이에게 쉽게 장난칠 수 있어?"

박 선생의 질문에 명구는 당연하다는 듯이 힘주어 대답했다.

"물론이죠."

"그럼, 태훈이는?"

태훈이가 대답을 하지 못하고 우물쭈물하자 쳐다보던 남자아이들이 "태훈이는 못 할걸요?" 하며 대신 대답을 해주었다.

"그럼, 둘의 관계가 불공평하네."

박 선생의 말에 준엽이가 머리를 긁적이며 중얼거렸다.

"꼭 그렇지만은 않은데······."

"자, 이렇게 서로의 관계를 그림으로 그려보는 거야. 명구와 준엽이는 서로 화살표가 오갈 수 있고, 준엽이와 태훈이는 준엽이만 화살표를 보낼 수 있는 거지. 이게 관계도란다. 그릴 수 있겠니?"

잠시 후 박 선생은 아이들과 자신이 그린 관계도를 가지고 친구들의 관계를 이야기하는 시간을 가졌다.

누가 먼저 이야기할까 물으니 역시나 준엽이가 제일 먼저 손을 든다.

"저는 더 세게 공격할 수 있는 아이는 두꺼운 화살표로 그렸어요. 그리고 상연이는 우리 반 짱이니까 왕관을 쓴 거고요. 상연이를 공격할 수 있는 아이들은 우리 반에서 세 명뿐이에요. 하지만 상연이는 우리 반 모두를 공격 할 수 있어요. 지민이는 태훈이한테만 장난을 칠 수 있고, 우리 반 남자아이들 모두에게 화살표를 받아요."

관계도를 그리는 것은 피라미드로 파악하기 어려운 아이들 간의 관계를 알아보기 위한 것이다. 학급 아이들의 전체적인 힘의 구조를 파악함과 동시에 개별적인 관계를 알 수 있는 좋은 방법이다.

특히, 여자아이들은 피라미드만으로 학급 내의 여러 개의 파벌이나, 파벌 내의 서열관계, 그리고 파벌 간의 서열을 알 수가 없다.

박 선생은 오후에 아이들이 그린 피라미드를 자세히 살펴보고 있었다.

당번활동을 끝낸 윤희와 해수가 박 선생에게 다가와서 아이들이 그린 피라미드를 물끄러미 쳐다보았다. 한참을 보던 윤희가 불쑥 이야기를 꺼냈다.

"선생님, 여자애들도 우두머리가 있어요."

"그래? 누가 제일 높아?"

"박미영이요."

"수진이도 높아 보이던데?"

"수진이는 수진이네에서는 높지만, 우리 반 전체로는 미영이가 높아요."

"그럼 그룹마다 우두머리가 있는 거야?"

"네."

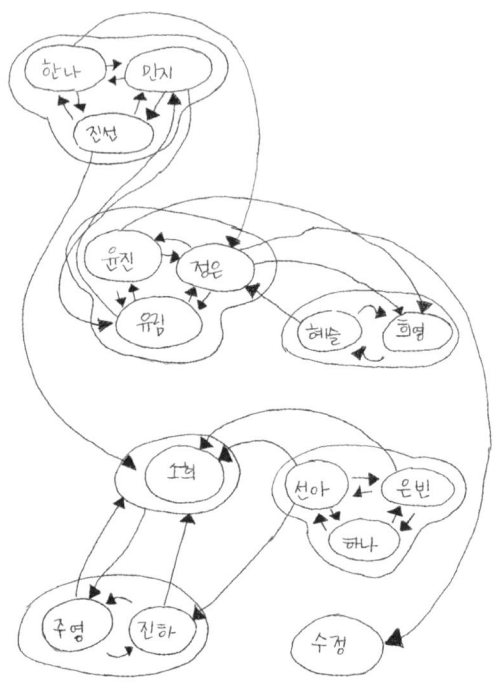

[3학년 여자아이가 그린 관계도]

"그럼 우리 반의 여자아이들 그룹이 몇 개야?"
"미영이네, 수진이네, 유민이네. 그리고 해수네요."
윤희가 옆에 있던 해수의 눈치를 힐끗 살피더니 머뭇거리며 이야기한다. 여자아이들의 파벌은 칠공주파, 흑장미파처럼 파벌의 이름을 명확히 가지고 있는 경우도 있지만 보통 파벌 안에 가장 영향력이 있는 아이의 이름을 따서 "○○네"라고 하는 경우가 많다.

관계도를 그리기 전에 그림과 같은 예시를 보여주고 관계도에 대해서 자세히 설명을 한다. 예를 들면 친구들 사이에서 눈치를 안 보고 마음대로 장난을 치거나 괴롭힐 수 있으면 화살표로 표시하고 그렇지 않으면 화살표가 갈 수 없다.

그 다음에는 3학년 여자아이들이 그린 관계도[8]처럼 서로 친한 아이들끼리 그룹으로 묶는다. 이때 학급에서 가장 영향력이 있는 그룹은 종이의 위쪽에서부터 그리도록 한다.

친한 아이들끼리 그룹으로 묶고 나면 먼저 그룹 내에서 화살표를 표시한다. 그룹 내에서의 서열을 파악할 수 있는 방법이다. 그룹 내 화살표를 다 그리고 나면 다른 그룹으로 화살표를 표시한다. 관계도도 피라미드처럼 남녀를 따로 그리는 것이 좋다.

그리고 나서 관계도를 수합하여 아이들 관계의 경향을 파악해본다. 화살표를 유달리 많이 받는 아이나 화살표가 하나도 친구에게 가지 못하는 아이가 있는지 잘 살펴본다. 그런 아이가 발견되면 학기 초에 같이 정한 교실 평화 4대 규칙을 가지고 다시 한 번 학급 전체 회의를 한다.

특히 그림에서처럼 섬처럼 홀로 떨어져 있는 아이들이 있다면 반드시 개별 상담을 하도록 한다. 그런 아이들은 피라미드에서 가장 아래 서열일 경우가 많다. 특히 여자아이들의 경우는 더욱 그렇다. 따라서 그 아이들의 심리와 역량, 관계를 강화할 수 있는 힘을 기르기 위한 노력이 반드시 필요하다.

---

8) 3학년 여자아이가 그린 관계도인데 총 5개의 그룹으로 나뉘어 있다. 소희와 수정이는 일종의 섬과 같이 일방적인 폭력을 받고 있을 뿐 다른 관계를 가지고 있지 않다. 그룹에 끼지 못하는 가장 하위 서열의 아이들이다. 한나, 민지, 진선이는 반에서 가장 상위 그룹을 형성하고 있으며 그룹 간에도 주도권을 형성하는 아이들이 있음을 알 수 있다.

우리 사회의 소수자들에 대한
차별과 학급 카스트

장애아들이 받는 차별

장애아가 학급에 있을 경우, 자기 방어가 어렵기 때문에 왕따가 될 가능성이 높고 카스트의 가장 아래에 위치하는 것이 일반적이다.

장애아는 자신의 힘으로 이런 상황을 벗어날 가능성이 없으므로 교사의 역할이 중요하다. 담임교사가 장애아에게 짜증을 내거나 귀찮아할 경우 비장애아들은 아무런 거리낌 없이 장애아를 무시하고 따돌리게 된다. 반면, 교사가 그 아이를 잘 챙겨주고 너무 감싸 안으려고만 해도 아이들은 편애를 한다고 느껴서 그 아이한테 분노와 적대감을 투사한다. 발달장애아들은 자기 행동을 잘 조절할 수 없기 때문에 약속을 잘 지키지 못해서 아이들이 짜증을 낼 수 있다. 이때 교사는 그 아이가 일부러 그런 것이 아니라 장애 특성이라는 것을 알려주고, 그런 상태에서 함께하는 방법을 배워야 한다는 것을 인내심을 가지고 설득해야 한다.

그래서 장애아를 왕따로 만들지 않으려면 아주 체계적인 대응을 해야 한다.

먼저 교사의 장애인에 대한 감수성을 높여야 하고 교사들의 협동적 연대로 따뜻한 보살핌 체제를 만들어야 한다.

이를 위해서 담임교사는 3월 초에 부모, 특수반 선생님과 함께 협의를 해야 한다. 특수교사나 부모가 학급 아이들에게 그 아이가 무엇을 좋아하는지, 아이가 가지고 있는 장애의 특성이 어떤지, 그래서 어떻게 대해주어야 하는지 등을 설명해줄 수 있어야 한다.

다문화 가정의 아이들이 받는 차별

"얘, 발음 이상하지 않냐?"
"너희 나라에는 이런 것 없지?"
"야, 몽골."
"야, 필리핀. 너는 아프리카 사냐? 왜 그렇게 시꺼매."
"너희 나라로 돌아가"
"너, 비자 없지. 신고해버린다."

장애아 못지않게 왕따가 되고 학급 카스트의 최하위에 위치할 가능성이 높은 아이들이 다문화 가정의 아이들이다. 피부색이나 국적, 불안한 지위 때문에 끊임없이 공격을 받는다. 그런데 적지 않은 교사들이 그런 상황을 그냥 방치하거나 문제가 되면 " 너는 다른 데도 갈 수 없으니까. 참아."라며 희생적 적응을 요구하는 경우가 많다. 이런 문제를 해결하기 위해서는 교사가 다문화적 감수성을 길러야 한다. 또한 다문화 가정에 대한 차별적인 언어와 폭행이 심각한 학교 폭력이라는 것, 인간의 권리에 대한 유린이기 때문에 절대 용납할 수 없다는 것을 분명하게 전달해야 한다.

문제는 현재 학력 위주의 교육정책 때문에 다문화 가정의 아이가 반에 있을 경우 반평균과 교과 진도를 늦추는 장애물이라고 인식될 가능성이 높다는 것이다. 이에 대한 정부정책의 근본적인 전환이 필요하다.

학급 카스트를 파악하면 어떤 변화가 생길까?

목소리를 되찾은 아이들

"피라미드를 그리고 나니까 후련해요."

"피라미드를 그리니 뿌듯하고 피라미드가 아직도 있는 걸 보면서 답답하기도 했어요."

"그냥 뿌듯했고 어떻게 하면 서열을 없앨 수 있을까 생각했어요."

괴롭힘을 당하는 아이들은 교사가 서열구조를 안다는 것만으로도 해방감을 느낀다. 또한 그동안 외로웠던 자신의 처지를 교사가 이해해주고 도와줄 것이라는 기대를 갖게 된다. 자신의 위치와 상태를 알고 목소리에 귀 기울여 들어주는 어른이 생기면 아이는 희망을 가지게 되고 자기 목소리를 드러낼 수 있는 용기를 갖게 된다. 교실의 문제를 해결할 수 있는 근본적인 자원이 형성되는 것이다.

서열관계에서 평등한 관계로

영석이는 일진이었고 당연히 반에서 카스트의 정점에 있는 아이였다. 그런데 평화샘 프로젝트를 진행하는 김 선생의 반이 되면서 변화의 계기가 마련되었다. 물론 그 과정이 쉽지는 않았다. 영석이가 일진을 하지 않겠다고 하자 다른 아이들이 도전하는 경우도 생겼기 때문이다.

월요일 하루 닫기 시간에 상현이가 할 말이 있다며 손을 들었다.

"토요일 날 방방을 타다가 옆 반 진현이가 영석이를 툭 쳤어요. 그래서 영석이가 '사과해'라고 했는데 진현이가 웃으면서 계속 놀리는 거예요.

제가 봐도 열 받겠더라고요. 그때 영석이가 욱해서 진현이를 때리려고 했어요. 그래서 우리들이 영석이를 막고 '멈춰!'를 해서 멈췄는데 진현이가 '내가 너 이겨!' 하고 웃으며 도망가는 거예요. 영석이가 더 화가 나서 우리를 뿌리치고 쫓아가서 머리를 세게 때려서 진현이는 결국 울었어요."

김 선생이 영석이를 쳐다보니 얼굴이 빨개져서 바닥만 쳐다보고 있었다. 어떻게 된 일인지 물으니 "참으려고 했는데 내가 너 이겨."라고 계속 놀려 때렸다면서 다시 고개를 숙였다.

옆에 있던 재경이가 영석이 편을 들었다.

"맞아요. 진현이가 자꾸 시비를 걸어요. 영석이가 예전 같으면 그냥 주먹을 날렸을 텐데 그날은 많이 참았어요."

김 선생은 영석이가 끝까지 참지 못하고 진현이를 때린 것은 폭력이고 규칙 위반이라는 것을 다시 한 번 분명히 하였다. 하지만 친구들과 자신과의 약속을 지키려고 노력한 것에 대해서 칭찬을 해주었다. 그리고 진현이를 불러 영석이를 도울 수 있도록 역할극을 진행했다.

아이들의 지지를 받은 후 영석이도 자신을 변화시키기 위해 더 노력했고 다른 아이들도 영석이를 평등하게 대했다.

아이들은 스스럼없이 영석이에게 '멈춰'를 하고 하루 닫기에서도 영석이의 잘못된 말과 행동을 자연스럽게 지적했다. 그리고 영석이도 멈춰와 역할극을 통해서 다른 아이들의 감정을 읽고 자기 행동을 조절할 수 있는 힘을 갖게 되면서 아이들과 함께 대등한 관계의 일원이 되었다.

부모와 아이가 함께 변하다

학급 카스트를 공개한 날 오후였다. 위계서열 1위로 나왔던 아이의 엄마가 이 선생에게 전화를 했다.

"오늘 학교에서 피라미드를 그렸다고 하더라고요. 호영이가 맨 위에 나왔다고 많이 속상해했어요. 아이가 상처를 받은 것 같아 저도 속상하네요."
 이 선생은 호영이 어머님의 항의에 차분히 설명을 하였다.
 "그랬군요. 호영이에게 충격이었을 거예요. 하지만 그렇게 다른 친구들이 호영이 이름을 적었다는 것은 그만큼 다른 친구들을 괴롭혔다는 것으로 생각하셔야 해요. 그리고 부정하시는 것보다 이번 기회에 호영이를 도와줄 수 있다고 생각하는 것이 바람직하다고 생각해요."
 그러자 조금 누그러진 목소리로 호영이 엄마가 다시 물었다.
 "호영이가 친구들을 많이 괴롭히나요?"
 "호영이는 힘도 세고 축구도 잘하고 장점이 많지만 그걸 아직 친구들을 위해 제대로 사용할 줄을 모르는 것 같아요. 가끔 학교에서 친구들을 협박하고, 싸움을 부추기고, 돈을 빼앗고, 또 싸움도 잦았어요. 아이들이 호영이를 피라미드의 가장 위에 썼다는 것은 호영이가 진실된 우정을 맺기 힘들다는 뜻이기도 해요. 그래서 지금 부모님의 도움이 필요하고 가정에서도 아이가 폭력적인 행동을 하는 원인을 제공하고 있지 않은지 잘 살펴보셔야 할 것 같아요. 저랑 상담을 할 때는 부모님이 자주 다투고, 형이 자꾸 가출을 해서 너무 힘들다고 했어요."
 호영이 엄마는 조금 당황했지만 바로 인정을 했다.
 "아……. 네, 맞아요. 제가 거짓말도 시켰거든요. 아빠가 물으면 그냥 슈퍼 갔다고 하라고……. 어제는 너무 불안하고 싫다고 막 울더라고요."
 순간 이 선생은 호영이가 얼마나 힘들었을까 싶어 가슴이 아팠다.
 "그래도 호영이는 가족에 대한 애착이 커요. 저도 학급에서 호영이가 자신의 힘을 긍정적으로 전환하도록 지원할게요. 아까는 스스로 그동안 미안했던 친구에게 사과하겠다고 했어요. 저랑 어머니가 조금만 지원하고 보살피면 분명히 변할 거예요."

"네. 죄송해요. 선생님 뜻도 모르고, 경솔했던 것 같아요."

두 달 후에 호영 엄마에게서 다시 전화가 왔다. 선생님 덕에 호영이가 많이 좋아져서 고맙다는 인사를 하기 위해서였다. 호영이 엄마의 목소리가 무척 밝았다.

위계서열 위쪽에 있는 아이들은 교실에서 친구들을 자주 괴롭히는 아이들이다. 하지만 이 아이들 대부분이 가슴에 상처를 안고 있는 경우가 많다. 자신의 가슴 속에 분노가 가득 차 어찌할 바 모르고 다른 사람들을 괴롭히는 것이다. 이 아이들의 속마음을 들여다보고 도와줄 수 있을 때 평화로운 교실공동체를 위한 프로그램은 완성된다.

그 과정에서 중요한 것은 부모와 상황을 공유하고 공동의 목표와 행동방식을 만드는 것이다. 애착이 형성되지 않아 심리적으로 불안한 아이들을 위해서는 교사와 부모가 따뜻한 마음으로 아이들을 감싸 안아 그 아이를 위한 안전 기지가 되어주어야 한다.

피해자의 목소리를 잃어버리게 하는 교사의 행동들

"고자질하지 말라고 했지!"

유림이가 4학년 때 일을 회상하며 인상을 찌푸렸다. 짝꿍이 집요하게 괴롭혔고, 지금도 그때 생각을 하면 끔찍하다고 했다.

"많이 힘들었겠네. 그때 선생님께는 말씀드렸어?"

"네, 근데 이르지 말라고. 고자질하는 사람이 제일 싫다고 하셨어요. 그래서 그냥 제자리로 돌아와 앉았어요."

위의 사례는 피해자가 학급의 서열구조를 알지 못하는 교사에게 설명하기를 포기한 사례이다. 도움을 요청하는 피해자의 목소리를 고자질로 치부하는 것은 괴롭힘당하는 아이를 절망의 나락으로 떨어뜨리는 행동이다.

"둘 다 잘못했으니까 둘 다 사과해!"
"1학기 때 전학 간 경재가 내 뒤통수에 딱밤을 때렸어요. 정말 눈이 분해될 것처럼 아팠어요. 황당해서 쳐다보니 '모르고 그랬어.' 하며 아무렇지도 않게 가는 거예요. 전 순간 정말 열 받아서 경재 멱살을 잡고 '너 죽어볼래?' 하며 덤볐지요. 주변에 친구들이 말려서 심한 몸싸움까지 가지는 않았지만 그때 선생님이 그랬어요."
"뭐라고 했는데?"
"딱밤을 때린 경재도 잘못했고, 멱살을 잡고 험한 말을 한 너도 잘못했으니까 둘이 서로 사과하라고요."
"전 정말 분하고 억울했어요. 그래도 선생님이 시키니까 사과를 했지요. 그때 솔직히 미안한 마음은 없었어요."
"둘 다 잘못했으니 같이 사과해."라는 식의 단기적 중재는 문제를 해결하는 것이 아니라 오히려 악화시킨다. 괴롭힘당하는 아이의 마음을 어루만지지 못하고 차가운 조정과 중재 반응을 할 때 아이들이 마음을 닫아버린다는 것을 교사들은 잘 알아야 한다. 피해자는 억울함을 풀 길이 없게 되고, 가해자는 피해자에게 괘씸해서 언젠가 손을 봐주어야겠다는 생각을 하게 된다. 교사는 둘 다 문제라는 인식을, 다른 아이들은 이야기를 해봤자 해결되지 않는다는 불신을 갖게 되기 때문이다. 이와 달리 피해자와 학급의 다른 아이들이 '멈춰'와 학급회의를 요구할 수 있는 우리 프로그램은 모두가 함께 공감하고 참여하면서 성장할 수 있는 가능성을 가진 프로그램이다.

5장

여자아이들은 왜 뒷담화를 할까?

외톨이가 된
윤하

 오늘도 윤하는 점심을 먹고, 교실에 혼자 앉아 있다. 창문 너머로 운동장에서 노는 아이들의 소리가 들린다. 한 줄기 눈물이 뺨을 따라 흐른다. 선생님이 다가오자 얼른 눈물을 닦았다.
 "윤하야, 왜 혼자 있어?"
 "배가 좀 아파서요."
 "그래? 그럼 보건실에 가봐야지."
 그리고 선생님은 교무실로 가버렸다.
 윤하는 요즘 주변에서 일어나고 있는 일들이 무엇 때문인지 도통 알 수가 없다. 친했던 친구들이 어느 순간부터 눈을 돌리고 자기들끼리만 어울리면서 힐끗힐끗 쳐다봤다. "무슨 얘기를 하고 있어?"라고 물으면 "별거 아니야." 하면서 저희들끼리 속닥거리다가 윤하가 가까이 가면 딴청을 피우며 마치 비밀 이야기라 너는 낄 자격이 없다는 듯이 행동했다. 윤하가 화장실에 같이 가자고 하면 못 들은 척하고, 체육시간에 피구를 하면 윤하에게는 공을 주지 않고 자기들끼리 주고받았다. 나중에는 윤하가 들릴 만한 거리에서 저희들끼리 윤하 욕까지 했다. 윤하는 친구들 사이에서 투명인간이 되어버린 것 같았다.

분명 며칠 전까지만 해도 윤하 주변에는 친구들이 많았다. 쉬는 시간이면 아이들이 모여 들어서 필통을 만지고, 머리를 만져주면서 수다를 떨었다. 윤하는 공부를 잘했다. 시험을 보면 5학년에서 성적이 가장 높을 때도 있고, 그림이나 글쓰기 실력도 좋았다. 그래서 여자아이들은 윤하와 서로 친해지려고 애썼다.

혜연이도 학기 초에는 윤하랑 친하게 지내려고 노력했다. 하지만 선생님과 반 친구들의 시선이 늘 윤하를 향하고 있는 것이 싫었다. 혜연이는 다른 여자아이들에 비해 키도 크고 성숙했으며 자기주장이 강한 아이였다. 중학교 언니들을 많이 알고 있어서 연예인, 패션 등에 대한 정보가 빨랐기 때문에 반의 새로운 유행은 혜연이로부터 시작되었다. 혜연이도 아이들에게 인기가 있었지만 윤하에 비해서는 항상 뒷전이었다. 그래서 혜연이는 점점 윤하를 미워하게 되었다.

하루는 혜연이가 팔에 깁스를 하고 왔다. 윤하는 자청해서 도와준다고 했다. 하지만 그것이 윤하가 수렁에 빠지는 원인이 될 줄은 꿈에도 몰랐다. 쉬는 시간마다 사물함에서 교과서를 챙겨주고, 학교를 오갈 때 책가방을 들어주고, 준비물을 챙겨주었다. 혜연이는 윤하를 하녀 부리듯이 했고, 어떤 때는 일부러 괴롭히기 위해 행동하는 것처럼 느껴졌다.

쉬는 시간에는 화장실에 갈 여유조차 생기지 않았다. 수업시간에는 일부

러 연필을 또르르 굴려 보내고는,

"야, 강윤하, 나 이것 좀 주워줘. 실수로 떨어뜨렸어. 크크크."

혜연이가 웃으면 옆에 있던 아이들도 비웃듯이 따라 웃었다. 그 웃음소리가 윤하에게는 마치 마녀의 웃음소리처럼 들렸다.

윤하는 이런 사실을 선생님에게 말하기도 어려웠다. 혜연이는 선생님 앞에서는 착한 척을 했다.

"선생님, 윤하 엄청 착해요. 윤하가 너무 친절하게 잘 도와줘서 하나도 안 힘들어요."

그런 혜연이를 나쁘게 얘기하면 선생님은 자기 말을 믿지 않을 것 같았기 때문이다. 그래서 윤하는 혜연이 파벌이 아닌 다른 아이들하고 어울리려고 시도했다. 그 아이들은 혜연이하고 친하지 않았기 때문에 자신의 처지를 이해해 주지 않을까 생각했다. 하지만 그 아이들도 윤하를 멀리하기는 마찬가지였다.

윤하의 성적은 점점 떨어지기 시작했고, 집에 와서도 엄마에게 짜증을 부리는 횟수가 늘었다. 매일 밤 두통을 호소하고 울면서 잠드는 모습이 잦아졌다. 윤하 엄마는 불안함을 느껴 담임교사인 박 선생에게 전화를 했지만 여자아이들의 상황을 잘 모르는 듯했다.

윤하는 그렇게 한 달 가까이를 혼자 끙끙 앓다가 결국 엄마에게 모든 사실을 말했고, 윤하엄마는 바로 담임교사에게 이야기했다.

윤하가 혼자 있는 것을 보기는 했지만 대수롭지 않게 생각했던 박 선생은 당황스러웠다. 보통 남자애들은 치고받고 싸우거나 욕을 하고 감정을 드러내면서 직접적인 공격을 한다. 그래서 남자아이들이 싸우는 것은 금방 알 수 있었다. 하지만 여자아이들의 싸움은 도통 알 수가 없다. 그렇게 친해 보였던 아이들 사이에 그런 일이 있었다니…….

박 선생은 혜연이를 불러서 상담을 하고 윤하와 좋은 친구관계를 만들어 주려고 했지만 그 결과는 더 좋지 않게 나타났다. 아이들은 더욱더 은밀히 윤하를 괴롭히기 시작했다.

비 오는 날이면 일부러 윤하 옆에 걸으면서 우산을 기울여 윤하에게 물을 튕기고, 샤프에 잉크를 묻혀 윤하 옷에 묻히고, 여자아이들뿐만 아니라 남자아이들까지도 윤하에게 말을 걸지 못하게 했다. 혜연이는 자기 파벌이 아닌 여자아이들까지도 자신의 편으로 끌어들였다.

"윤하랑 놀지 마. 네가 윤하랑 안 놀면, 우리도 네가 싫어하는 아이를 왕따시켜줄게."라는 검은 거래까지 있었다. 보이지 않는 비난과 조롱이 계속되자 윤하는 세상에 자기 혼자뿐이고 아무에게도 도움을 받을 수 없다는 느낌에 사로잡혔다. 마치 사방이 얼음벽으로 둘러싸인 방 안에 갇혀 있는 것 같았다.

박 선생은 이 상황을 어떻게 해야 할지 고민했지만 뚜렷한 방안을 찾을 수 없었다. 수심 어린 표정으로 앉아 있는데 옆 반 정 선생이 박 선생의 어깨를 툭 치며 "뭔 고민 있어?"라고 물었다. 박 선생은 윤하 이야기를 했다.

1년 전부터 평화샘 프로젝트를 진행하고 있던 정 선생은 "어머, 그동안 윤하도 힘들고, 선생님도 정말 많이 힘들었겠다."며 아픔에 공감했다. 그러면서 박 선생의 손을 꼭 잡고 도와줄 테니 이 문제를 함께 해결하자고 했다. 그리고 도움될 만한 몇 가지 책과 여자아이들의 공격성을 해결할 때의 원칙을 알려주었다. 여자아이들의 문제를 공개적으로 해결하고 폭력을 드러낼 수 있는 힘을 가지기 위해 멈춰 제도를 진행할 것, 여자아이들의 공격 양상인 관계적 공격이 어떤 것인지 학급 구성원이 모두 알고 있어야 한다는 것, 그리고 여자아이들이 파벌을 넘어서 서로 아픔과 슬픔을 나누고 협력하는 마음을 길러가기 위한 공동의 문화마당을 만들어야 한다는 것을 알려주었다.

박 선생은 어두운 동굴 속을 헤매다가 한 줄기 빛을 발견한 것 같았다. 무엇보다도 함께 고민을 털어놓고 의논할 수 있는 동지가 생겨서 너무 기분이 좋았다. 다음 날부터 바로 진행해보기로 했다.

여자아이들의 공격성은 어떻게 나타날까?

박 선생뿐만 아니라 대다수 교사들은 여자아이들 사이의 갈등과 폭력 상황에 대면하는 것을 힘들어한다.

갈등상황을 파악하기 힘들고 파악하더라도 개입하기도 어렵다. 잘못 개입할 경우 더 문제가 복잡해져서 엉킨 실타래처럼 되어버리기 때문이다. 따라서 교사들이 여자아이들을 제대로 도와주려면 여자아이들이 보여주는 관계적 공격성에 대한 깊은 이해와 통찰력이 필요하다.

관계적 공격성이란?

남자아이들의 공격성과 여자아이들의 공격성은 많이 다르다고 이야기한다.

남자아이들은 사이가 나쁜 아이들을 괴롭히고, 괴롭히는 방법도 직접 주먹질을 하거나 말로 위협한다. 이를 직접적 공격이라고 한다.

하지만 여자아이들은 같은 파벌을 구성하고 있는 가까운 친구를 공격하는 경우가 많다. 그 방법도 직접 욕하거나 신체적으로 공격하는 것이 아니라 무시하기, 따돌리기, 소문내기, 욕하기, 조종하기 등 몸짓언어나 관계를 이용하여 싸우는 것이 특징이다.

"너랑 절교할 거야."

"내 말을 듣지 않으면 너랑 안 놀아." 등 관계 자체가 공격의 무기가 된다. 이렇게 인간관계를 무기로 다른 이들의 관계나 소속감, 우정 등의 감정에 상처를 주거나 또는 상황에 따라 협박을 하는 모든 행동을 관계적 공격이라고 한다.

물론, 여자아이들도 신체적 공격을 한다. 그럼에도 우리가 여자아이들의 관계적 공격성을 중심으로 다루는 이유는 여자아이들이 관계를 중심으로 모든 것을 인식하고 판단하므로 관계 자체를 공격의 수단으로 삼을 수 있는 가능성이 남자들에 비해서 훨씬 높기 때문이다.

왜 여자들은 관계적이고 은밀한 공격을 할까?

새 학년이 시작되면 여자아이들은 끊임없이 주변을 탐색한다. 누구 옆에 앉으면 좋을까, 누구와 친해지면 왕따를 당하지 않을까를 고민한다. 학급에서 인기 있고, 잘나가는 친구가 있으면 그 아이와 친해지기 위해서 끊임없이 경쟁을 한다. 그리고 1~2주 안에 확연하게 몇 개의 파벌로 나뉜다.

만약 자기와 가장 친한 친구가 하루라도 학교에 오지 않으면 무인도에 혼자 버려진 사람처럼 불안해하면서 그 친구에게 쉬는 시간마다 연락을 하는 등 안절부절 못한다.

여자아이들이 이렇게 절친을 찾고 파벌을 형성하는 까닭은 무엇일까? 남자아이들도 그룹을 형성하지만 훨씬 더 느슨한 관계를 맺는다.

스트레스 상황에서 여자아이들이 파벌을 만드는 이유는 자기를 보호하기 위함이다. 이렇게 파벌을 형성하는 것은 여자아이들뿐만 아니라 여성의 일반적 특성이다. 그래서 여성이 파벌을 이루는 이유를 여러 가지 측면에서 살펴보았다.

신체·생리적인 특성

남자 뇌와 여자 뇌는 구조적으로 차이가 있고 이것은 공격적 행동에도 차이를 가져온다고 한다. 남자의 경우 여자에 비해서 공격성을 작동시키는 편도가 더 크다. 그래서 충동적인 주먹다짐을 벌일 가능성이 높다.

그런데 여자들의 경우는 남자들에 비해서 청각과 언어에 관련된 뇌 중추에 11%나 더 많은 신경세포를 가지고 있고, 기억을 형성하고 유지하는 해마상 융기도 더 크다고 한다. 이러한 부분을 커뮤니케이션 및 정서 중추라고 하는데, 이 때문에 여자아이들은 얼굴 표정과 목소리에서 상대방의 마음을 읽어내어 관계를 형성하고 유지하는 데 특별한 재능을 보인다. 그래서 스트레스, 즉 맹수를 만났을 때나 재난을 당할 때 또는 남자들의 위협을 받을 때 여자들은 서로의 속마음을 읽어가면서 더 좋은 관계를 맺고 연대할 수 있었다.

그러나 이러한 특성은 여성들이 관계로부터 소외될 가능성이 생길 경우 말로 상대방을 공격하고 원한도 더 오랫동안 기억할 수 있다는 것을 의미한다. 그러면서도 관계를 중시하도록 프로그램화 되어 있는 여자 뇌의 특성으로 인해 갈등을 드러내는 것은 혐오하도록 되어 있다.

이러한 여성의 특성으로 인해 여자아이들은 교실에서 말로 상대방을 공격하지만 직접 갈등을 드러내기보다는 다른 사람을 통해서 자신의 불만을 전달할 가능성이 높다. 그리고 이러한 행동은 필연적으로 관계의 위기를 가져온다. 그렇게 깨진 관계는 쉽게 회복되지도 않는다. 남자아이들은 반복적으로 싸우면서도 쉽게 화해하는 모습을 보이는데 여자아이들은 그 모습을 부러워하면서도 절대 그렇게 하지 못한다.

이제 호르몬 얘기를 해보자.

보통 여자들의 친구관계라고 하면 생각나는 이미지가 한 귀퉁이에서 몇 명이 둘러앉아 소곤소곤 이야기하는 모습이다. 이렇게 친한 친구들과 모여서 얘기할 때 여자의 뇌에서는 쾌락 중추가 활성화되고 옥시토신과 도파민, 세로토닌이라는 호르몬이 많이 분비된다. 옥시토신은 친밀감, 도파민은 성취욕과 쾌락, 세로토닌은 안전함, 신뢰감과 관련된 호르몬이다.

연구에 따르면 여자들이 친한 사람과 모여서 수다를 떨 때 그 즐거움의 정도가 헤로인 중독자가 약물을 복용했을 때나 성행위 시에 얻는 오르가슴에 비견된다고 한다.

그 반대의 경우는 어떨까? 만약 관계가 위협받거나 상실되면 세로토닌, 도파민, 옥시토신의 수치는 바닥으로 떨어지고 여자는 불안감과 두려움에 휩싸여 세상에 자기 혼자 있는 것 같은 고통을 당하게 된다. 이것을 이해하면 여성들이 파벌에서 지속적으로 폭력을 당하면서도 벗어나지 못하고 감내하는 것을 이해할 수 있다. 그래서 여자아이들은 혼자 있는 것이 죽는 것보다 싫은 것이다.

진화과정에서 형성된 특성

원시공동체사회에서 여자가 홀로 남겨진다는 것은 죽음을 의미했다. 남자들의 경우 사냥이 자신의 일이었고, 무기도 가지고 있어서 싸울 수 있었다. 그리고 감당할 수 없는 상황이 되면 도망을 쳤다. 이에 비해 여자는 채집을 할 때 어린아이를 동반한 동성의 무리를 이루는 경우가 많았다. 이러한 상황에서 남자처럼 혼자 투쟁하거나 도피를 선택하기는 불가능했.

여자들은 채집을 위해 숲으로 갈 경우 어머니, 자매, 딸들로 이루어진 무리로 채집을 갔고 그것은 생존의 비율을 높였다. 맹수를 만났을 때 일단 주변에 동료가 있는지 확인하고, 함께 뭉쳐서 소란스럽게 소리를 지르면서 긴 막대기를 들고 맹수의 공격을 막았을 것이다. 아이와 둘이 있는 상태에서 맹수를 만났다면 아이를 달래가면서 숨을 죽이고 맹수가 지나가기를 바라거나 발각될 경우 아이를 위해 마지막까지 싸우다가 희생되는 길밖에 없었다.

그래서 여성들의 스트레스 대응 방식은 남성들과 같은 투쟁, 또는 도피가 아니라 보살핌과 어울림이 될 수밖에 없었다.

사회문화적 특성

우리 사회에서 남자아이들의 공격성은 당당하게 표현되고 당연하게 여긴다. 부모들은 남자아이가 맞고 다니는 것을 무엇보다 수치스럽게 생각하고, 아이가 맞고 오면 너도 때리고 오라고 요구한다. 그래서 남자들은 육체적이고 직접적인 공격을 쉽게 행사하며 가해자로 지적받는 것도 별로 두려워하지 않는다.

하지만 여자아이들이 공격성을 표현한다면 어떻게 될까? 여자답지 못하다고 비난받으며 '마녀, 선머슴, 팔자 센 여자, 조폭마누라, 깡패' 등의 별명을 가지게 될 가능성이 높다.

그래서 학교 폭력에 대한 조사를 해보면 남자아이들은 자신이 가해자라고 스스럼없이 밝히는 반면 여자아이들은 자신이 가해자라고 밝히는 경우는 거의 없다.

대체로 여자아이들은 초등학교 2학년 정도까지는 자신의 솔직한 감정을 표현하지만 3~4학년이 되면 "여자아이는 그러면 안 되지. 무슨 여자애가 그러니?"라는 사회적 압력에 직면하게 된다. 그때부터 여자아이들은 자신의 느낌과 감정을 감추고 은밀한 방법으로 타인을 비난하고 공격하는 모습을 보이기 시작한다. 여자답지 못한 여자라는 비난은 너무 치명적이기 때문에 욕구불만으로부터 생겨나는 공격성을 표출하는 방법은 은밀하고 간접적인 공격일 수밖에 없다.

그리고 여성들이 관계를 중요시하기 때문에 관계 자체를 공격의 무기로 삼을 수 있는 쪽이 이기는 상황이 벌어지는 것이다.

관계적 곤경에 처한 여자아이들을 어떻게 도울까?

교사가 자기 경험을 먼저 돌아본다

교사들이 아이들을 도와주기 위해서는 자기 경험을 먼저 돌아볼 필요가 있다. 왜 교사가 자기 경험을 돌아보아야 할까?

여자아이들의 관계적 공격성 문제를 해결하기 힘든 것은 그것이 복잡하기도 하지만 그러한 문제를 대할 때 교사들이 자기가 입은 상처를 극복하지 못하고 무의식적으로 대응하기 때문이다.

성장과정에서 교사가 관계적 공격을 한 경험이 있을 경우에는 아이들의 공격 행동을 대수롭지 않게 생각할 수 있고, 피해를 입은 경우라면 그 상처를 드러내지 않기 위해서 그 상황을 외면할 수 있기 때문이다.

따라서 교사는 자신의 학창 시절 경험 속에서 관계적인 공격과 피해의 경험이 있는지 떠올려보고 이를 다룰 수 있는 힘을 길러야 한다. 이때 도움이 되는 것이 '관계적 공격성에 관한 체크리스트'이다.

관계적 공격성에 관한 체크리스트

이름 :

※ 문항의 '누군가' 또는 '어떤 아이'는 내가 싫어하거나 미워하는 아이, 내가 질투하는 아이, 나를 화나게 하는 아이를 말하며, 한 번이라도 경험이 있으면 솔직하게 '그렇다'에 체크해주세요.

	문항	그렇다	아니다	구체적인 상황 (언제, 어디서, 누가, 왜, 어떻게, 기분 등)
1	나는 누군가에게 말로 협박한 적이 있다.			
2	나는 누군가에게 약을 올린 적이 있다.			
3	나는 어떤 아이를 집단에서 따돌린 적이 있다.			
4	나는 어떤 아이에게 복수하기 위해 다른 사람과 친구가 된 적이 있다.			
5	나는 어떤 아이를 무시하거나 일부러 피한 적이 있다.			
6	나는 어떤 아이에게 오랫동안 원한을 품은 적이 있다.			
7	나는 누군가를 괴롭히기 위해 은밀히 계획을 짠 적이 있다.			
8	나는 누군가의 나쁜 이야기를 전하거나 소문을 퍼뜨린 적이 있다.			
9	나는 어떤 아이가 없는 자리에서 그 아이의 험담을 한 적이 있다.			
10	나는 어떤 아이에 대해 친구들에게 "그 애와 놀지 마!"라고 말한 적이 있다.			
11	나는 어떤 아이의 비밀을 제3자에게 털어놓은 적이 있다.			

12	나는 어떤 아이의 별명(특별한 호칭이나 욕)을 부르면서 놀린 적이 있다. '그렇다'면 예를 들어 어떤 말인가요?( )			
13	나는 어떤 아이를 비난하는 글을 쓴 적이 있다.			
14	나는 어떤 아이의 헤어스타일이나 의상을 비난한 적이 있다.			
15	나는 어떤 아이를 다른 친구들이 좋아하지 않도록 유도하는 행위를 한 적이 있다.			
16	나는 어떤 아이를 괴롭히기 위해 어른이나 소년을 끌어들인 적이 있다.			
17	나는 어떤 아이에게 혐오감을 주기 위해 다른 친구들과 서로 응시하거나 제스처를 지어 보인 적이 있다.			
18	나는 다른 친구들로부터 한 친구를 괴롭히는 행위(험담, 비밀누설, 조롱, 따돌림, 놀지 말라는 등)에 함께하자는 제안을 받은 적이 있다.			
19 -1	18번에 '그렇다'라면 그 제안을 거부한 적이 있는가? 이유:			
19 -2	18번에 '그렇다'라면 그 제안에 동의한 적이 있는가? 이유:			
20	나는 다른 친구들이 한 친구를 괴롭히는 행위를 보거나 들은 적이 있다.			

20-1. 20번에 '그렇다'면 그때 나는 어떻게 행동하였나요?
① 모른 척했다   ② 부모님이나 선생님께 사실을 이야기하였다
③ 괴롭힘을 당하는 친구를 도와주려고 했다   ④ 기타 (   )

20-2. 20-1번에서 그렇게 행동한 이유는 무엇인가요?
(   )

22. 8~14 까지 '그렇다'에 표시했다면 어떤 방법을 주로 사용하였나?
① 인터넷(이메일) ② 전화 ③ 직접 말하기 ④ 벽에 낙서하기 ⑤ 기타(   )

※ 문항의 '누군가' 또는 '친구'는 나를 싫어하거나 미워하는 아이, 나를 질투하는 아이, 나한테 화가 난 아이를 말하며, 한 번이라도 경험이 있으면 솔직하게 '그렇다'에 체크해주세요.

	문항	그렇다	아니다	구체적인 상황 (언제, 어디서, 누가, 왜, 어떻게, 기분 등)
1	누군가 내게 말로 협박한 적이 있다.			
2	누군가 내게 악 올린 적이 있다.			
3	나는 내가 어울리는 집단에서 따돌림을 당한 적이 있다.			
4	나에게 복수하기 위해 내 친구가 다른 사람과 친구가 된 적이 있다.			
5	누군가 나를 무시하거나 일부러 피한 적이 있다.			
6	나를 괴롭히기 위해 친구가 은밀히 계획을 짠 적이 있다.			
7	내 나쁜 이야기를 누군가 전하거나 소문을 퍼뜨린 적이 있다.			
8	내가 없는 자리에서 누군가 내 험담을 한 적이 있다.			
9	친구들끼리 서로 나를 보고 "쟤랑 놀지 마!"라고 말하는 것을 들은 적이 있다.			
10	누군가 내 비밀을 제3자에게 이야기한 적이 있다.			

11	누군가 내가 싫어하는 별명(특별한 호칭, 욕)을 부르면서 놀린 적이 있다. 어떤 말들이었나요? ( )			
12	누군가 나를 비난하는 글을 쓴 적이 있다. (이메일 / 벽 낙서 / 편지 등)			
13	누군가 내 헤어스타일이나 의상을 비난한 적이 있다.			
14	누군가 나를 괴롭히기 위해 어른이나 소년을 끌어들인 적이 있다.			
15	나는 누군가 나를 괴롭히는 행위를 할 때 왜 그렇게 하는지 이유를 알고 있다. 이유는? ( )			
16	이유를 어떻게 알았나요? ( )			
17	내가 누군가에게 괴롭힘을 당할 때 멀리서 보고만 있거나 모른 척하는 친구들이 있다.			

18. 17번에서 '그렇다'라면 그때 심정(기분, 마음)이 어땠는가?
( )

19. 친구들이 나를 괴롭히는 행위(험담, 비밀누설, 조롱, 따돌림 등)를 할 때 어떻게 대응했는가?
( )

20. 친구들이 나를 괴롭히는 행위를 할 때 심정(기분, 마음)이 어땠는가?
( )

"나는 원래 사람 사귀고 수다 떨고, 관계 맺는 데 관심이 없다고 생각했어요. 그런데 이 체크리스트를 하면서 떠오르는 얼굴이 있어요. 민지······. 중학교 때 우린 서로의 집으로 놀러 다니며 공부도 같이하는 단짝이었어요. 우리는 고등학교 때도 같은 학교를 다녔는데, 언제부터인가 민지는 새로운 친구들과 더 친해졌어요.

그 아이들과 웃고 떠드는 모습을 보면 왠지 모르게 서운하고 샘이 나더라고요. 그래서 민지가 웃으며 내게 오면 퉁명스럽고 차갑게 대했지요. 그때 민지는 당황스러워했던 것 같아요. 그런 게 반복되다 서로 멀어졌어요. 서로 상처가 컸던 것 같아요.

그 뒤로 '난 오는 사람 말리지 않고, 가는 사람 붙잡지도 않아.' 하면서 누구와도 깊은 관계를 맺지 않았어요. 마치 관심 없는 것처럼……. 그런데 돌아보니 관계에서 상처받기 두려워하는 내 마음을 감추었던 것 같아요."

"얘기하고 나니까 마음이 편해져요."
"맞아. 그때는 그게 참 크게 느껴졌어요. 지금 생각하면 별것 아닌데."
"그때를 떠올리니까 떨려요."
"지금 애들 사이에 있는 상황이 우리 어렸을 때도 있었어요."

평화샘 모임에서 체크리스트를 해본 교사들이 보이는 반응이다.

교사가 자기 경험을 돌아보는 과정을 주변의 동료 교사들과 함께하면 더욱 좋다. 다른 여교사들과 자기 경험을 함께 이야기하면서 여성 대부분이 같은 문제와 아픔을 겪고 있다는 것을 이해하게 되고 서로의 아픔에 공감할 수 있을 것이다. 이때 형성된 친밀감과 유대감은 협력적인 교사관계를 만들어가는 기반이 된다.

그럼, 남자 교사들은 어떻게 할까?

남자 교사들은 여성들의 관계와 심리에 대한 지식이 부족하기 때문에 여자아이들과의 관계에서 곤란함을 느낀다. 따라서 남자 교사에게는 여자아이들의 관계적 공격의 양상과 그 원인, 해결 방안에 대한 체계적인 연수가 필요할 것이다.

관계적 공격에 이름을 붙인다

박 선생이 멈춰 제도를 도입한 후 아이들 관계는 많이 변했다. 하루 닫기 시간에 여자아이들도 자기 이야기를 하기 시작했다. 윤하도 많이 밝아졌다. 함께 어울리는 친구들도 생겼다. 혜연이도 윤하를 친근하게 대하는 모습이 가끔 보였다. 하지만 혜연이가 윤하를 공격하는 것이 완전히 사라진 것인지, 교사의 눈이 미치지 못하는 곳에서 은밀히 진행되고 있는 것인지 판단하기가 쉽지 않았다. 아이들도 직접적 공격에 대해서는 쉽게 멈춰를 하고 대응을 했지만 은밀하고 간접적인 공격에 대해서는 제대로 대처하지 못했다.

박 선생은 먼저 관계적 공격에 대한 자기 체크리스트를 해보았다. 돌아보니 학창 시절에 친구들 간에 관계적 공격이 많았고, 자신도 그 상처에서 벗어나지 못하고 있다는 것을 알게 되었다. 아이들끼리 관계적 공격이 벌어지면 박 선생이 스트레스를 받아서 어쩔 줄 몰라 했는데 그것이 바로 과거로부터 벗어나지 못했기 때문이었던 것이다. 만약 학창 시절에 관계적 공격의 개념과 의미를 알았더라면 친구들과 관계에서 덜 상처받았을 것이라는 생각이 들었다. 박 선생은 정 선생에게 아이들과 이 문제를 어떻게 풀어야 할지 상의를 했다.

"이 문제를 풀려면 아이들이 관계적 공격이 무엇인지 알아야 해. 원래 관계적 공격이라는 것이 설명하기도 어렵고 애매한 지점이 있잖아. 아이들하고 관계적 공격에 이름을 붙여봐. 관계적 공격은 친구들을 괴롭히는 행위라는 것을 분명히 확인하는 자리가 필요한 거야. 그리고 이야기 시작할 때 꼭 선생님 경험부터 얘기하는 것이 좋아. 내 경험으로 볼 때 아이들은 교사가 관계적 공격에 대한 자신의 경험을 진솔하게 이야기하면 동질감을 느끼면서 마음을 열거든."

박 선생은 다음 날 관계적 공격을 주제로 학급회의를 열었다. 박 선생은 아이들 앞에서 자기 경험으로 이야기를 시작했다.

"오늘은 또 다른 폭력에 대해서 이야기해보려고 해. 신체적이고 직접적인 공격보다 더 마음에 상처를 남기는 폭력이 있거든. 아주 은밀하게 진행되기 때문에 누구에게 설명하기도 어렵고 그렇다고 무시할 수도 없는 폭력이야."

고개를 끄덕이는 여자아이들 사이에서 애써 아무렇지도 않은 듯 무표정한 윤하와 미간을 찌푸리는 혜연이가 함께 보였다.

"선생님이 초등학교 5학년 때였어. 나랑 아주 친한 단짝이랑 같은 반이 되었지. 서로 정말 좋았기 때문에 우리는 늘 함께 다녔어. 그런데 그때 우리 반 선생님이 남자분이셨는데……."

담임선생님의 차별 때문에 단짝이랑 싸우고 몇 달간을 친구들의 조롱과 무시로 외롭고 힘들었던 얘기를 하는 박 선생의 목소리는 떨렸다. 교실은 쥐 죽은 듯 조용해졌다.

"너희들은 이런 경험 없니?"

"4학년 때 그 비슷한 일 있었어요. 친구랑 같이 집에 가려고 기다렸는데, 걔가 다른 친구와 말도 없이 가버리는 거예요."

"진짜 치사한 애들 있어요. 일부러 내 약점이나 비밀을 캐내서 소문내는 애들도 있어요."

"저런, 많이 속상했겠다. 또 어떤 것들이 있었어?"

일부 여자아이들은 적극적으로 자기 이야기를 하지만, 대다수의 여자아이들은 가만히 듣고만 있었다. 이야기를 하더라도 자기 이야기를 마치 다른 사람의 이야기인 것처럼 하기도 했다. 박 선생은 누가 어떤 이야기를 하는지, 그때의 표정이 어떤지 유심히 관찰하면서 이야기를 이끌어 갔다.

"뒷담화요, 째려보기요, 무리지어 다니면서 일방적으로 누구 편만 드는 거요. 무시하는 거요……."

박 선생은 관계적 공격의 유형이 나올 때 마다 모두 칠판에 적었다. 남자아이들도 적극적으로 말했다. 전문가들에 의하면 요즘 들어서 남자아이들 사이에서도 관계적 공격이 늘어나고 있다고 한다. 박 선생네 반 남자아이들도 역시 그러한 상황에 놓여 있는 것이다.

"굉장히 많구나. 이렇게 서로의 관계나 소속감, 우정 등의 감정에 상처를 주거나 상황에 따라 협박하는 모든 행위를 관계적 공격, 간접적 공격이라고 해. 이런 폭력을 당하면 너희들 기분이 어떠니?"

"너무 짜증 나요. 진짜 속상해요. 학교 오기 정말 싫어요."

"그래. 관계적 공격은 우리 마음에 더 깊은 상처를 줘. 선생님은 관계적 공격도 신체적 공격과 똑같이 다룰 거야. 앞으로 이런 일이 있거나 보았을 경우에 어떻게 하면 좋을까?

"당연히 멈춰를 외쳐야지요."

"우리 반이 평화로운 반이 될 수 있게 노력했으면 좋겠어."

"물론이지요."

아이들은 힘차게 대답을 했다.

"그럼, 우리 멈춰를 연습해볼까? 역할극을 해보려고 해. 역할극 대본은 너희들의 경험을 바탕으로 모둠 별로 만들어보자."

아이들은 신나게 대본을 만들고 역할을 정했다. 박 선생은 각 모둠별로 다니면서 조언을 하고 윤하와 혜연이는 각각의 모둠에서 피해자와 가해자의 역할을 맡지 않도록 조절하는 것도 잊지 않았다.

박 선생은 역할극이 끝나고 아이들에게 소감을 물었다.

"관계적 공격의 종류가 그렇게 많은지 몰랐어요."

"친구들이 그렇게 하면 꼭 멈춰를 할 거예요."

"앞으로는 그런 행동 안 할 거예요."

박 선생은 윤하도 혜연이도 자신들의 이야기를 솔직하게 하지 않는 것이 안타까웠지만, 처음과 달리 점점 밝아지는 윤하의 모습을 보면서 힘을 얻었다.

아이들과 함께 찾아본 관계적 공격의 양상들

- 벌레 보듯 째려보기(메두사의 눈)
- 불러도 대답 안 하기
- 소문내기
- 상대방의 약점 캐내서 떠벌리기
- 무리지어 다니면서 편들기
- 친구 얼굴 이상하게 그리기
- 납득하지 못하는 차가운 거절하기
- 배신하기
- 실수인 척 툭 치기
- 없는 얘기 지어내기
- 말 끊기
- 없는 곳에서 친구 뒷담화하기
- 강요하기
- 뚫어지게 보다 '씩' 웃고 지나가기
- 머리 뒤에서 이상한 손짓 몸짓하기
- 말 안 하기
- 모르는 척하기
- 투명인간 취급하기
- 둘 사이 갈라놓기
- 따돌리기

학급회의를 통해 관계적 공격에 이름을 붙이고 함께 대처하자고 약속을 했어도 사건은 끊임없이 발생한다. 이때 교사는 가르쳐준 것을 실행하지 못하는 아이들에게 답답함을 넘어 배신감을 느낄 수 있다. 이러한 배신감으로 인해 뒤로 물러서지 않으려면 관계적 공격이 직접적 공격에 비해서 대응하기 어려운 몇 가지 이유를 알아두어야 한다.

첫째, 괴롭힘을 당하는 아이가 간접적·관계적 공격을 당하고 있다는 것을 모르기 때문에 주변 친구들이 알려주지 않으면 상황이 드러나지 않는다.

둘째, '째려보기나 무시하기' 등의 공격을 당할 때 순간적으로 일어나는 일인데다가 주변 친구들 모르게 하기 때문에 대응하기가 어렵다.

셋째, 여자아이들은 관계적 공격을 안다고 해도 직접적으로 대응을 하지 못하기 때문에 문제가 더 악화될 수 있다.

따라서 교사는 인내심을 가지고 구체적인 상황이 발생할 때마다 관계적 공격에 대한 토론과 구체적 상황에 이름 붙이기, 멈춰, 역할극을 시도해야 한다.

관계적 공격에 대한 예방 역할극 하기

관계적 공격에 이름을 붙이고 나서 그 의미를 몸으로 체험할 수 있는 역할극을 하는 것이 좋다. 다음은 초등학교 저학년(1~2학년)과 초등학교 고학년, 중·고등학교에서 해볼 수 있는 일화와 역할극이다. 각각 두 가지 상황으로 구성했는데 대안을 찾아 해결하는 경우와 그렇지 않은 경우이다.

저학년 예방 역할극

❶ 역할극에 필요한 인원은 총 5명이다.

❷ 역할극을 시작할 때 교사는 이렇게 이야기한다.

"지난 시간에 관계적 공격성에 대해 함께 토론해보았어요. 오늘은 당하는 친구가 어떤 기분이나 느낌이 드는지 알아보고 대안을 찾기 위한 역할극을 할 거예요."

저학년 대본 ❶

때	점심시간
곳	운동장 정글짐
등장인물	윤정, 지연, 혜원, 상은, 현정

점심시간, 정글짐에서 지연, 상은, 현정, 혜원이가 가족놀이를 하고 있다. 지연이는 엄마, 상은이는 아빠, 현정이는 언니, 혜원이는 동생 역할을 나누어 맡았다. 급식을 다 먹고 뒤늦게 나온 윤정이가 지연이에게 다가가 말한다.

윤정   나도 시켜줘.

지연이는 고개를 절레절레 흔들고 다른 아이들은 못 들은 척한다.
이번에는 윤정이가 혜원이에게 가서 다시 말한다.

윤정   혜원아, 나도 놀이에 끼워줘.
혜원   (난감한 표정을 지으며) 알았어. 근데 이 놀이 주장은 지연이야.

윤정이는 다시 지연이에게 가서 말한다.

윤정   (애원하듯) 지연아, 나도 시켜줘.
지연   (짜증을 내며) 싫어!
윤정   선생님이 사이좋게 놀라고 하셨잖아.

> **지연**   (귀찮다는 듯이) 그럼, 학습지 선생님이나 옆집 아줌마 하던지.
> **윤정**   (울먹이며) 그건 가족놀이에서 필요 없는 역할이잖아.
>
> 윤정이는 교실로 힘없이 돌아간다.

❸ 역할극이 끝나고 어떤 느낌이나 기분이 드는지 아이들과 이야기를 나눈다.

교사   지금 어떤 느낌이 드는지 이야기해볼까?
윤성   기분 나빠요. 마음이 찢어지는 것 같아요.
혜원   제가 윤정이 역할을 했어도 정말 속상했을 거 같아요.
교사   친구들이 어떻게 해주면 좋겠니?
윤정   같이 놀자고 끼워줬으면 좋겠어요.

❹ 문제를 해결하기 위한 방법을 토론하고 역할극을 재구성한다.

교사   그럼 이 상황에서 친구들이 어떻게 하면 모두 즐겁게 놀 수 있을까?
지연   가족 역할을 더 만들어서 같이 놀자고 해요.
상은   맞아요. 그렇게 하면 간단하잖아요.
교사   그럼 상황을 바꿔서 역할극을 해볼까?

저학년 대본 ❷

때	점심시간
곳	운동장 정글짐
등장인물	윤정, 지연, 혜원, 상은, 현정

점심시간, 정글짐에서 지연, 상은, 현정, 혜원이가 가족놀이를 하고 있다. 지연이는 엄마, 상은이는 아빠, 현정이는 언니, 혜원이는 동생 역할을 나누어 맡았다. 급식을 다 먹고 뒤늦게 나온 윤정이가 지연이에게 다가가 말했다.

윤정   나도 시켜줘.
지연   알았어. 얘들아, 윤정이는 무슨 역할하면 될까?
혜원   애기 해도 되고, 딸 한 명 더 하면 어때?
상은   그러면 되겠다. 너 뭐 할래?

혜원이가 윤정이를 바라보며 묻는다.

윤정   (밝은 얼굴로) 나 애기 할게. 어디로 가면 돼?

윤정이와 친구들은 서로 얼굴을 마주 보며 빙긋 웃는다.

❺ 역할극이 끝나고 어떤 느낌이나 기분이 드는지 아이들과 이야기를 나눈다.

교사	모두가 함께 놀게 되니까 어떤 느낌이 들어?
윤정	기분 좋아요.
아이들	뿌듯해요. 다 같이 놀 수 있어서 좋아요.

고학년 예방 역할극

두 번째 여자아이들 한마당을 하기로 한 날이다.

교실에는 약속시간이 되자 아이들이 하나둘씩 모이기 시작했다. 그런데 창가 쪽에는 영서네 파벌 아이들이 동그랗게 모여서 이야기를 하고 있고, 앞문 쪽에는 언제나 그렇듯이 인숙, 미진, 정현, 수진이가 함께 심드렁한 표정으로 앉아 있다. 이런 모습이 계속 반복되고 있다. 쉬는 시간과 점심시간에도 마찬가지다.

학급에서 여자아이들의 의견을 모아야 할 때나 중요한 결정을 할 때도 영서네 파벌 아이들의 의견이나 주장이 강하게 영향을 미치고 있다.

김 선생은 이 문제를 아이들과 진지하게 토론을 해보아야겠다고 생각했다.

"애들아, 선생님이 계속 지켜보았는데, 너희들이 너무 갈라져서 잘 어울리지 않는 것 같아서 걱정돼. 선생님이 보기에는 영서를 중심으로 한 6명과 인숙이를 중심으로 한 4명으로 파벌이 나뉜 것처럼 보여. 서로 같이 놀고 친하게 지냈으면 좋겠는데, 어떻게 생각해?"

그러자 영서가 인숙이를 쳐다보면서 억울하다는 듯이 이야기했다.

"선생님, 쟤네가 안 와요. 저희한테 와서 같이 이야기하고 놀면 되는

데……."

영서의 이야기에 같은 파벌의 아이들은 고개를 끄덕이며 "맞아, 맞아." 하며 동조를 했다.

"정말 그럴까? 그럼 정말 그런지 역할극을 한번 해보자."

❶ 역할극에 필요한 인원은 총 10명이다.

고학년 대본 ❶

때	쉬는 시간
곳	교실

쉬는 시간이 되자, 영서네 무리 아이들 6명은 약속이나 한 듯이 영서의 자리로 몰려들었다. 영서를 중심으로 동그랗게 서서 수련회 이야기를 하느라고 시끌벅적하다.

그 무리에 끼지 못한 인숙, 미진, 정현, 수진이는 자기들끼리 모여서 조용조용 이야기를 나누고 있다.

영서네 무리가 무슨 이야기를 하는지 궁금한 미진이는 용기를 내서 다가갔다.

미진   무슨 이야기하고 있는데?

동그랗게 서 있는 영서네 무리 아이들은 미진이를 한번 힐끗 보더니 아무런

> 대꾸도 하지 않고 다시 자기들끼리만 이야기를 한다.
>
> **미진**　　(쭈빗쭈빗거리며) 영서야, 무슨 얘기해? 나도 같이해.
>
> **영서**　　(싸늘한 표정으로) 너는 몰라도 돼. 우리끼리 하는 이야기야.
>
> 영서가 단호한 목소리로 이야기한다. 미진이는 어쩔 줄 몰라 하며 그 앞에 서 있다가 힘없이 자기 자리로 돌아온다.

❷ 6~8명의 아이들의 동그랗게 앉아 있고, 4명의 여자아이들은 차례대로 미진이의 역할을 한다.

❸ 역할극이 끝나고 나면 기분이 어떤지 인터뷰를 간단하게 한다.

교사　기분이 어때? 쉽게 그 사이로 들어가서 이야기할 수 있었니?

미진　힘들었어요. 그리고 아이들이 빙 둘러서서 이야기하고 있으니까 말을 걸기가 쉽지 않았어요. 더구나 영서가 '넌 몰라도 돼.'라고 이야기하니까 더 말을 걸 수가 없었어요.

❹ 모든 아이들이 미진이 역할을 하고 나면 이런 상황에서는 어떻게 하면 좋을지 방법을 함께 토론한다.

교사　역할극에서 느꼈지만 원 안으로 들어가서 말을 걸기가 쉽지 않잖아요. 더구나 한번 거절을 당하면 다음에는 더더욱 이야기하기 힘들지요? 그럼 어떻게 하면 좋을까?
정현   먼저 말을 걸어주면 좋겠어요.
수진   무슨 이야기를 하고 있는지 설명해주면 좋을 것 같아요.
교사   그래. 그럼 상황을 바꿔서 역할극을 해볼까?

고학년 대본 ❷

때   쉬는 시간
곳   교실

쉬는 시간이 되자, 영서네 무리 아이들 6명은 약속이나 한 듯이 영서의 자리로 몰려들었다. 영서를 중심으로 동그랗게 서서 수련회 이야기를 하느라고 시끌벅적하다.
그 무리에 끼지 못한 인숙, 미진, 정현, 수진이는 자기들끼리 모여서 조용조용 이야기를 나누고 있다.
영서네 무리가 무슨 이야기를 하는지 궁금한 미진이는 용기를 내서 다가갔다.

미진   무슨 이야기하고 있는데?

영서와 미소는 미진이의 어깨를 감싸 안으며 자신들의 옆으로 미진이가 들어올 수 있도록 원을 넓혔다.

미소	(활짝 웃으며) 어, 미진아. 우리가 무슨 이야기를 하고 있었느냐면 다음 주에 수련회에 가서 밤에 뭐하고 놀면 좋을까? 이야기하고 있었어.
영서	(미진이를 바라보며) 너는 뭐하고 놀면 좋겠어?

❺ 역할극이 끝나고 나면 기분이 어떤지 인터뷰를 간단하게 한다.

교사	기분이 어때?
미진	아까보다 훨씬 쉽게 말을 걸 수 있어요. 편안하고요.

아이들이 자기 경험을 드러낼 기회를 만든다

아이들이 자신의 경험을 말이나 글로 드러내는 것은 중요한 치유의 과정이 된다. 그 과정을 통해 아이들은 자신을 객관적으로 바라보게 되고 억눌린 감정에서 해방될 수 있다. 아이들이 자기 경험을 드러내는 방법으로는 체크리스트 작성하기, 자기 경험을 글로 나타내기 등이 있다.

체크리스트 작성을 통해 아이들은 관계적 폭력에 대한 양상을 더 구체적으로 알게 되고 자기 경험들을 떠올리면서 자신의 경험에 스스로 이름을 붙일 수 있다. 또, 자기 경험을 다양한 계기를 통해 이야기하면서 대다수 여자아이들이 공통된 경험을 하고 있음을 발견하도록 이끌 수 있다.

체크리스트는 직접 및 간접적 공격성에 관한 체크리스트를 활용한다. 보통 3월 말과 9월 말에 해보는 것이 좋다. 학급의 남녀 아이들 모두가 작성하되, 가해와 피해 경험으로 나누어서 한다.

체크리스트를 할 때는 시간을 충분히 주고 진행해야 한다. 한 번이라도 경험이 있으면 '그렇다'에 체크하고 그때의 상황을 6하원칙에 맞게 구체적으로 서술해주기를 부탁한다. 3학년인 경우에는 교사가 천천히 한 문항씩 읽어주면서 진행하는 것이 좋다.

작성기준은 학교생활 전 기간을 통틀어서 찾아보게 한다. 아이들이 체크리스트를 작성하고 나면 교사는 폭력을 행사했거나 당한 경험을 표시한 아이들과 개별적인 상담을 반드시 진행해야 한다.

여자아이들 중에는 모든 항목에 '아니다'로 체크하여 피해나 가해의 경험을 아예 드러내지 않는 아이들이 있다. 이 아이들은 과거에 심각한 피해 또는 가해 경험이 있거나 아직 교사와의 신뢰가 형성되지 않아 말하는 것을 어려워하기 때문이다. 따라서 교사는 개별적으로 친해질 수 있는 계기를 자주 마련하여 신뢰를 쌓아야만 한다.

교사가 아이들이 작성한 체크리스트지를 가지고 상담을 할 때에는 자신의 경험을 자연스럽게 표현할 수 있는 교실 분위기를 만들어야 한다. 체크리스트를 작성하는 활동을 하지 않았더라도 여자아이들이 자연스럽게 자신의 경험을 드러낼 수 있는 계기를 만드는 것은 중요하다. 멈춰와 하루 열기, 닫기, 학급회의 등을 통해 안전한 분위기가 만들어지면 여자아이들의 방어기제도 약해진다. 이때 여자아이들의 특성에 맞게 차를 마시는 시간이나 수다모임 등을 한다면 아이들은 자연스럽게 자신의 이야기를 풀어놓기 시작한다.

점심을 일찍 먹은 은숙이는 오 선생에게 슬그머니 종이를 건넸다.
"이게 뭐야?"
"선생님이 써보라고 해서 써봤어요. 이따가 선생님 혼자 보세요."
은숙이는 배시시 웃으며 친구들에게 뛰어갔다. 은숙이가 건넨 종이에는

3학년 때 왕따당했던 경험이 깨알같이 적혀 있었다.

'얼마나 힘들었을까?'

오 선생은 가슴이 저려왔다. 모든 수업이 끝나고 은숙이를 불렀다.

"은숙아, 3학년 때 정말 맘고생이 많았겠다."

은숙이의 눈시울이 붉어졌다.

"그런데, 널 괴롭힌 아이 가운데 우리 반 지인이도 있던데, 지인이랑 같은 반이 돼서 처음에는 많이 힘들었겠다. 선생님이 몰랐네."

"처음 몇 주는 눈 마주치기도 싫었어요. 또 그때처럼 괴롭히면 어떻게 하나 걱정도 되었고요. 그런데 멈춰가 있어서 괜찮았어요. 그리고 이렇게 쓰고 나니까 이제는 홀가분해요. 관계적 공격에 대해서 알고 나니까 지인이가 왜 그랬는지 이해가 되요. 이제는 지인이하고 편하게 얘기할 수 있을 것 같아요."

이처럼 아이들의 경험을 글로 드러내도록 격려하는 것도 좋다. 아이들은 글을 쓰면서 오랜 시간 마음속에 담아두기만 했던 이야기를 드러내게 되고 그 과정을 통해서 치유와 함께 해방감을 경험한다. 또한 글을 통해서 서로를 깊게 이해하는 계기가 된다.

파벌을 넘어서는 여자아이들의 새로운 문화를 만든다

대부분의 여자아이들은 베스트 프렌드를 원한다. 단둘만의 친교를 절실하게 바라기 때문이다. 여자아이들은 또한 깊은 소속감도 원하기 때문에 두세 명으로 구성된 파벌이나 느슨한 유대관계에 쉽게 끌린다. 파벌을 나누어서 서로 경쟁하기도 하고 자기 파벌 내에서 대립하기도 한다. 그런 경쟁과 대립의 양상이 너무 심해서 교사가 파벌을 해체하려고 시도하는 경우도 있다. 그러나 성공한 사례는 거의 찾아볼 수가 없다. 따라서 파벌을 해체하는 무모한 시도보다는 그 파벌을 넘어서서 관계를 맺고 서로를 이해할 수 있는 계기를 만드는 것이 중요하다.

평화샘 프로젝트는 학급의 모든 여자아이들이 참여해서 자매애를 형성할 수 있는 문화 프로그램과 다양한 주제를 중심으로 관계를 형성할 수 있는 동아리 활동을 제안한다.

여자아이들의 협력과 연대의 장, 여자아이들 한마당

김 선생은 얼마 전 평화샘 모임에서 제안받았던 여자아이들 한마당을 아이들과 진행해봐야겠다는 생각이 들었다. 어떻게 제안하면 좋을지 고민이 되었지만 먼저 몇몇 아이들과 얘기해보면서 방향을 잡아보기로 했다.

마침 수업이 끝나고 서너 명의 여자아이들이 남아서 사물함 정리를 하고 있었다.

"얘들아, 여자들만의 날이 있는 거 알아?"

사회에 관심이 많은 은빈이가 먼저 답을 했다.

"아, 여성의 날이요?"

"응. 3·8 세계 여성의 날도 있지. 우리 전통 문화 속에서도 있어. 삼월 삼짇날이 그렇대. 마을의 여자들이 모두 모여 함께 화전도 부쳐 먹고, 시도 짓고, 노래도 부르며 끼와 신명을 발산할 수 있는 날이었어. 왜 살다 보면 서로에 대한 불만과 서운함이 있잖아. 말 못하고 가슴에 담아두거나 가끔 빨래터에서 또 바느질하며 서로 뒷담화도 했을 테고. 그것을 시원하게 푸는 장치였던 거지."

선생님의 갑작스러운 이야기에 의아했는지 수연이가 물었다.

"그런데, 그건 왜요?"

"너희들도 서로에 대한 불만이나 하고 싶은 얘기들이 있지?"

아이들이 신기하다는 듯 "그걸 어떻게 알았어요?" 하고 물었다.

"나도 여자잖아. 우리 반 여자들도 함께 모여서 마음속에 있는 이야기도 하고 함께 음식도 먹으면서 한번 놀아보면 어떨까?"

"좋아요. 우리 반 여자들 날을 정하자는 거죠?"

"그래. 여자아이들 한마당을 해보자."

어느새 김 선생 주변에 빙 둘러선 아이들이 당장 하자고 난리였다. 김 선생은 친구들하고 더 의견을 나누자고 하고 이야기를 마무리했다. 아이들은 집으로 가면서도 "언제 할까?", "뭐 할까?" 하며 한마당에 대한 이야기를 계속했다.

며칠 후 체육대회가 끝나고 여자아이들 모두 느티나무 밑에 모였다. 저음 여자아이들 한마당을 들은 아이들이 바람을 잡은 것이다. 이미 여자아이들 모두가 한마당을 하는 것에 동의하고 있었다. 김 선생은 아이들에게 무엇을 하고 싶은지 물었다. 아이들은 찜질방에 가자, 캠핑을 하자, 계곡에 놀러 가자 등 다양한 의견을 냈다. 하지만 날씨가 너무 춥고, 야외로 나가면 서로 깊은 얘기를 하기 어렵다는 반론이 나오면서 더 얘기가 진행되지 못했다. 결국 다음 날 다시 모여서 이야기하기로 했다.

남자아이들이 모두 집에 가고 없는 교실에 여자아이들만 빙 둘러 앉았다.

"우리 요리 만들어 먹어요. 그래야 분위기가 살죠. 우리 엄마가 그러는데, 음식을 같이 만들어 먹으면 더 친해진대요."

벌써 수연이는 엄마에게도 말을 한 모양이다. 수연이 의견에 아이들도 모두 좋아했다.

"우리들 속 이야기도 해요."

모든 여자아이들에게 솔직하게 다 이야기하기 어렵다던 은선이가 용기를 내서 얘기했다. 다들 할 얘기가 많은 듯 "그래 꼭 하자."며 눈을 반짝였다.

"알뜰 장터도 했으면 좋겠어요."

"당연히 신나게 놀아야지요."

지난번 논의와 다르게 아이들은 서로의 관계를 긴밀하게 하기 위한 실질적인 방법들을 고민해왔다. 김 선생은 그런 아이들이 너무나 기특했다.

"이거 다 하려면 다 같이 모여서 여러 번 얘기해야 할 것 같아요."

"근데, 오후에 매번 이렇게 모이기가 쉽지는 않아요."

"맞아. 그래서 선생님 생각에는 준비위원이 필요할 것 같아."

"그게 뭔데요?"

"예전에 화전놀이를 진행할 때도 유사라고 해서 준비하는 사람들이 있었대. 친구들의 의견을 더 듣고, 필요한 준비물과 역할분담 등 실무적인 역할을 하는 사람을 말해."

김 선생은 특정한 파벌의 아이들끼리 준비위원을 한다고 하면 어쩌나 걱정이 되기도 했다. 하지만 아이들도 그런 점을 느꼈는지 소심했던 은선이, 다른 반 아이들과 몰려다니며 친구들과 거리를 두었던 연진이, 그때그때 감초 역할을 하는 수연이, 분위기를 잘 띄우는 지원이, 이렇게 다양한 파벌과 성향의 아이들이 준비위원이 되었다.

네 번째 모임에서는 시간, 메뉴, 놀이목록, 준비물 등에 대해서 정하고 역할을 나눴다. 날짜는 노는 토요일 11시로 정했고, 감자부침개와 김치볶음밥을 만들어 먹기로 했다.

어떤 놀이를 할지 정하는 데 시간이 많이 걸렸다. 처음에는 수건돌리기를 하자는 제안이 있었다.

"나는 그 놀이 안 했으면 좋겠어. 맨 마지막까지 수건을 받지 못하면 좀 속상하거든."

은선이의 이야기를 듣고, 아이들은 모두 고개를 끄덕였다. 그리고 서로 공평하게 즐길 수 있는 강강술래를 운동장에서 하기로 했다. 김 선생은 내일 나눌 이야기가 좀 더 신경이 쓰였다.

"내일 하이라이트는 뭐니 뭐니 해도?"

"당연히 우리들 이야기지요"

"우리들 이야기 말고, 가족들 간에 있었던 이야기도 돼요?"

"물론이지. 왜 여자의 적은 여자라고 하잖아. 엄마나 언니, 여동생이랑 있었던 일이나 고민도 이야기하자."

"맞아. 나도 우리 언니랑 매일 싸우는데, 늘 그게 스트레스예요."

"선생님, 동생이 저 때렸던 이야기도 할까요?"

할 수 있으면 해도 된다는 선생님의 말을 듣고 은선이는 "할 수 있어요."라고 다부지게 이야기했다. 은선이는 자신이 힘들어했던 모든 것들을 아이들과 나누고 싶은 것 같았다.

"그런데, 제가 이야기하고 싶은 애가 안 와요. 정인이요. 희망반 청소할 때 있었던 일인데……."

주연이는 정인이랑 더 깊은 이야기를 하지 못하는 것이 무척 아쉬운 것 같았다.

"그래, 정인이가 오지 않아서 많이 아쉽다. 우리 나중에 정인이한테 꼭 얘기해주자. 그리고 희망반 청소할 때 있었던 일은 따로 더 이야기를 해보자."

드디어 여자아이들 한마당 하는 날!

18명의 여자아이들 중 할머니 생신 등 가족행사로 3명이 빠지고 총 15명의 아이들이 모였다. 프라이팬, 국자, 김치……. 아이들은 함께 만들어 먹을 준비물과 알뜰시장에서 친구들과 물물교환 할 물품을 끙끙거리며 들고 하나둘 교실로 들어왔다.

　교실 책상을 뒤로 밀고, 역할을 나누어 감자부침개와 김치볶음밥을 만들기 시작했다. 누구하나 빠지지 않고 자기 몫을 톡톡히 했다. 서로 먹여주고, 이리저리 심부름에 역할이 소홀했던 친구는 마지막 설거지까지. 유난히 서로를 챙겨 주려는 아이들의 모습에 김 선생의 얼굴에서 웃음이 떠나지 않았다.

　어느새 아이들 마음속에 있던 벽은 사라지고 서로의 속마음을 터놓을 수 있는 분위기가 되었다.

　김 선생이 먼저 이야기의 물꼬를 텄다. 고등학교 때 친한 친구와 같은 선생님을 좋아하게 되면서 그 친구와 사이가 멀어지게 된 가슴 아픈 이야기를 하자, 아이들도 하나둘씩 이야기를 시작했다.

　"우리 엄마랑 오빠는 시험 성적을 가지고 자꾸 비교해요. 난 나름대로 노

[여자아이들 한마당]

력하는데, 비교하는 것이 얼마나 기분 나쁜데."

"내가 4학년 때 왕따를 받았다고 했잖아. 내가 우유를 나누어줘도 얘들은 받지 않았어. 내가 만진 것은 아무도 만지려고 하지 않았어."

"저 4학년 때 은진이가 그랬어요. 나랑 정하한테 맨날 책가방 들어라 신발주머니 들어라 하인처럼 시켰어요. 근데 선생님이랑 남자애들한테는 너무 착하고 약한 척을 했어요. 그래서 우리 반 남자아이들이랑 선생님은 은진이의 진짜 모습을 몰랐고, 다른 여자애들도 은진이한테 잘 보이려고 난리였어요. 그때 연진이만 저를 좀 도와줬어요."

한 명 한 명의 이야기가 될 때마다 김 선생과 아이들은 모두 한마음이 되어 공감해주었다. 그런 분위기가 만들어지자 한 번도 다른 사람에게 얘기하시 못하고 마음속 깊이 감추어둔 비밀을 꺼내놓는 아이들도 나타났다.

"우리 엄마랑 아빠는 따로 사셔. 두 분이 자꾸 싸우셔서서 난 지금 엄마랑 살아."

친구가 따돌림을 받았던 이야기에 같이 분노하고, 가슴의 상처를 드러낼 땐 함께 눈물을 흘리면서 아이들은 하나가 되었다.

모임이 끝나고 "우리 여자들이 꼭 가족이 된 거 같아요."라는 연진이의 말에 모두가 공감했다.

여자아이들 한마당이 끝난 이후 아이들의 관계가 돈독해졌다. 속상한 일이 있으면 직접 털어놓고 어려울 때 챙기는 모습들이 정말 기특했다.

수연이가 생리를 시작했는데, 먼저 경험한 아이들이 친절하게 챙겨주었다.

"생리할 때는 배를 따뜻하게 해야 해. 이거 덮어."

친구들의 배려와 보살핌에 수연이는 편안한 모습이었다. 학년 초 생리를 시작한 아이들은 숨기기에 급급했는데 함께 경험을 나누면서 고통을 함께 극복할 수 있게 된 것이다. 자신의 문제를 정면으로 응시하고 해결하려는 용기 있는 아이들도 나타났다. 학급 일에 무관심하고 쉬는 시간이면 늘 다른 반을 돌아다녔던 연진이와 유진이도 친구들과 부쩍 친해졌다. 함께 뜨개질 동아리도 만들고, 요리 동아리와 포토샵 동아리에 들어가 활동을 했다. 무엇보다 눈에 띄게 변한 것은 하루 닫기에 자기만의 일이 아니라 학급 일에 대한 관심을 표현하기 시작한 것이다.

은선이는 외모 때문에 3, 4학년 때 줄곧 왕따였다. 처음에는 자신 없어 했지만 멈춰와 하루 닫기를 통해서 자신감을 갖기 시작했다. 그리고 한마당 이후에는 자신 있게 자기의 의견을 여자아이들에게 말하기 시작했다.

"유진아, 잠깐 이야기할 수 있어? 난 네가 학교에서 나를 대하는 것과 학원이나 바깥에서 대하는 게 다르게 느껴져. 꼭 내가 네 친구라는 것을 창피해하는 것 같다는 느낌이 들었어."

그렇게 몇 차례 친구들에게 마음속 응어리를 풀어놓고 아이들과 소통하더니 이제는 억울한 것이 하나도 없다고 했다.

김 선생은 학급의 모든 여자아이들이 참여하는 여자아이들의 한마당이 서로의 경험에 공감하면서 '우리 모두는 같은 여자다'라는 자매애를 형성할 수 있는 장이라는 것을 실감했다. 아이들 또한 여자아이들 한마당을 준비하는 전 과정에서 서로의 생각을 조절하고 협력하는 방법을 배웠다.

궁금해요

Q **여자아이들 한마당은 언제 하는 것이 좋을까요?**
A 한 학기에 1회 정도(4월 말, 10월 중순) 진행하는 것이 좋다. 1학기에는

아이들 관계가 아직 서먹해서 놀이 중심으로 진행하는 것이 좋다. 하지만 서로에 대해 알고 갈등도 많이 쌓이는 2학기가 되면 속마음을 털어놓고 이야기하는 기회를 만들어야 한다. 물론 교사와 여자아이들 사이의 신뢰도에 따라 1학기 때에도 서로에 대한 깊은 이야기가 가능하다.

Q **아이들이 찜질방이나 캠프, 하이킹 등 학교를 벗어나서 멀리 놀러 가자는 제안을 하는데 괜찮을까요?**

A 아이들과 함께 여행 할 기회를 만드는 것은 학급공동체를 만들어가는 데 있어서 아주 중요한 프로그램이다. 따라서 한번쯤 그런 일정을 만드는 것이 좋다. 하지만 여자아이들 한마당은 각자의 비밀을 공유하면서 마음속에 담아두었던 진솔한 이야기를 하는 기회라는 것을 분명히 해야 한다. 그래서 멀리 간다거나 야외에서 하는 것보다는 아늑한 교실에서 하는 것이 더 효과적이다.

Q **여자아이들 모두가 꼭 참여해야 하나요?**

A 여자아이들 한마당은 여자아이들 모두가 참여해서 꿈과 희망, 슬픔 등을 같이 이야기해보는 장이 될 수 있어야 한다. 그러기 위해서는 다 같이 참여하는 날짜와 시간을 정해야 하는데 그것이 가장 어렵다. 학원이나 가족 약속 등을 이유로 참여하지 못하는 아이들도 있기 마련이다. 이를 위해서는 부모의 협력이 필요하다. 여자아이들 한마당의 의미를 학기 초에 부모와 충분히 공유하고 학원시간을 조절하도록 하면 훨씬 쉽다.

간혹 자기 문제를 드러내고 싶지 않아서 참여하지 않으려는 아이도 있다. 이러한 아이들에 대해서는 교사가 좀 더 인내심을 가지고 대해야 하며 개별적 대화를 통해서 아이와 신뢰관계를 만들어야 한다. 또한 모임에 참여하지 못한 아이들에 대해서는 소외감을 느끼지 않게 진행과정과 결과를 알려주어야 한다.

Q 남자아이들이 소외감을 느끼지 않을까요?

A 물론 남자아이들 한마당도 해야 한다. 남자아이들도 여자아이들이 있는 자리에서 할 수 없는 자신들의 이야기가 있고, 교사의 관심을 온전히 받는 기회가 필요하다. 또 남자아이들의 질투도 만만치 않다.

남자아이들 한마당 역시 자기가 상처를 받았던 경험을 이야기할 수 있는 자리가 되어야 한다. 여자아이들과의 갈등 경험, 선생님의 불공정한 기준 때문에 상처를 받았던 경험을 이야기하라고 하면 남자아이들이 얼마나 이야기를 잘하는지, 한이 많은지 알게 된다.

남자아이들의 특성도 고려해야 한다. 야외놀이, 축구 등 몸으로 부딪치며 하는 놀이를 반드시 넣어야 한다. 그리고 남자아이들도 음식 만들어 먹기에 즐겁게 참여한다.

자매애를 만드는 동아리 활동의 중요성

여자아이들의 미묘한 갈등을 없애고 평화로운 관계를 만들기 위해서는 아이들에게 좀 더 건강한 인간관계를 경험할 수 있는 다양한 프로그램이 필요하다. 우리 프로그램은 아이들이 자발적으로 운영하는 동아리 활동을 여자아이들의 관계적 공격을 극복하는 방법으로 적극 권장한다.

서로 좋아하거나 하고 싶은 주제를 중심으로 모여 함께 활동하는 동아리는 인기나 파벌 중심으로 관계를 맺으려던 여자아이들의 모습을 변화시킨다(동아리 활동은 7장 참고).

구체적인 상황에서
관계적 공격에 대처하는 법

여자아이들의 관계적 공격에 대응할 때 중요한 원칙

교실에서 관계적 공격과 직접적인 공격을 동등하게 다루는 교실문화를 만들기 위해서는 어떻게 해야 할까?

먼저, 교사가 신체적 공격과 관계적 공격을 동등하게 다룬다는 원칙을 표명해야 한다. 줄서기, 차례 지키기 등 기본적인 질서교육과 마찬가지로 다른 사람을 뒤에서 공격하거나 그 사람이 맺는 인간관계를 파괴하기 위한 공격은 절대 용납할 수 없다는 사실을 가르쳐야 한다.

다음으로 그 문제를 공개적으로 다룰 수 있는 용기를 가져야 한다. 많은 교사들이 여자아이들의 특성을 고려한다는 이유로 관계적 공격이 있을 때 개별적으로 은밀히 해결하려는 태도를 보인다. 부모들 역시 아이들이 상처를 받을까 봐 드러내는 것을 꺼린다. 하지만 결국 부모, 교사, 아이들이 다 모여서 논의하지 않으면 안 되는 상황이 벌어진다. 만약 어떤 부모가 비공개를 요구한다면 부모의 그러한 소극적 태도가 여자아이들의 공격성을 강화시키는 근본적 요인이 된다는 것을 알려주어야 한다.

마지막으로 현재의 문제를 중심으로 다룰 수 있어야 한다. 여자아이들은 어떤 것이 잘못되었다고 하면 끊임없이 과거의 이야기를 끄집어낸다. 그렇기 때문에 아이의 이야기를 듣다 보면 어디서부터 어떻게 풀어가야 할지 혼란스러워 마치 수렁에 빠져드는 느낌이 든다.

이럴 때 교사는 아이에게 이렇게 말한다.

"지금 바로 여기의 문제, 이 사건을 가지고 이야기하자."

"지금 중요한 것은 현재야. 선생님이 이야기하고 싶은 것은 이 상황이야."

아이가 이야기하려고 했던 과거의 사건에 대해서는 "이 상황을 해결하고 나서 바로 이야기하자."라고 상황을 구분해준다.

관계적 공격을 당한 아이가 상담을 요청해 왔을 때

여자아이들 중 직접 멈춰를 외치지 못하고 교사를 찾아와 "누가 자꾸 절교하자고 해요." 등으로 말하기도 한다. 이럴 때는 어떻게 대화해야 할까?

- 편안한 분위기를 만든다.

  상담을 할 때는 아이가 편안한 분위기에서 솔직하게 자신의 이야기와 감정을 표현할 수 있게 한다.

- 아이의 마음에 공감한다.

  교사가 아이의 마음에 적극적으로 공감하면서 위로해주어야 한다.

  "많이 속상했겠구나."

  "우리 반의 몇몇 아이들이 너에게 친절하게 대하지 않았구나. 선생님은 이런 일이 일어난 것에 대해 정말 미안하게 생각해."

- 상황을 파악한다.

  문제 상황을 정확하게 파악하기 위해 다음과 같이 질문을 한다.

  "선생님에게 자세히 얘기해줄 수 있니? 그러면 다른 친구들이 너를 괴롭히는 것을 어떻게 멈출 수 있을지 이야기해볼 수 있을 거야."

  "누가, 언제(시간, 상황), 어디서(장소), 어떤 행동과 말을 했니?"

  "그때 네 주변에는 누가 있었으며 그 아이들은 어떻게 했니?"

  "그 아이 주변에는 누가 있었니?(혼자인지 다수인지)"

  "그 아이가 왜 그런 행동을 했는지 이유를 아니?(예전의 경험)"

- 아이 스스로 자기 문제를 해결할 수 있는 힘을 갖도록 도와준다.

  "직접 그 아이에게 말할 수 있겠니?"

"전체 친구들 앞에서도 말할 수 있겠니?"

"어려우면 친구나 선생님이 도와줄 수 있어. 선생님은 이 문제가 꼭 해결되기를 바래. 그리고 그러기 위해서 노력할 거야."

이때 교사와 함께 역할극으로 연습을 하는 것이 필요하다. 주변에 이를 도와줄 또래 친구들이 있으면 함께하는 것이 좋다. 이는 괴롭힘을 당한 아이에게 자신을 지지해주는 든든한 친구를 만들어주는 과정이며 도와주는 친구들에게는 여린 목소리에 공감하는 힘을 기르는 과정이 되기 때문이다.

"내가 너를 괴롭히는 아이라고 생각하고 말해봐. 일단 그 아이의 이름을 부르고 눈을 똑바로 쳐다보면서 얘기하는 거야."

- 이후 관계 변화를 살핀다.

직접 표현하고 난 후 느낌과 감정을 물어보고 자신감을 북돋아준다.

"직접 말하고 나니 기분이 어떠니? 어떻게 이야기했는지 선생님에게 이야기해주면 좋겠어. 그 아이의 반응은 어땠니? 너의 느낌과 감정을 직접 표현해서 선생님은 참 기뻐. 우린 이제 친구들 사이의 문제를 풀어나갈 수 있는 힘을 가지게 된 거야."

상담을 요청한 아이들의 이야기가 서로 다를 때

상담을 요청한 아이와 상대 아이의 이야기가 다르고 사건에 대해 서로 인정하지 않으려고 할 때가 있다. 이럴 경우 교사는 이 문제와 관련된 아이들을 모두 모아 상담을 진행한다.

다수의 아이들과 상담을 할 경우에는 객관적인 사실 정보를 파악하기 위해서 동시에 진술서 형식의 글을 아이들에게 쓰게 한 후 그것을 바탕으로 개별 상담을 한다.

진술서에는 누가, 언제, 어디서, 얼마나 자주 괴롭혔는지 등 사실 정보를 기록하게 한다.

- 누가, 언제(시간, 상황), 어디서(장소), 어떤 행동과 말을 했니?
- 그때 주변에는 누가 있었으며 그 아이들은 어떻게 했니?
- 왜 그런 상황이 생겼는지 이유를 아니?(예전의 경험)

개별 상담 후 교사는 문제의 상황을 올바르게 파악하고 관련 아이들 모두와 이야기를 한다. 서로에게 상처를 준 일에 대해서는 진심으로 사과하게 하고, 이후 또 갈등이 생기면 '직접 말하고, 표현한다'는 약속을 함께하게 한다. 과정에서 드러난 과거의 문제는 별도로 상담을 하면서 함께 풀어간다. 이 과정은 가능하면 학급 전체 아이들과 공유한다.

공격성에 대한 오해와 진실 1
사바나개코원숭이에 대한 오해와 진실

동물들을 관찰하고 연구하는 방법에는 어떤 것이 있을까? 우선 동물원이나 우리에 가둬놓고 연구하는 방법이 있어. 이 방법은 실제 야생세계에서의 동물을 연구하는 데는 문제가 있어. 그래서 야생동물을 제대로 연구하고 싶은 사람은 동물을 가둬놓기는 하지만 좀 더 넓은 공간에 풀어놓는 방식으로 연구했어. 그런데 이 방법 역시 야생동물의 실제 행동을 연구하는 방법으로 문제가 있다고 생각하는 사람들이 나타났어. 그들은 직접 야생동물들의 세계로 들어가는 방법으로 연구를 했지. 이렇게 다양한 방법으로 동물을 관찰하고 연구하는 사람을 동물행동학자라고 해.

동물행동학은 야생동물들의 행동만을 관찰하기 위한 것이 아니야. 이렇게 동물의 행동을 관찰해서 연구한 결과를 가지고 인간의 행동에도 적용하려고 하지. 초기 동물행동학 연구자들은 동물사회는 폭력적인 질서로 이루어져 있고, 이것이 자연의 질서이기 때문에 인간사회 역시 엄격한 위계질서가 자연스럽다는 주장을 했어.

이 사람들은 대다수 남성들이었고, 인간의 불평등을 당연하게 여기는 보수적인 생각을 가진 사람들이었대. 그런 눈으로 동물세계를 보니까 당연히 동물세계에서 폭력적이고 위계적인 질서가 가장 눈에 띄었겠지. 그 연구 결과를 가지고 인간사회를 설명하려고 했던 거야. 닭 쪼는 순서 이야기도 그렇고, 앞으로 이야기할 사바나개코원숭이 사례도 그래.

20세기 후반에는 여성들이 동물행동학을 연구하기 시작했어. 그중 잘 알려진 사람이 침팬지를 연구한 제인 구달, 고릴라를 연구한 다이안 포시, 사바나개코원숭이를 연구한 셜리 스트럼이야. 이들은 남성 동물학자랑 연구방법이 아주 달랐어. 남자 연구자들은 멀리서 잠깐 관찰할 뿐이었는데, 이 여성연구자들은 10년이든 20년이든 동물들과 함께 살면서 손님 또는 친구가 되어 그들의 생활을 이해하려고 했어.

지금부터 한 백 년 전쯤 한 남성 연구자가 사바나개코원숭이를 관찰했는데, 젊고 힘센 수컷이 늙은 수컷을 괴롭혀도 전혀 반항하지 못하고 암컷이나 새끼 뒤로 피했대. 심지어 암컷이나 새끼들을 방패 삼아 피하는 모습을 보였다고 하지. 이것을 보고 남성 동물학자는 사바나개코원숭이 사회는 근육질의 보스 혹은 소수의 수컷들이 결성한 동맹체가 무리의 지배구조를 이루고 있다고 설명했어. 피지배층은 어린 사바나개코원숭이들과 암컷들의 무질서한 층으로 구성되어 있고 암컷들은 지배층인 수컷의 성적 노예라고 이야기했지.

그런데 20세기 후반이 되어서 여성 동물행동학자인 셜리 스트럼이 똑같은 상황을 두고 전혀 다른 설명을 한 거지.

사회적 서열에서 근육질의 젊은 수컷 원숭이는 제일 높은 위치에 있는 것이 아니라 제일 낮은 위치에 있다고 말이야. 사바나개코원숭이의 수컷은 암컷이나 새끼는 아예 건드리지도 못하고 늙은 수컷한테만 도발했다는 것이 실상이었대. 사바나개코원숭이 사회는 모계를 중심으로 질서를 형성하기 때문에 어느 정도 자란 수컷은 엄마의 무리를 떠나 다른 무리에 들어가야 돼. 그 수컷은 처음에는 뭣도 모르고 그 무리 안에 있는 늙은 수컷들을 괴롭힌대. 그러면 늙은 수컷들은 귀찮으니까 상대하지 않고 암컷이나 새끼 뒤로 피하는 것으로 대응한대. 암컷과 새끼가 방패역할을 하는 것은 자신들과 친근한 늙은 수컷을 보호하기 위한 자발적인 행동이었던 거야.

왜냐하면 사바나개코원숭이 사회에서는 암컷이 수컷보다 서열이 높거든. 따라서 젊은 수컷이 그 뒤에도 그런 행동을 고치지 못하면 결국 무리에서 쫓겨날 수밖에 없어. 그런 과정을 몇 번 겪고 나서야 철이 들어서 무리에서 문제를 일으키지 않는 수컷이 된다는 거지.

자, 그러면 사바나개코원숭이 수컷의 공격성이 본성일까? 아니면 함께 사는 법을 배우지 못해서일까?

남자아이들은 왜 문제아가 될까?

남자라는 이름으로
받는 상처

　1년 전 까지만 해도 나는 여자란 아주 교활하고 나쁜 생물이라는 이상하고 위험한 선입견을 가지고 있었다. 또래 여자아이들뿐만 아니라 여선생님들에 대해서도 적대감 같은 것을 가지고 있었다. 중학교 3학년이 되어서 그러한 편견이 문제가 있다는 것을 알았지만 그것을 바꾸는 데에는 내가 살아온 과정을 다시 되돌아보고 그 문제의 원인을 찾은 후에야 가능했다.
　내가 살아온 과정을 돌이켜보니 여자아이들에 대한 편견이 형성된 것은 초등학교 1학년 때의 경험이었다.
　내가 처음 초등학생이 됐을 때는 설렘과 기대감 같은 것이 있었다. 하지만 나의 이런 마음이 불안과 분노로 변하는 데에는 하루도 걸리지 않았다. 가장 힘들었던 것은 항상 제자리에 앉아 있어야 했던 것이었다. 유치원에서는 하루에 한 번 프로그램을 진행할 때를 빼놓고는 하루 종일 자유시간이었다. 뛰어다니고 던지고 씨름을 해도 선생님은 항상 허용하였고, 가끔 일어나는 싸움에도 선생님이 누구 편을 들지 않고 잘 해결해주었기 때문에 생활하는 데 어려움이 없었다. 그런데 초등학생이 되어 하루 종일 제자리에 앉아 있자니 몸에 좀이 쑤셔서 감옥에 갇혀 있는 기분이었다. 맹수가 우리에 갇히면 아마 이런 느낌이 아닐까?

너무 힘들어서 쉬는 시간이 되면 남자아이들은 고삐 풀린 망아지가 되었다. 기를 쓰고 운동장에 나가서 뛰어놀았고 나가지 못하게 하면 교실과 복도에서 뛰어다녔다. 그것만 해도 스트레스가 풀리고 유쾌한 기분이 들었다. 나중에 심리학 책을 보니까 여자들은 친한 친구들과 모여 앉아서 이야기할 때 유쾌한 느낌이 들고, 남자아이들은 모험을 하고 함께 활동을 할 때 행복해진다는데 진짜 그랬다.

하지만 우리가 뛰어노는 것이 선생님들한테는 너무 소란스럽고 힘들었나 보다. 특히 우리 담임선생님은 다른 선생님들이나 어른들이 뭐라고 하는 것에 대해 굉장히 민감한 반응을 보였다. 우리가 뛰어다닐 때마다 "너희들 뛰어다니는 것만 보면 창피해서 얼굴이 붉어진다."고 말했으니까…….

그래서 선생님은 우리 행동을 항상 통제하려고 했다. 처음에는 일방적으로 뛰어다니지 말라고 규칙을 정했고 그 다음에도 뛰어다니면 선생님이 정한 규칙을 일부러 위반했다고 화를 내셨다. 선생님이 그렇게 창피해하고 통제하려고 하는 것도 기분 나빴는데 일부러 했다고 이야기하면 억울하기도 하고 황당해서 나를 비롯한 남자아이들은 어쩔 줄 몰랐다.

그리고 수업시간만 되면 남자아이들은 바보가 되었다. 국어시간에는 읽기, 쓰기, 말하기, 듣기 등 모든 영역에서 여자들과 비교가 되면서 항상 꾸중을 들었다. 교과서를 읽을 때도 대다수 여자애들은 책을 유창하게 읽을 줄 알았지만, 남자애들 중에는 그렇게 읽을 수 있는 애가 없었다. 나도 초등학교 들어갈 때, 한글을 배웠기 때문에 더듬더듬 읽는 수준이었다. 선생님은 남자아이들을 도와주지도 않으면서 "이 쉬운 것도 못 읽냐?"고 답답해하면서 창피를 주었다.

말하기 시간에도 여자애들은 쉽게 질문하고 발표를 했지만 남자애들은 질문도 잘 안 하고, 발표를 할 때에도 제대로 답변하지도 못하고, 중간에 말을 이어가지 못하고 당황해하는 것이 많았다. 그러면 선생님은 "아는 게 뭐냐, 말도 제대로 못하냐?"며 면박을 주었다.

쓰기 시간에는 남자애들은 모두 글씨 쓰기를 힘들어했다. 여자아이들은 글씨를 예쁘게, 빨리, 오래 쓸 수 있었고 쓰면서도 힘들어하지 않았다. 그런 모습을 보면서 우리 남자아이들은 '우리는 진짜 바보인가?' 자괴감에 젖어 있을 때가 많았다. 그때 선생님이 "니들은 글씨를 발로 쓰니?", "왜 이렇게 오래 걸려?"라고 말하면 쥐구멍에라도 들어가고 싶고 글씨 쓰기가 싫었다.

듣기시간 역시 마찬가지였다. 여자아이들은 말도 쉽게 알아듣고 딴짓을 하는 것 같으면서도 나중에 보면 다 파악하고 있는데 우리 남자아이들은 끊임없이 선생님에게 다시 물었다. 그러면 선생님은 "왜 여러 번 말하게 하니?", "바보니?" 하면서 싫어했다.

우리가 어렸을 때 왜 그렇게 힘들었는지 나중에 대뇌생리학을 공부해보니 이해가 되었다. 여자들은 남자들에 비해서 청각을 관장하는 뇌 부위가 더 발달했기 때문에 작은 소리도 쉽게 알아듣는 반면 남자들은 큰 소리로 말해도 쉽게 알아듣지 못하는 것이 당연한 것이었다. 또 듣는 방식도 달라서 남자는 주로 왼쪽 귀로 들어서 한 가지 소리밖에 잘 못 듣는다고 한다. 이에 비해 여자는 양쪽 귀로 들어서 여러 소리가 들려도 하나하나의 소리를 잘 파악하고 반응할 수 있다고 한다. 이런 차이가 있는데 어쩌라고……

수학시간에도 힘들었다. 선생님이 먼저 풀고 우리들에게 풀라고 시켰는데 이때도 여자애들은 잘했다. 하지만 남자애들은 나를 제외하고는 제대로 푸는 아이가 없었고 여지없이 선생님의 질책이 떨어졌다.

"니들은 이 쉬운 걸 왜 못 푸니? 여자애들을 본받아라."

그러면 여자애들은 옆에서 놀렸다.

"선생님, 쟤들은 멍청해서 아무리 해도 못해요."

"선생님이 아무리 해도 쟤들은 안 돼요."

우리의 창피는 미술시간에도 계속되었다. 여자아이들은 그림을 그릴 때 주로 사람을 그렸고 남자애들은 주로 칼이나 총, 자동차를 그렸다. 색을 칠할 때에도 여자아이들은 분홍색, 연두색, 빨강색 등 주로 따뜻한 색깔을 바탕으로 참 알록달록하게 칠했지만, 남자아이들은 남색, 검은색, 짙은 파란색 등 단지 몇 가지 색깔을, 그것도 차가운 계통의 색깔로 칠했다. 그리고 윤곽선 밖으로 색깔들이 삐져나와 마치 달무리 진 것처럼 보였다.

그러면 선생님은 야단을 쳤다.

"왜 색깔이 밖으로 삐져나오니? 깔끔하게 못하니?"

"왜 선들이 다 삐뚤삐뚤하니?"

우리가 왜 그런지 하도 답답해서 아빠에게 남녀가 왜 그림을 그리는 것이 이렇게 다른지 물어본 적이 있다.

아빠의 말씀에 의하면 인간의 눈에는 신경질세포가 있는데 얇은 p세포와 두꺼운 m세포로 구성되어 있다고 한다. 남자들은 주로 m세포가 많고 여자들은 p세포가 많은데 m세포는 동작이나 방향에 관한 정보를 수집하고 p세포는 사물의 질감이나 색깔에 관한 정보를 관장한다는 것이다. 그러니 여자들이 색채를 더 다양하게 사용하고 잘 그리는 것, 그리고 남자아이들이 움직임과 관련된 그림을 그리는 것은 당연하다는 것을 알려주셨다. 즉, 남자아이들의 능력이 부족해서가 아니라 신체적 차이, 발달 순서의 차이라는 것이다.

중학교 3학년이 되어서는 나 스스로 도대체 왜 남자아이들이 수업시간에 바보가 될 수밖에 없었는지 해명하기 위해서 대뇌생리학, 심리학에 관련된 베스트셀러를 찾아 읽어보았다. 그리고 해답을 얻었다.

버지니아 대학 연구팀의 연구 결과에 의하면 여자들은 언어나 소근육 운동과 관련된 뇌의 부위가 1년에서 6년 정도 빨리 발달하지만 공간기억이나 목표집중과 관련된 부위는 남자가 약 4년 정도 빨리 발달한다고 한다.

그런데 초등학교 저학년에서 중요시되는 것은 주로 말하기나 읽기, 쓰기, 만들기나 그리기 등 소근육이나 언어와 관련된 활동이다. 그러한 능력은 여자아이들이 더 빨리 발달하기 때문에 초등학교 저학년 교실에서 인정받을 수 있는 존재는 언어 능력과 세심한 작업을 잘하는 여자아이들일 수밖에 없다.

반면 남자아이들은 아직 신체적 발달이 이루어지지 않았기 때문에 잘하려고 해도 잘할 수가 없었던 것이다. 그래서 우리는 초등학교 저학년부터 바보 그룹, 실패자가 되었다.

우리 반에서는 남자아이들의 장점도 단점이 되었다. 대근육이 발달해서 운동을 하면 기분이 좋아지고 그래서 체육시간은 남자아이들에게 즐거운 시간이다. 하지만 우리 담임선생님이 차갑게 내뱉는 말은 체육시간에도 우리를 힘들게 했다.

선생님은 항상 체육시간이 끝날 때마다,

"몸 쓰는 것만 잘하는구나."

"공부를 잘해야지."

하면서 한심하다는 눈빛으로 바라보았다.

그러면 여자아이들은 "맞아요. 쟤들 몸 쓰는 것만 잘해요. 무식해요."라고 말했고 우리는 불쾌하고 억울한 기분으로 교실로 들어가야 했다.

남자아이들에 대한 선생님의 편견과 적대감으로 인해 나는 한 아이가 완전히 문제아로 변하는 과정을 볼 수 있었다.

서중이라는 아이가 1학년 2학기에 전학을 왔는데 선생님은 그 아이의 실력을 테스트한다고 첫날에 받아쓰기를 했다. 서중이는 0점을 맞았다. 그때 선생님이 아무 말도 못하고 한숨을 쉬던 모습이 눈에 선하다. 그날 서중이는 모든 수업시간에 선생님에게 야단을 맞았다. 선생님은 서중이의 성적을 부모님에게 알렸고 0점을 맞은 다음 날에는 부모님에게 맞아 항상 몸에 푸른 멍이 들어 있었다.

그러한 상황이 10일 정도 이어진 어느 날, 수학시간이었다.

선생님이 서중이에게 앞에 나와서 문제를 풀어보라고 했는데 서중이가 풀지 못하자 들고 있던 막대기로 머리를 때렸다. 서중이는 머리를 숙이고 눈물을 흘리더니 대성통곡을 했다. 그리고 선생님에게 덤볐다.

"내가 무슨 죄가 있다고 맞아야 해요? 공부 못하는 게 맨날 선생님에게 맞아야 할 만큼 잘못한 거예요?"

그러자 선생님은 "네가 뭘 잘했다고 우냐?"며 또 머리를 때렸다. 남자아이들이 다 달려가서 선생님의 팔을 잡고 "우는 애를 왜 또 때려요!"하고 소리쳤다. 그리고 우리들은 모두 머리를 한 대씩 맞았다.

서중이는 자신의 자리로 돌아와서도 계속 울었고, 그 다음 날부터 행동이 완전히 변했다. 그 전에는 나름대로 적응하려고 열심히 노력했었는데 이제는 "재미없겠다.", "꼭 해야 돼요?" 하면서 선생님에게 어깃장을 놓았다.

친구들에게는 "야, 우리는 안 돼, 어차피 여자애들보다 못하는데 공부해서 뭐해, 그냥 나가서 놀자."고 선동했다.

선생님에게 맞은 날에는 아주 난폭해져서 처음에는 여자아이들을 괴롭히더니 조금 지나서는 남자아이들까지도 괴롭히는 아이로 변했다.

서중이는 머리가 나쁜 것이 아니라 기초학력이 부족한 것이었는데, 만약 선생님이 친절히 가르쳐주고 서중이가 잘하는 운동 능력을 칭찬해주었으면 어땠을까? 나중에 학교 폭력을 주도하는 아이로 변하진 않았을 것이다.

지금 생각하면 운동 능력이 한참 발달하는 유치원과 초등학교 때에는 남자아이들이 뛰어다니는 것이 당연한데 선생님들에게는 산만하게 보였을 것이다.

선생님은 수업시간에서도 그랬지만 남자아이와 여자아이의 갈등이 있을 때에도 항상 여자아이들 편을 들었다. 내가 또래 여자아이들에 대해서 편견을 가지게 되었던 한 사건이 떠오른다.

점심을 먹고 청소시간에 나와 한 여자아이가 교실을 대걸레로 닦는 역할을 맡았다. 그런데 그 애는 청소는 안 하고 딴짓만 하고 있어서 "너는 왜 안 하냐?"고 묻자 그 여자아이는 남자인 내가 해야 하는 것 아니냐며 나에게 오히려 화를 냈다. 그 여자아이는 계속 나에게 쪼잔하다며 욕을 했고 참다 못한 나는 대걸레를 휘둘렀고 그 여자아이에게 물이 튀었다.

그때 선생님이 들어오셨는데 주변에서 보고 있던 여자아이들은 재빨리 선생님에게 내가 여자를 때렸다고 말했다. 선생님은 크게 화를 내시며 나를 때리려고 했고 나는 그 여자애가 청소도 안 하고, 오히려 나한테 욕을 했다고 항의했다. 하지만 선생님은 여자애가 어떻게 했든 남자인 내 잘못이라며 나를 때렸다.

우리 반 남자아이들은 누구나 한번쯤 이런 경험을 했고 그래서 여자아이들을 싫어하게 되었다. 여자아이들도 우리를 무시했기 때문에 작은 문제만 있어도 서로 싸웠다. 그러다가 전쟁 같은 상황이 벌어지기도 했다.

어느 날, 점심시간에 남자아이들의 아지트로 한 명의 여자아이가 찾아왔다. 그 여자아이는 운동장 중앙에서 한판 싸우자고 했다. 우리는 별로 손해 볼 것이 없다고 생각해서 수락했다. 막대기를 들고 나가니 여자아이들은 미리 나와 기다리고 있었다. 잠시 서로 견제하다가 여자아이들이 먼저 돌진해 왔다. 약 10여 분의 공방전 끝에 여자아이들이 밀리면서 사건은 끝이 났다.

이렇게 남자아이들과 여자아이들이 대립하면서 사이는 점점 나빠졌다. 남자들 가운데 짱이었던 서중이는 여자아이와 놀거나 이야기하면 "너도 여자냐?"면서 놀리고 왕따시켰다. 나도 여자아이와 놀았다는 이유로 남자아이들 사이에서 왕따가 되었다.

사건의 경과는 이랬다. 엄마 심부름으로 여자아이들의 짱인 선영이 집에 찾아갔다. 원래 심부름만 하고 바로 돌아올 생각이었지만 때가 마침 저녁시간이라 아주머니가 밥이라도 먹고 가라면서 붙잡아서 밥을 먹고 집으로 돌아왔다. 그런데 다음 날 학교에 가 보니 남자애들이 나를 이상한 눈초리로 바라봐서 왜 그렇게 보냐고 물어봤다. 애들은 내가 여자애 집에 갔다는 이유로 너도 여자라며 날 놀렸고 배신자 취급을 했다.

그때부터가 내 지옥의 시작이었다. 애들이 날 왕따시키기 시작한 것도 이때부터이다. 나는 괴롭힘당하면서 여자애들에 대한 원망을 더 키워갔고 학교를 자퇴하고 나서도 내 편견은 변하지 않았다. 그리고 내가 중학생이 되어 들어간 대안학교에서 내 편견은 더욱 심해졌다.

대안학교 선생님들은 때리지는 않았지만 어떤 선생님은 남녀 차별을 심하게 했다. 담임선생님이 그랬는데, 학급회의 때마다 언제나 여자아이들 편을 들었다.

어느 토요일 아침, 학급회의를 진행하고 있었다. 무슨 안건이었는지는 기억나지 않지만 두 가지 의견이 있어 둘 중 하나를 채택하기 위해 거수를 해야 했다. 거수를 한 결과, 첫 번째 의견에는 남자애들 10명과 남자애들과 친했던 여자애들 6명이 손을 들었고, 두 번째 의견에는 남자애들과 어울리지 않는 여자애들 6명이 손을 들었다. 반장이 결과를 보고 첫 번째 의견이 채택

되었다고 말하려고 할 때, 갑자기 담임선생님이 끼어들어 소수의 의견을 존중하자며 결과를 뒤집으려 했다.

남자애들이 반발했지만 막무가내로 밀어붙이는 선생님 때문에 결국 두 번째 안건이 채택되어 버렸다. 하지만 더 황당했던 것은 그 다음 주 학급회의 때였다.

이번에도 두 가지 의견이 나와서 거수로 결정하기로 했다. 결과는 저번 주와 반대였다. 첫 번째 의견에는 여자 12명이, 두 번째 의견에는 남자애들 10명이 손을 들었다.

반장은 저번주 선생님의 태도 때문에 어찌할지 몰라 갈팡질팡하고 있었는데 뒤에 앉아 계시던 선생님이 반장에게 다수결의 원칙을 적용하자고 말했다. 지난주와 다른 선생님의 태도에 몇몇 남자애들이 문제점을 지적했다. 그 애들의 말에 선생님은 멋쩍게 웃으면서 소수의 의견을 존중하는 것은 여자애들에 한한 것이라고 말했다.

선생님의 말은 남자애들이 꾹꾹 눌러 참아온 분노를 폭발시키는 기폭제가 되기에 충분했다. 모든 남자애들이 자리에서 일어나 지금까지 당했던 억울한 사건과 분노를 폭발시켰다. 그러자 선생님은 같은 남자애보다는 예쁜 여자애가 좋은 게 당연한 것이라며 오히려 우리에게 화를 냈다.

나를 비롯한 모든 남자애들은 반성이라고는 전혀 없는 선생님의 태도에 더욱 화가 나서 교실을 뛰쳐나왔다. 뒤로 선생님의 고함소리가 들렸지만 우리는 무시하고 기숙사로 올라갔다. 그리고 다음 날 교장실로 찾아가 건의했다. 담임선생님은 교장선생님에게 징계를 받았다. 하지만 그래도 선생님의 남녀 차별은 고쳐지지 않았다.

또 이런 일도 있었다.

우리 학년은 학기 말에 우정을 다지자는 목적으로 1박 2일로 합숙을 하기로 했다. 여러 가지 프로그램이 계획되어 있었는데 친구들이 가장 관심 있었던 것은 밤 12시부터 진행되는 담력 훈련이었다. 미션도 준비되어 있었는데 뒷산에 있는 산길을 따라가면 나오는 넓은 바위에 돌멩이를 얹어놓고 돌아오면 된다고 했다.

여러 프로그램을 진행하다 보니 시간이 금방 지나갔고 어느새 밤 12시가 되어 담력 훈련이 시작되었다. 담력 훈련의 무대인 뒷산은 구름 사이로 은은히 비치는 달빛과 스산한 바람, 바람이 나무를 스치면서 내는 소리가 합쳐져 매우 공포스러운 분위기를 연출하고 있었다. 담력 훈련은 개인별로 진행하기로 했고 제비뽑기로 순서를 정했다. 첫 주자는 여자였다. 그 애는 너무 무섭다며 선생님에게 투정을 부렸고 선생님은 부드럽게 웃으면서 그 아이의 손을 잡고 같이 가주셨다.

남자애들은 "그러면 담력 훈련이 무슨 의미가 있어요?"라며 반발했지만 선생님은 "연약한 여자아이를 혼자 보내야겠니?"라며 밀어붙이셨다. 약 15분 후, 첫 번째로 출발했던 여자아이가 돌아왔다. 두 번째 순서였던 반장은 무서운 걸 매우 싫어해서 공포영화는 물론 밤에는 잘 돌아다니지도 않는 아이다. 그 아이는 선생님에게 같이 가면 안 되냐고 물었지만 선생님은 남자가 이런 것도 못 견디냐며 매몰차게 거절했다.

반장은 시무룩한 표정을 한 채 뒷산으로 들어갔다. 5분 정도 지났을까? 산에서 비명소리가 들려왔다. 나와 몇몇 애들이 비명소리가 들린 곳으로 가보니 반장은 너무 놀라 기절한 상태였고 귀신 역할을 했던 선생님이 반장을 업고 내려오고 있었다.

이런 내 경험들을 돌이켜보니 여성에 대한 내 편견은 초등학교 때 남자아이의 특성을 이해하지 못하고, 제대로 도와주지 못하는 학교교육에서 비롯된 것이었다. 선생님들은 '남자'라는 이유로 우리들이 감정을 표현하는 것은 너무 예민하다고 말했고, 두려워하는 것은 남자답지 못하다고 비난했다. 여자들과 싸우는 것은 찌질이, 밴댕이였다. 그리고 "남자가~"라는 말이 나오면 우리는 위축되고 항변을 할 수도 없었다. 내 생각에는 진짜 무서운 성폭력이다.

이 글을 쓰면서 어렸을 때 내가 왜 그렇게 힘들었는지 비로소 이해가 되었다. 그리고 나를 괴롭혔던, 그래서 만나기도 싫었던 서중이도 용서하고 싶은 마음이 생긴다. 하지만 1학년 때 선생님은 용서가 되지 않는다.

평화샘 모임에서는 왜 남자아이들이 문제아가 되는가에 대해서 의문을 가지고 있었다. 그래서 평화샘 모임 청소년 연구원의 경험을 드러내면서 남자아이들이 문제아가 되고 거칠어지게 되는 원인을 탐색하였다. 그리고 남자아이들의 특성을 무시하는 교육과 교사의 남학생들에 대한 잘못된 문화적 기준이 근본적인 원인 가운데 하나라는 것을 확인할 수 있었다.

고 선생의 **위기에 빠진 남자아이들 구하기**

고 선생은 평화샘 모임에서 위의 글을 쓴 중학생의 말을 들으면서 자신은 과연 남자아이들과 여자아이들을 편견을 가지고 대하지는 않았는지 스스로 돌아보았다.

남자아이랑 여자아이가 싸워서 여자아이가 울면, 은근히 여자아이 편을 들었던 일, 수업시간에 모두 같이 떠들어도 남자아이들만 지적했던 일, 다 같이 잘못해도 남자아이들은 마음에 담아두지 않을 거라고 생각하고 더 혼을 냈던 일들이 떠올라서 고 선생은 얼굴이 화끈거렸다.

그래서 제일 먼저 교사가 남자아이들에게 상처를 줄 수 있는 의식과 행동을 얼마나 많이 가지고 있었는지 자기 체크리스트를 만들어보았다.

- 남자아이들은 여자아이들보다 상처를 덜 받는다고 믿고 더 크게 혼낸 적이 있다.
- 정서적으로 예민한 남자아이를 보고 "남자가 왜 이렇게 예민해?"라고 말하거나 생각한 적이 있다.
- 소심하고 위축된 남자아이를 보고 "무슨 남자가 겁이 그렇게 많아?"라고 얘기한 적이 있다.
- 남자아이늘한테 "남자니까 네가 참아."라고 말한 적이 있다.
- 남자와 여자아이를 같은 기준으로 비교하고, 남자아이들이 잘하지 못할 때 나무란 적이 있다.
- 교실이나 복도에서 뛰어다니는 등 규칙을 지키지 않는 남자아이들을 보고 일부러 규칙을 어긴다고 생각하거나 야단친 적이 있다.
- 숙제를 안 해 오거나 수업시간에 과제를 제대로 안 하는 남자아이들에게 한숨을 쉬며 "남자아이들은 도대체 왜 그러냐?"라는 말이나 생각을 한 적이 있다.
- 사과를 잘 하지 못하는 남자아이들에게 강제로 하게 한 적이 있다.
- 눈을 보지 않고 이야기하는 남자아이들에게 억지로 눈을 맞추고 이야기하도록 강요한 적이 있다.
- 상황을 논리적으로 설명하지 못하거나 자신의 감정을 제대로 표현하지 못하는 남자아이들을 보면서 답답하다고 생각한 적이 있다.
- 밥을 잘 먹지 않거나 편식을 하는 남자아이들을 보고 "무슨 남자가 그렇

게 조금 먹냐, 남자가 왜 그렇게 먹냐?" 등의 말이나 생각을 한 적이 있다.
- 몸이 약해서 자주 아픈 남자아이들을 보고 "남자아이가 왜 그렇게 자주 아프냐?" 등의 말이나 생각을 한 적이 있다.

남자아이들의 목소리

고 선생은 먼저 자신의 반 남자아이들이 여자아이와 선생님에 대한 분노와 적대감을 가지고 있는지 알아보기로 했다.

마침 하나의 사건이 있어서 자연스럽게 토론할 수 있는 기회가 생겼다.

교실에 들어서니 뒤쪽에서 여자아이들하고 남자아이들 몇 명이 말다툼을 하고 있었다. 준영이가 쉬는 시간에 종이비행기를 날렸는데 지수를 맞혔다고 여자아이들이 사과를 요구한 것이다. 준영이는 여자아이들이 거세게 항의하자 당황해서 아무 말도 못하고 서 있었다. 그러자 여자아이들이 더욱 더 크게 사과하라고 소리쳤다. 보다 못해서 주변에 있던 남자아이들이 멈춰를 외쳤다. 고 선생은 학급회의를 열었다.

"준영아, 지수가 맞아서 아프다고 했는데, 왜 아무 얘기도 안 했어?"

"일부러 그런 것이 아닌데······."

준영이 말이 채 끝나기도 전에 선희가 끼어들었다.

"아니에요. 쟤 일부러 그런 거예요. 아까부터 우리가 하지 말라고 그랬어요."

"맞아요. 우리가 계속 말했는데, 무시했어요."

여자아이들은 마치 자신들이 지수인 양 흥분해서 이야기를 했다.

"잠깐 애들아, 준영이 이야기 좀 들어보자."

"여자아이들이 이쪽에서 하지 말라고 해서 저쪽에서 날렸거든요. 그런데 비행기가 꺾여서 지수한테 날아간 거예요. 사실 아까 사과를 하려고 했어요.

그런데 여자애들이 한꺼번에 와서 뭐라고 하니까 기분이 나쁘고 무슨 말을 해야 할지 몰랐어요."

준영이가 말을 하자 남자아이들이 거들었다.

"네, 맞아요. 저희들이 멈춰한 것도 그것 때문이에요. 준영이가 잘못은 했는데, 여자애들이 한꺼번에 얘기하는 것은 아니잖아요?"

그 뒤 아이들은 남녀가 입장을 바꿔서 역할극을 했다. 역할극을 하고 나니 여자아이들도 남자아이들이 왜 억울해하는지 이해하는 듯 보였다.

고 선생은 이 기회를 남자아이들이 상처받았던 경험을 드러내는 계기로 삼고 싶었다. 그래서 남자아이들에게 차별받았던 경험을 말해보도록 격려했다.

"작년에요, 미술시간에 판화를 했는데요, 미술 선생님이 조각도를 사용하는 손 위치가 잘못됐다고 뒤통수를 갈기면서 막 소리 지르셨어요. 그런데 여자들한테는 그러면 위험하다고 머리를 쓰다듬으시면서 친절하게 말하는 것을 보고 진짜 불공평하다고 느꼈어요."

"한번은요, 급식소에 가는데 여자애들이 먼저 뛰어가서 우리도 같이 따라 뛰었거든요. 근데 선생님이 남자들만 되돌아오라고 해서 제일 늦게 점심 먹으러 간 적도 있어요."

"선생님들은요, 여자애들하고 싸우면 우리말은 절대로 안 믿어줘요. 여자애들이 얼마나 잘 때리는데요. 근데, 여자애들은 절대 그럴 리가 없대요. 그리고요, 여자애들이 울기만 하면 무조건 우리가 잘못한 거래요. 그럴 때 진짜 억울해요."

"말도 마세요. 남자 선생님들은 더 심해요. 여자애들한테는 말로 혼내고요, 우리는 때릴 때가 많아요. 왜 남자애들만 그렇게 해요?"

"저는 정말 배가 아파서 울었거든요. 근데 저보고 찌질이 같이 왜 우냐는 거예요. 진짜 속상했어요. 근데 여자애들이 울면 뭐라고 하시는지 아세요? 감성이 풍부해서 그런 거래요."

"여자애들은 우리를 아주 폭력배로 알아요. 작년에는 반장선거를 하는 데요, 어떤 여자애가 공약으로 '저는 남자애들이 괴롭히면 도와줄 것입니다.'라고 했어요. 나 참 기가 막혀서. 모든 남자애들이 다 여자애들을 괴롭히는 것은 아니거든요. 사실 따지고 보면 여자애들도 참 많이 괴롭히거든요."

그동안 눌려왔던 남자아이들의 억울함이 폭발하자 여자아이들 중에는 입을 삐죽거리거나 인정하지 않으려고 하는 아이들도 있었지만 대다수는 수긍하는 모습이었다.

고 선생은 아이들의 말을 듣고 위로하면서 앞으로는 남녀 아이들을 공정하게 대하겠다는 선언을 했다. 순간 남자아이들의 얼굴이 환하게 펴지면서 박수와 환호성이 터져 나왔다.

그리고 고 선생은 남자아이들끼리만 모여서 온전하게 교사의 관심을 받고 표현할 수 있는 시간을 가지기로 했다. 남자아이들의 한마당을 연 것이다.

토요일 오후에 교실에 모여 함께 음식을 만들어 먹고 남자라는 이름으로 힘들고 상처받았던 일들을 이야기했다. 남자아이들은 요리를 하느라 제대로 먹지 못하는 친구와 고 선생에게 음식을 먹여주면서 자신들이 돌봄과 보살핌의 힘이 있음을 보여주었다.

신명 나는 놀이를 한바탕하고 나서는
"이야기하니까 속이 후련해요."
"너무 즐거웠어요."
"다음에 한 번 더 해요."
라며 즐거움과 아쉬움을 표현했다.

한마당 이후 남자아이들의 태도는 많이 달라졌다. 여자아이들만큼 다양한 정서 표현은 아니지만 자신의 느낌이나 생각을 이야기하려고 했고, 고 선생의 이야기에 먼저 맞장구를 치기도 했다. "뭐요?" 하면서 거부하는 듯한 몸짓도 거의 사라졌다. 여자아이들에 대한 야유도 줄어들었다.

방학하는 날에는 여자아이들보다 남자아이들이 더 많이 남아서 칠판 가득히 고 선생에게 하고 싶은 이야기를 써놓고 갔다.

"샘, 힘내세요."

"샘, 사랑해요. 방학 잘 보내시고 저 잊으시면 안 돼요."

"우리 반의 평화를 위해 애써주셔서 고맙습니다."

"방학 때 남자아이들 한마당 한 번 더 해요."

학교는 왜 남자아이들을 힘들게 할까?

교육학과 발달이론에서는 남녀의 발달 단계가 동일하다고 말해왔다. 그런데 최근 들어 남녀가 뇌의 발달 순서, 시간, 속도 면에서 서로 다른 것이 확인되었다. 이는 앞의 중학생 글에 잘 정리되어 있다. 이제 발달이론에서 연령뿐만 아니라 성별을 고려해야 하지만 대다수 교사들은 아직 이러한 지식을 받아들일 준비가 되어 있지 않다.

그런데 성별에 따른 수업과정과 생활지도를 달리하는 것은 대단히 복잡한 문제라서 한 교사가 감당할 수 있는 일이 아니다. 현재의 지식과 교사교육, 갈등에 대처하는 모든 시스템을 바꿔야 하기 때문이다.

그래도 모든 변화가 일어나기 시작하는 출발점은 교실이어야 한다고 믿기 때문에 고 선생은 자기 교실부터 성평등은 물론 남녀의 차이까지 고려하는 교육을 시도해보기로 했다.

스티커 제도부터 없앴다. 남자아이들이 학습 면에 있어서도 떨어지고, 생활하는 데 있어서도 그 특성을 존중받지 못하는 상태에서 스티커 제도는 남자아이들을 더 힘들게 하기 때문이다.

그리고 먼저 시도할 영역을 자리 배치, 모둠 구성, 과제 제시나 평가방법의 재구성으로 잡았다.

남자와 여자는 청각 능력이 다르다

고 선생은 그동안 수업을 진행할 때 남자아이와 여자아이의 차이 때문에 곤란한 점이 많았다. 뒤에 앉은 남자애들은 항상 딴짓을 하고 설명한 것을 물어보면 대답을 잘 못했다. 소리가 작아 못 듣는 것 같아 좀 더 목소리를 높이면 여자아이들은 화가 났느냐고 물었다. 그럴 때면 고 선생은 누구에게 맞춰야 할지 난감했다.

이러한 차이는 남녀 간에 청력 차이가 있기 때문이라는 것을 알게 되면서 새로운 시도를 하게 되었다.

먼저 아이들과 토론을 통해 자리를 바꾸기로 했다.

"얘들아, 선생님이 부를 때 여자아이들에 비해 남자아이들이 말을 더 잘 못 듣는 것 같지 않니? 여러 번 불러야 대답을 하고, 너희들 이런 경험 없니?"

"있어요. 많아요."

"맞아요. 남자애들은요, 선생님이 설명해줬는데도, 꼭 다시 물어요."

여자아이들은 이구동성으로 남자아이들의 그런 모습이 답답했다는 투로 이야기했다.

"그럼, 남자아이들한테 물어볼까? 너희들은 왜 여러 번 부르거나 큰 소리로 불러야 그때서야 대답을 해?"

"잘 안 들려요."

"저한테 하는 소리인지 몰랐어요."

남자아이들은 특유의 퉁명스러운 목소리로 대답했다.

"그래 맞아. 요즈음 대뇌생리학이라는 학문이 발달하면서 남녀 뇌의 구조가 다르다는 것이 밝혀지고 있어. 여자아이들의 뇌는 청각을 관장하는 뇌의 부위가 남자아이들 보다 훨씬 더 민감하다고 해. 특히 소음에 민감해서 남자아이들보다 10배나 더 낮은 소음에도 반응한대. 그래서 여자애들은 여러 가지 소리를 한꺼번에 다 들을 수 있지만, 남자애들은 그렇지 않다는 거지."

그러면서 고 선생은 남녀의 특성에 관한 영상을 보여주었다. 아이들은 아주 신기해했다.

"아, 그래서 그랬구나. 난 또 남자애들이 일부러 못 들은 척하는 줄 알았죠."

해리가 이제야 이해가 간다는 듯 이야기하자 남자아이들은 우리가 일부러 그런 것이 아니라는 것을 이제 알게 되었냐는 표정으로 어깨를 으쓱했다.

"어, 그러고 보니 집에서 텔레비전을 보는데, 아빠는 정말 여러 번 불러야 '어, 불렀어?'이러고요, 엄마는 텔레비전을 보면서도 다른 사람들 하는 얘기에 다 참견해요. 진짜 신기해요."

기철이의 이야기에 아이들 모두 "맞아, 맞아." 하며 공감했다.

"그러면 이제부터는 이런 남자와 여자의 특성을 고려해서 자리 배치를 바꿔보는 게 어떨까? 선생님은 남자아이들은 앞쪽에 앉고, 여자아이들이 뒤쪽에 앉는 것이 서로를 배려해주고 공평하게 앉는 것이라고 생각하는데."

아이들이 모두 수긍했다.

책상 배치는 ㄷ자 모양으로 하고 남자아이들은 앞쪽으로, 여자아이들은 뒤쪽으로 앉았다.

남자아이들이 앞쪽에 앉자 수업시간에 떠들거나 못 들어서 다시 묻는 현상이 확연히 줄어들었다.

남자아이들을 돕는 모둠 구성

모둠 구성 역시 마찬가지이다. 고 선생은 이전에는 남녀를 섞어서 모둠을 구성하는 것이 남자아이들을 돕는 것이라는 생각을 했다. 학습 능력이 부족하고 세밀하지 못한 남자아이들을 여자아이들이 도와줄 수 있다고 생각했기 때문이다. 그 외에도 남자끼리 앉으면 시끄럽다거나 남자와 여자가 서로 친해져야 한다는 이유로 남녀를 섞어서 모둠을 편성해왔다.

그런데 평화샘 모임에서 토론 이후 과연 그러한 모둠 구성 방식이 남자아이들을 진정으로 도울 수 있는 것인지에 대해 의문이 생겼다. 그렇게 구성된 모둠에서 남자아이들은 항상 찬밥 신세였기 때문이다.

남자아이들은 늘 글씨를 잘 못 쓴다는 이유로, 집중을 잘 못 한다는 이유로 여자아이들한테 구박을 받고, 멀뚱멀뚱 구경만 하거나 아예 밀려나 교실 뒤쪽에서 딴짓을 했다. 그리고 그런 남자아이들은 여자아이들에게는 딴짓을 한다고 비난받았고 교사에게는 같이 과제를 수행하지 않고 놀고 있다고 야단을 맞았다.

그래서 고 선생은 모둠 구성을 혼성이 아니라 남녀의 특성이 가장 잘 발휘될 수 있도록 다양하게 구성하기로 했다.

활동적이고 적극적이며 호기심과 모험심이 넘치는 남자아이들의 특성이 잘 발휘될 수 있는 과학시간에는 남자와 여자아이들을 섞어서 구성을 했다. 과학시간에 남자아이들의 창의성과 모험심이 여자아이들에게 도움이 되고, 정리를 잘하는 여자아이들의 특성은 실험 내용을 정리하는 데 적합해 함께 성장하는 효과가 있기 때문이다. 국어나 사회시간에는 같은 성끼리 모둠을 편성하였다. 이 시간에는 섬세하고 조직적이며, 요약정리를 잘 하는 여자아이들의 특성이 잘 발휘되기 때문이다.

남자아이 모둠의 결과물이 여자아이들 것보다 깔끔하지 못하고 완성도가 높지 않은 경우가 많지만, 혼성 모둠에서처럼 겉도는 모습은 나타나지 않았고 처음부터 끝까지 주체적으로 참여하였다. 이러한 모둠 구성은 부수적으로 남녀 아이들의 갈등의 원인이 제거되는 효과도 가져왔다.

물론, 남녀를 따로 모둠을 구성한다고 해서 문제가 없는 것이 아니다.

사회시간에 역사신문을 모둠별로 만들고 있을 때 일이다.

한참 모둠끼리 작업을 하고 있는데, 현주네 모둠과 준형이네 모둠이 소란스러웠다. 무슨 일인지 물으니, 현주가 재빠르게 준형이가 욕을 했다고 이야기했다. 현주의 말이 끝나자마자 여자애들이 이구동성으로 "맞아요, 맞아요." 하며 외쳤다.

준형이가 "너희들이 먼저 욕을 했잖아."라고 항의를 했지만 여자아이들의 목소리에 묻혀버렸다.

그러자 준형이네 아이들은 무엇인가 설명하려다가 "헐~" 하며 말을 잇지 못했다.

고 선생은 현주에게 자세한 상황을 물었다. 현주가 이야기하는 동안 준형이와 남자아이들은 억울해서 씩씩거리고, 기가 막힌다는 듯 가슴을 쳤다.

그런 남자아이들을 보면서 '아차, 이번에도 여자아이들 이야기를 먼저 들었구나.'라는 생각이 들었다. 그래서 얼른 남자아이들에게 상황을 이야기해 보라고 했다. 그러나 쉽지 않았다. 남자아이들이 이미 흥분해서 말을 제대로 할 수 있는 상태가 아니었다. 심호흡을 시키고 흥분을 가라앉힌 후 차분히 다시 이야기하게 했다. 정환이가 큰 소리로 말했다.

"쟤네가 어떻게 하려고 하는지 보려고만 했을 뿐이에요. 그런데 여자애들이 보고 한다고 막 뭐라고 하니까 준형이가 '으씨, 치사해.' 한 건데 여자아이들이 욕했다고 하잖아요."

"그랬구나. 그래서 화가 났구나. 그런데 선생님 생각에는 옆의 친구들이 어떻게 하는지 물어보고 좋은 내용은 서로 나누면서 만드는 게 좋지 않을까? 여자 친구들은 어떻게 생각하니?"

고 선생의 말에 남자아이들이 맞장구를 쳤다.

"그죠. 우리는 참고만 하려고 했는데……."

여자아이들도 그 말에는 수긍하는 눈빛이었고 남자아이들의 얼굴이 밝아졌다. 남자아이들은 재잘거리면서 열심히 신문을 만들었다.

동성끼리 모둠을 구성했을 때 교사는 남자아이들에게 먼저 다가가서 도와주어야 한다. 여자아이들은 모둠 활동을 하라고 하면 서로의 의견을 잘 이야기하고 자기들끼리 의논하면서 과제를 잘 수행한다. 하지만 남자아이들은 각자 이야기도 잘 안 하고 남의 말을 듣고 반응도 잘 못 해서 처음에는 협력하기 어려워하기 때문이다.

과제 제시와 평가도 성인지적으로

고 선생은 과제수행과 평가에 있어서도 남녀의 특성을 고려하기로 했다. 남녀의 발달 단계가 달라서 과제의 수행수준도 다를 수밖에 없고 교사 자신이 여성이라서 가지는 편견이 과제 선정에 반영될 수 있기 때문이다.

보통 소극적인 여교사들은 운동이라든지, 목공, 운동장에서 하는 설치미술같이 대근육을 활용하는 활동을 귀찮아하고 실내에서 앉아서 할 수 있는 교육내용을 선택하는 경우가 많다. 그런데 바느질이나 뜨개질, 소품 만들기 등은 소근육이 발달한 여자아이들이 성취하기 쉬운 활동이라서 남자아이들은 아주 힘들어한다.

음악시간이나 미술시간도 마찬가지이다. 음악시간에 리코더 평가를 할 때면 여자아이들은 쉽게 통과를 하지만 남자아이들은 항상 여자아이들보다

몇 배의 시간이 걸린다. 가창 시험을 볼 때도 남자아이들은 고음을 내기 어려워하거나 리듬을 제대로 표현하지 못해서 소극적으로 참여한다. 소근육을 섬세하게 활용해야 하는 서예 같은 경우에는 더더욱 힘들어한다.

고 선생은 이 문제를 어떻게 해결할까 생각하다가 체력검사를 할 때 남녀의 기준을 달리하는 것이 떠올랐다.

리코더로 기악 수행평가를 한다면 남자아이들은 소근육이 발달되지 않아 능력을 발휘할 수 없다. 그래서 교사가 리코더뿐만 아니라 북이나 장구같이 대근육을 활용할 수 있는 악기도 아이들이 선택할 수 있도록 하는 것이다. 노래 부를 때나 가창평가 시간에도 남녀가 똑같은 노래를 획일적으로 부르게 하는 것이 아니라 어떤 노래가 각자의 음역대에 맞는지 함께 토론하면서 찾게 해야 한다.

물론 성역할 고정관념을 깨기 위해 다른 성의 아이가 잘할 수 있는 과제를 선택한다면 적극적으로 격려하는 것이 좋다. 새로운 것과 낯선 것에 대한 모험과 도전정신, 열정은 아이들이 배워야 할 중요한 가치이기 때문이다.

남자아이들은 선생님이 여자아이들의 의견을 더 존중하거나 똑같은 잘못을 했는데 남자아이들만 혼날 경우 선생님에 대한 기대를 접는다. 교사를 바라보던 호기심 어린 표정이 무표정하게 변하기 시작하면 위험한 것이다.

그리고 마음이 닫혔을 때 "에~ 사실은 그렇지 않은데……"라고 반발하며 교사가 무엇을 물으면 "몰라요.", "왜 우리한테만 그래요?", "뭐요?" 하는 등 퉁명스러운 태도로 거부의 몸짓을 보인다.

이런 남자아이들의 어긋남은 일부러 그린 것이 아니다. 학교생활 속에서 자신들이 받은 고통과 상처의 표현이다. 이러한 어긋남이 가르쳐주는 신실에 귀 기울이고 민감하게 반응할 때 남자아이들의 적대감과 분노는 눈 녹

듯 사라진다.

이것이 올해 고 선생이 얻은 깨달음이었다.

남자아이들은 도움을 갈망한다

미성숙, 불공정성과 부적절한 기준으로 인해 일찍부터 실패를 경험한 남자아이들은 초등학교 3, 4학년, 이른 경우는 1, 2학년부터 교사는 자신들을 싫어하고 학교는 공정하지 못하고 지루한 장소라는 부정적인 생각을 가질 수 있다.

그 결과 부모님의 제대로 된 보살핌을 받지 못한다거나 그 상처가 아주 큰 경우 여자아이들을 공격하고 교사에게 반항하는 문제아이가 될 가능성이 높다. 말썽을 일으키지 않는다 하더라도 교사에게 반항하고 여자아이들을 싫어하는 심리는 대다수 남자아이들 마음속에 깊숙이 간직되어 있기 때문에 말썽 피우는 행동에 언제든지 동조할 수 있는 상태가 된다.

이런 상황에서 교사의 대응은 아이들을 더 막다른 골목으로 몰아붙일 수 있다. 교사들은 교실에서 뛰어다니는 남자아이에게 "하지 말라"고 제지하고 관련 규칙을 만든다. 그런데 활동적인 남자아이들에게는 그러한 요구가 부자연스럽기 때문에 지속적으로 그 규칙을 위반하게 된다. 그러면 교사는 자신이 만든 규칙을 "일부러 어기는 것 아니냐."며 문제아로 여기게 되는데, 본성의 표출일 뿐 일부러 한 것이 아닌 아이는 억울한 마음을 갖게 된다. 그리고 자신의 감정을 섬세하게 표현할 능력이 없기 때문에 부적절한 표정과 행동으로 반응하게 된다. 그러면 교사는 버릇없다고 몰아붙이게 되고 아이는 점점 더 문제를 저지르는 악순환을 반복하게 되는 것이다.

남자답게라는 미명하에 감정을 표출하는 것을 지나치게 예민하고 남자답지 못한 것으로 규정하는 우리 문화 때문에 남자아이들은 자신의 감정을 표현하기는커녕 자신의 감정이 무엇인지도 모르는 상태가 되어 거칠고 우울한 청소년기로 접어들게 된다.

> **공격성에 대한 오해와 진실 2**
> ### 자상한 늑대 우두머리
>
> 늑대들이 무리생활을 하는 것은 알고 있지? 늑대 무리의 우두머리는 어떤 방법으로 지도력을 발휘할 수 있었을까?
>
> 한 동물학자가 1955년에 재미있는 실험을 했어. 자신이 다 자란 늑대의 우두머리가 되기로 한 거야. 그는 자신이 생각한 자연법칙, 우두머리는 힘이 세고 폭력으로 시배한다는 가정하에 자신이 더 힘이 세다는 것을 보여주면 늑대가 복종할 거라고 믿었어. 그래서 우리 안에 늑대를 가두고 완전 무장을 한 다음에 채찍을 들고 가서 늑대를 계속 때렸대. 어떻게 완전 무장을 했느냐고? 물리면 안 되니까 두툼하게 솜을 대어서 누빈 가죽외투를 입고, 머리에는 헬멧, 긴 장화에 철갑조끼를 착용했지. 그런데 그 결과는 어땠을까? 늑대는 복종하지 않고 점점 더 심하게 저항을 했어. 나중에는 우두머리가 되려고 했던 동물학자가 나타나기만 해도 미친 듯 날뛰었대. 실패로 끝나고 말았던 거지. 몇 년 뒤에 '베른하르트 쉬멕'이라는 사람이 늑대를 개처럼 집에서 기르면서 친해지려는 시도를 했어. 항상 어울려 놀고, 밤이 되면 침대 옆에 늑대를 재웠대. 나중에는 프랑크푸르트 시내를 산책할 때도 함께 데리고 나갔는데 아무도 늑대인 줄 몰랐다는 거야. 폭력이 아니라 사랑이 늑대와 사람을 연결했던 거지. 물론, 이 연구는 늑대의 우두머리가 어떻게 그러한 지도력을 행사했는지에 대한 연구는 아니야.

'로이스 크리슬러'라는 여성이 있었어. 늑대를 연구하는 여성 동물학자였는데 재미있고 위험한 생각을 했대. 자기가 직접 늑대의 무리가 되기로 한 거야. 늑대들은 힘든 상황이 있을 때 함께 노래를 부르는데, 그때 늑대처럼 함께 울부짖었더니 늑대들이 친구로 받아들였다는 거야. 그 사람이 늑대 무리를 관찰하고 연구한 결과 늑대 무리의 우두머리는 지배자가 아니라 무리의 수호자이고, 가장 앞서서 어려움을 헤쳐나가는 진정한 의미의 지도자였다는 것을 발견했어.

캐나다 북부, 11마리의 늑대 무리 사이에서 벌어졌던 일이야. 서열이 낮은 늑대 두 마리가 무슨 일인지 서로 싸우게 되었대. 분위기가 흉흉해지고 서로 목덜미를 물기 위해 달려들려고 하는 순간 늑대 우두머리가 나섰어.

이빨을 드러내서 자신의 힘을 과시하는 방법으로 해결했을까?

그렇지 않았대. 춤을 추듯 두 싸움꾼 사이로 다가가더니 그 가운데 힘이 센 늑대에게 함께 놀자고 했대. 그 늑대는 즉시 대장과 함께 장난을 하며 뒹굴었고, 두 싸움꾼 늑대의 공격성은 언제 그런 일이 있었냐는 듯 사라졌대.

폭력적인 분위기가 우두머리의 슬기로운 개입으로 즐거움으로 변한 거지.

자, 학급에서 자기가 힘이 세다고 약한 친구들을 괴롭히는 것처럼 늑대 무리의 우두머리가 행동했으면 어떻게 됐을까? 아마 그 늑대 무리는 멸망했을 거야.

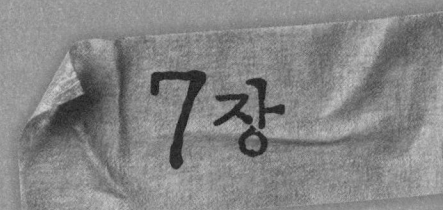

7장

평화는 진정한 배움을 촉진한다

스트레스는
학습회로, 감정회로를 **폐쇄한다**

쉬는 시간에 정훈이는 활발하게 돌아다닌다. 목소리도 크다. 그런데 수업이 시작되면 눈을 한 곳에 두지 못하고 두리번거리기도 하고, 연필로 끼적거리기도 하며 멍하니 앉아 있다. 문제 푸는 시간을 주면 잠시 하는 척하지만, 결국 아무것도 하지 않고 있다. "정훈아." 하고 부르면, 힘이 하나도 없는 목소리로 "아……. 네, 할게요." 한다. 모르는 것을 알려주려고 해도 달라붙지를 않는다.

정훈이는 학급에서 서열이 낮은 아이다. 이러한 위치가 학습에 영향을 미치지 않을까?

교사가 학급을 운영하다 보면 정훈이처럼 공부하기 싫어하는 아이들을 발견할 수 있다. 기존의 교육이론은 이러한 모습을 아이 개인의 책임으로 돌려버린다. 아이가 집중력이 없고, 지능이 낮아서 그렇다는 것이다. 그러나 학급의 위계질서 속에서 아이들이 스트레스로 인한 공격 또는 도피 상황에 처해 있다는 것을 알게 되면 이야기는 전혀 달라진다. 그것은 아이의 탓이 아니라 사회환경의 문제이고, 아이 변화와 함께 구조의 변화가 필요하다는 인식의 전환이 이루어질 것이다.

학습은 아세틸콜린이 분비되어 시냅스회로를 연결시켜 주어야 가능하다. 그런데, 스트레스가 발생하면 스트레스 호르몬이 분비되는데 그중 노르아드레날린이 문제가 된다. 노르아드레날린이 분비되면 시냅스에서 정보를 전달하는 물질인 아세틸콜린의 분비가 저지되어 시냅스 회로가 닫혀버린다. 이렇게 시냅스 회로가 닫혀버리면 학습회로가 닫히는 것이다. 스트레스를 받아서 공격적 반응을 보이거나 회피적인 반응을 보이는 아이들은 학습회로가 폐쇄된 상태라고 볼 수 있고, 이것이 지속되면 학습회로는 거의 영구적으로 닫히게 된다. 감정회로 역시 마찬가지이다. 사람은 낯설거나 힘든 상황에서는 자신의 감정을 잘 표현하지 못하며 그러한 상황이 계속될 경우, 자기감정이 무엇인지도 알지 못하게 된다.

인간의 스트레스 시스템은 숲에서 맹수를 만나거나 낯선 장소로 갔을 때 자기 에너지를 총동원해서 위기상황을 벗어나기 위해 진화된 것이다. 위기상황에서는 학습이나 세심한 감정표현보다는 생존을 위한 반응이 중요하다. 따라서 스트레스 시스템은 위기의 순간에는 인간의 생존수단이 되지만, 그것이 장기화되면 상황은 달라진다. 인류 초기 스트레스 시스템이 형성될 때 장기적 스트레스 상황 자체가 없었기 때문이다. 장기적인 스트레스 상황이 되면 스트레스 시스템은 도리어 우리 몸을 파괴하고, 뇌의 학습회로를 닫아버리며, 감정체계도 손상시켜 사회적 관계를 맺기 어렵게 만든다.

학급에서 볼 수 있는 공부를 싫어하거나 무기력한 아이들은 장기적인 스트레스 상황의 결과일 수 있다. 따라서 우리는 평화샘 프로젝트야말로 진정한 의미에서 참다운 배움이 일어날 수 있는 기반을 조성할 수 있다고 믿는다.

물론 아이들의 스트레스를 학급의 위계서열만으로 설명할 수 있는 것은 아니다. 현재 개념중심의 어려운 학습 내용과 학교교육에서 자기의 미래를 찾을 수 없어 좌절감을 느끼는 것 또한 스트레스라고 볼 수 있다. 아이들이 학급생활에서 갖게 되는 스트레스에 대해서는 총제적인 해명이 더 필요한 부분이다.

평화로워진 관계가 학습에 미치는 **영향**

서열이 약화되고 평등한 관계, 평화로운 관계가 아이들의 학습활동에 어떤 영향을 줄까? 평화로운 교실공동체 프로그램을 진행하면서 학급에서 위계서열이 높고 공격적인 아이, 서열이 낮고 소극적인 아이, 경쟁문화에 익숙하고 학급에서 자기 이익을 추구하는 아이가 서로 보살피며 협력하는 인간관계 속에서 어떻게 변하는지 관찰하였다. 다음 세 아이의 사례를 통해 살펴보자.

서열이 낮고 소극적인 은선이

김 선생은 쉬는 시간에 사서 선생님으로부터 반가운 쪽지를 받았다.

> 안녕하세요? 선생님^^*
> 은선이가 사회과 관련 자료를 요청하여 자료를 찾아두었습니다.

> 2교시에 활용한다고 하더라고요. 찾아가도록 해주셔요.
> 점점 능동적으로 변화해가는 은선이를 보며, 자료 찾는 동안 너무나 행복했습니다.
> 감사합니다. 선생님!

은선이는 주근깨가 있고 키가 작은 여자아이이다. 외모 때문에 아이들에게 줄곧 왕따를 당했고 5학년에 처음 올라왔을 때도 주눅 든 모습으로 김 선생 주변을 맴돌았다. 수업시간에는 멍한 모습으로 앉아 있었고 책도 읽기 싫어했다. 그랬던 은선이가 평화로운 교실공동체 프로그램을 진행하는 김 선생의 반이 되면서 자기 목소리를 찾기 시작했다. 학급에서 일어나는 친구들 문제에도 적극적으로 개입했고, 목소리에 힘이 실리면서 어눌했던 발음도 명확해졌다. 그리고 무엇보다 공부에 재미를 붙였다. 수업시간에 은선이는 적극적으로 질문을 했고, 친구들의 학습을 돕기 위해 돌아다녔다.

책 읽기를 싫어하던 은선이는 독서 동아리도 만들어 운영하였다. 읽은 책을 친구들에게 소개하기도 했다. 은선이의 그런 변화는 사서 선생님이 보낸 쪽지를 통해 확인할 수 있듯이 담임교사만 느끼는 것이 아니었다.

서열이 높고 공격적인 주호

주호는 3학년 남자아이다. 부모님의 직장 때문에 아주 어릴 때부터 할머니와 살고 있다. 부모님과 할머니는 모두 장애인이다. 그런 환경 탓인지, 애착이 잘 형성되지 않아서인지 김 선생이 처음 주호를 만났을 때는 눈을 잘 맞추지 않고 다가오지도 않아 관계 맺기가 어려웠다. 그래서 김 선생은 시간이 날 때마다 주호를 불러 눈을 맞추고 이야기하고 안아주었다.

수업에 참여하지 않고, 방해를 할 때도 조용히 불러 "선생님이 주호 참 좋아하는데, 주호 알아?", "선생님이 생각하기에는 주호가 지금보다 더 잘할 수 있을 것 같은데, 어때?"라고 주호에게 감정과 기대를 표현하면서 애착관계를 형성하려고 노력했다.

공부시간에 거의 자기 할 일을 하지 않고, 그림을 그리거나 딴짓으로 시간을 보내던 주호가 오늘은 수학시간에 문제를 다 풀었다. 국어시간에는 속담 공부를 했는데, 김 선생한테 와서 계속 물어본다. 속담 학습지를 다 풀고 "내가 도와줄게." 하면서 친구들을 도와준다.

하루 닫기 시간이었다. 친구들 이야기를 듣고 있던 주호가 갑자기 손을 번쩍 들었다.

"오늘 제가 공부를 열심히 한 것 같아 저를 칭찬합니다."

자부심이 가득한 얼굴로 주호가 말했다.

"맞아, 그랬어."

여기저기서 아이들이 맞장구를 치더니 "와!" 하며 박수를 쳐준다. 예전 같으면 쑥스러워 다른 아이들 뒤로 숨었을 주호가 웃으며 아이들을 쳐다본다.

정말 엄청난 발전이다. 하루 닫기 시간에 반성을 요구받는 단골손님이었던 주호가 요즘에는 반성도 먼저 하기 시작하더니, 오늘은 스스로 칭찬을 한 것이다.

이기적이던 민형이의 변화

3학년 민형이는 조용하고 수업시간에 전혀 장난을 치지 않는 진지한 아이였다. 자기의 할 일은 스스로 알아서 하고 자신이 손해 보는 일은 잘 하지 않는 깍쟁이 스타일이었다. 그런 민형이가 요즘 수업시간이면 누구보다 신이 나서 도움을 청하는 아이들에게 달려간다. 어떻게 하면 더 쉽게 가르쳐 줄 수 있을까? 고민하며 김 선생에게 달려와 방법을 묻기도 하는 민형이의 얼굴에 행복함이 묻어난다.

"나도 나도 좀 알려줘~"

"나도."

요즘 김 선생 반 수업시간에 가장 많이 들리는 말이다. 김 선생 반은 공부할 때 함께한 약속이 있다.

"친구에게 알려줄 수 있어야 정말 아는 것이고, 알려주면서 더 정확하게 알게 되는 거야. 가능한 많은 친구들을 도와주자. 도와달라는 말을 안 하고 가만히 있으면 친구들이 도와줄 수 없으니, 당당하게 도와달라고 이야기하자."

그래서 이제는 과제를 먼저 해결한 아이들은 도움을 청하는 아이들을 자연스럽게 도와주는 분위기가 정착이 되었다.

수학시간이었다. 나눗셈 시간이었는데, 먼저 푼 아이들은 자연스럽게 도움을 청하는 아이들을 도와주러 다니고 있었다.

그런데 민형이가 갑자기 기원이를 데리고 교실 한쪽에 부착되어 있는 곱셈구구표 앞으로 갔다. 김 선생이 다가가서 왜 여기에 있는지 민형이에게 물었더니

"나눗셈을 가르쳐주려고 보니, 기원이가 구구단을 다 못 외워서요."

하고는 기원이에게 구구단을 외우게 했다.

기원이는 정말 열심히 외우면서 문제를 풀고 있었다. 조금 있으니 민형이가 김 선생에게 슬쩍 다가와서 말을 건다.

"선생님, 기원이가 다 풀었어요. 구구단도 조금만 더 외우면 되고요."

라고 말하는 민형이 얼굴에 뿌듯함이 가득했다.

자연 속에서
서로 **관계** 맺는 나들이

서 선생과 반 아이들이 상사화 앞에 옹기종기 모여서 보드라운 잎을 보고 있다.

"상사화 꽃은 이 잎이 지고 나면 꽃대가 올라와. 꽃은 잎을 보지 못하고, 잎은 꽃을 볼 수가 없어. 서로 그리워한다고 해서 상사화라는 이름이 붙었대."

호기심 어린 눈빛으로 가만히 지켜보던 준명이가 물었다.

"선생님, 휴대폰으로 사진 찍어도 되요?"

"왜?"

"잎을 찍어뒀다가 나중에 꽃이 피면 보여주게요."

잎을 볼 수 없는 꽃이 애처롭고 안타까웠던 것이다.

나들이가 아이들에게 주는 도움은 다음과 같다.

첫째, 정서적 안정감을 갖게 한다. 탁 트인 공간과 초록색 숲, 자유로운 탐색 분위기는 아이들의 스트레스를 해소하는 데 적절한 환경이다. 교실 안에서 스트레스를 받던 아이들은 자연 속에서 서로에게 너그러워지고 여유 있는 모습이 된다. 점심시간에 싸우던 아이들은 교사가 손을 잡고 교정에서 나들이를 하는 것만으로도 아이들은 언제 싸웠냐는듯이 밝아졌다. 산수유꽃이 지고, 막 열매가 생기는 모습이 아이들의 마음을 사로잡았기 때문이다.

둘째, 자연에 대한 감성과 공감 능력이 계발된다. 자연을 접할 때 가장 중요한 것은 사물의 이름이 아니라 호기심, 미지의 것에 대한 경이감, 즐거움, 신비로움이다. 이렇게 감성이 기름진 밭을 이루면 세상을 배울 수 있는 힘이 만들어진다. 이러한 경험을 통해 아이들은 서로의 마음을 넘나들게 된다.

셋째, 학습하고자 하는 내적 동기가 생긴다. 나들이에서 발견한 동물과 식물, 자연현상은 아이들에게 그것이 무엇인지 더 알아보려는 마음을 불러일으킨다. 일종의 씨앗이 형성된 것인데, 교사가 이를 여러 교과 시간에서 다루어주거나 통합학습을 하면 그 씨앗에 물을 주고 거름을 주는 것이다.

넷째, 자기 고장에 대한 애착을 형성한다. 마을 이곳저곳을 다니며 사람들과 문화유적, 생명을 대하면서 공동체에 대한 유대감이 더 강화된다. 이러한 경험은 마음의 오솔길을 형성하는 추억의 장소가 되며 한 인간이 세계와의 관계를 여는 통로가 된다.

나들이를 가다 만나는 동네 어른에게 마을 이름의 유래를 들을 수 있고, 경로당을 찾거나 같은 반 친구의 할머니, 할아버지를 직접 찾아갈 수도 있다. 그분들에게서 그날 본 동식물에 얽힌 이야기를 들을 수도 있고, 지역의 산줄기,

물줄기에 얽힌 이야기, 전설을 들을 수도 있다. "예전엔 여기에 큰 버드나무가 있었는데, 봄이면 호드기 부느라 그 밑에서 모여 놀곤 했었지. 그런데, 도로가 나면서 없어졌어." 하는 이야기도 들을 수 있다. 이런 이야기 속에는 살아 있는 역사교육, 지리교육, 환경교육 등 무궁무진한 가능성들이 담겨 있다.

나들이, 어떻게 할까?

보통 체험학습을 가면 아이들은 줄지어 교사 뒤를 따라다닌다. 교사가 설명하고, 아이들은 듣고 받아 적는다. 평화샘 프로젝트에서 진행하는 나들이는 이와는 다르다. 나들이를 가서 자연에 대해 설명하거나 가르치려고 하지 않는다. 그저 모든 감각을 동원해서 자연과 사귀는 것이 중요하다. 자연에 대한 지식을 쌓는 것은 어디까지나 그 다음의 일이며, 공감을 통해 갖게 되는 자연에 대한 풍부한 정서야말로 지식의 기초가 되기 때문이다. 나들이에는 사색, 여유, 자유, 자연스러움, 즐거움, 만남이란 의미가 담겨 있다. 그러한 태도가 형성되면 지식은 자연스럽게 따라온다.

준비를 통해 익숙하게 한다

강 선생은 나들이를 가기 전에 아이들에게 풀벌레 소리를 들려주었다.
"그거 우리 동네에서도 들은 소리 같아요."
"그래? 그럼 오늘은 산책하면서 자연의 소리 10가지 이상 찾아볼까?"
"네!"
산책로로 향하는 아이들 발걸음이 조심스럽다. 산책로가 큰 도로변에 있어 자동차 소리가 들리는 환경에서도 아이들은 귀를 기울여 열심히 자연의 소리를 탐색하였다.

나들이를 갈 때 교사나 아이들 모두 즐거운 활동이 되려면 즐거운 마음을 가지는 것이 가장 중요하다. 출발하기 전에 나들이 장소와 가서 할 놀이, 탐색할 자연물과 관련된 수수께끼, 노래, 이야기를 들려주어 나들이에 대한 관심과 흥미를 갖게 한다.

계절의 변화에 맞추어 풀벌레 소리를 미리 들려줄 수 있고, 나들이 코스에서 1년 동안 볼 수 있는 식물 목록을 게시하고 그때그때 꽃 피는 식물의 사진을 걸어둔다. 이렇게 발견된 풀벌레 소리나 식물은 자연과 소통하는 또 하나의 창이 된다. 이런 활동은 다양한 동아리 활동의 자원이 되기도 한다.

나들이를 갈 때 꼭 해야 할 행동 약속이 있다.

첫째, 대략적인 코스를 정해서 그 공간을 벗어나지 않는 범위에서 자유롭게 탐색하는 즐거움을 누리게 한다.

둘째, 식물을 훼손하거나 동물들이 놀라지 않도록 조심스럽게 행동할 것을 약속한다. 이때 사람들이 산에 갈 때 새들이 우는 이유를 이야기해주는 것이 좋다.

"산에 가면 새가 지저귀는데 왜 그럴까?"

"우리들을 반기는 거 아니에요?"

"보통 그렇게 생각하지. 그런데 새가 우는 진짜 이유가 '여기는 내가 사는 곳이니까 들어오지 마라, 네가 더 들어오면 나는 떠날 거야!'라는 뜻이야. 그럼 우리가 나들이 가려는 산의 주인은 누구일까?"

"나무, 산새, 청설모요!"

"맞아, 우리는 가끔 가는 손님이야. 우리가 시끄럽게 해서 주인을 떠나게 하면 안 되겠지? 주인이 놀라지 않게 조심하자."

셋째, 모두가 함께 봐야 할 지점에서는 교사 신호에 따라 신속하게 모인다. 나들이에서 함께 보고, 듣고, 느껴야할 초점이 필요하기 때문이다.

학교와 주변 마을에서 시작한다

도시의 학교 화단에서도 봄이면 냉이, 꽃다지, 민들레 같은 초본류가 꽃을 피우고, 노랑나비가 꽃을 찾는다. 여름이면 강아지풀과 닭의장풀도 고개를 내밀고, 잔디밭에 메뚜기도 뛰어다닌다. 큰 나무만 해도 은행나무, 버즘나무, 느티나무, 섬잣나무, 소나무 등 최소 10여 종이 넘는다. 참새, 박새, 직박구리, 까치 같은 텃새가 찾아오지 않는 화단은 없다. 이렇게 학교 화단을 중심으로 생명그물망을 형성하는 자연 친구들이 수백 종이 넘는다.

많은 사람들이 철새기행, 갯벌체험을 한다고 하면서 돈을 들여 멀리 가는 것을 생태체험이라고 생각한다. 하지만 진정한 생태교육 프로그램은 자신이 살고 있는 공간에서 시작되어야 한다. 그리고 그 시작이 나들이이다.

지속적으로 진행한다

서 선생과 아이들은 아기 손같이 작고 연약한 잎이 돋을 때 은행나무와 첫 만남을 가졌다. 암그루에서 암꽃이, 수그루에 수꽃이 달리는 4월. 난생 처음 보는 은행나무 꽃에 감탄했다. 암꽃이 진 자리에 진초록 은행알이 맺힐 때도 보고, 새끼손톱만 해졌을 때도 만났다.

그 뒤 서 선생 반의 나들이는 늘 은행나무 아래서 시작되었다. 그래서 은행나무의 변화과정에 항상 반전체가 참여하게 되었다.

"와! 포도송이 같아요!"

"저기는 다섯 알이나 매달렸어요."

"저기는 포도송이가 엄청나요!"

땅에 떨어진 은행의 냄새를 맡아보기도 했지만, 아직은 익은 게 아니라서 냄새가 심하지 않았다. 서 선생은 은행이 노랗게 익으면 아이들이 또 어떤 반응들을 보일지 궁금했다.

이런 1년의 변화는 나들이를 지속적으로 할 때만 가능한 일이다. 그렇다고 해서 항상 같은 길로만 가야 하는 건 아니다. 주기적으로 일정하게 가면서도 나들이 코스에 변화를 줄 수 있다. 미리 어떤 식물이 있는지, 어떤 변화가 있을지 예상해서 코스를 짜두고 번갈아 가면 더 즐거운 나들이가 된다.

통합교육의 자원으로 활용한다

나들이에서 읽은 경험은 통합적인 교육과정을 구성할 때 많은 도움이 된다. 꽃과 나무에 대한 이야기와 느낌은 국어와 미술교육의 바탕이 되고, 동식물을 보고 노래했던 것은 음악교육으로 연결된다. 나들이 과정에서 발견된 쓰레기 처리 문제 등은 사회 교과의 내용이 되고, 구체적인 관찰은 과학교육의 바탕이 된다.

5학년 서 선생 반 아이들이 나들이에서 상사화를 보고 난 뒤 영진이는 「상사화(相思花)」라는 시를 썼다. 이 시에는 상사화에 대한 영진이의 애틋한 마음이 잘 나타나 있다.

봄이 오면 잎이 피네
봄이 가면 꽃이 피네

잎은 꽃을 못 보구나!

꽃은 잎을 못 보구나!

잎은 꽃을 보려 하고
꽃은 잎을 보고 싶고

그게 바로 서로 생각하는
상사화 아닌가…….

3학년 김 선생네 반 아이들의 나들이에서도 '매미'에 대한 자연스러운 배움이 일어나는 것을 보여주고 있다.

강당 뒤 느티나무에서 매미들이 시끄럽게 울어댄다. 김 선생은 "매미 소리 흉내 내볼까?" 하며 아이들에게 매미 소리에 주의를 집중하도록 했다.
"맴맴맴……."
"그런 소리만 나니?" 하고 되물으니
"미안미안미안 우는 것 같아요."
한참 서서 매미 소리를 듣고 흉내 내며 놀았다. 그리고 매미 노래도 간단히 배워보았다.

이촉강 이촉강 이촉강 맹맹맹
메롱 메롱 메롱 메롱 맹맹맹
들녘 들녘 들녘 들녘 맹맹맹

매미가 울 때는 매미 노래를, 거미를 보면 거미 노래를 부르면 나들이는 자연스럽게 음악시간이 된다. 이때 노래를 가르쳐주는 사람은 교사일 수도 있고, 아이일 수도 있다. 알고 있는 사람이 먼저 부르면서 다 함께 불러보고, 다양한 자연의 소리를 들으며 몸짓으로도 표현한다면 음악시간이 무용시간으로, 그림으로 표현한다면 미술시간이 된다.

한참 매미 소리를 흉내 내며 놀던 아이들이 매미를 찾아 나섰다.
그때 소연이가 큰 소리로 "선생님, 매미 허물이요."하며 단풍나무 중간에 붙어 있는 매미 허물을 가리켰다.
"선생님, 매미는 땅속에서 7년을 지내고 매미가 돼서는 7일밖에 못 산대요."
평소에 곤충에 관심이 많던 소연이가 김 선생에 허물을 보여주먼서 이야기한다.
"정말?"
옆에 있던 선이가 되묻는다.
"그거밖에 못 살아?"
허물을 신기해하며 보던 아이들이 불쌍하다는 듯이 이야기했다. 물론 땅속에서 7년을 보내는 매미도 있고 그렇지 않은 매미도 있지만 지금 이 순간 그것은 중요하지 않다. 자연에 대한 재미있는 이야기에 모여드는 아이들의 초롱초롱한 눈망울이 나들이의 본질이니까.
매미를 본 뒤 발걸음을 옮기려는데 시멘트 위에 지렁이가 기어가고 있었다.
"선생님, 어디가 앞이에요?"
기원이가 궁금한 듯이 물었다.
"환대라고 좀 두꺼운 띠가 있는 곳이 앞이야."
모두들 쪼그리고 앉아 지렁이가 기어가는 것을 자세히 쳐다본다.

"지렁이는 땅에서 살아야 하는데……."

상훈이가 걱정스러운 듯이 이야기하자 아이들은 지렁이를 땅으로 옮겨 주었다.

아이들의 보살핌 정서가 사람 관계에서 자연으로 확대되는 순간이었다.

김 선생은 지렁이와 관련된 이야기를 과학사, 또는 생태적 사고로도 연결시켜 주었다.

"얘들아, 지렁이가 땅을 갈아서 우리에게 도움을 준다는 걸 알려준 사람이 누군지 알아? 찰스 다윈이야. 다윈이 자기 집 마당에 흰 석회를 뿌리고, 관찰을 했더니 지렁이들이 다 갈아엎었대. 그걸 보고 지렁이가 진짜 중요한 일을 한다는 것을 알게 되었지."

어떤 아이들은 눈앞에 보이는 곤충이나 식물에서 좀 더 먼 쪽으로 관심을 돌렸다. 지희와 세영이가 동쪽 산줄기를 가리키며,

"선생님, 저 산은 무슨 산이에요?"

"낙가산이야. 저 산자락에 보살사가 있는데, 문화유산도 많아. 그 옆에 이마가 드러난 것처럼 정상이 환하게 보이는 산 있지? 그 산은 것대산이야. 옛날에 봉화를 올렸던 곳이래."

"그래요? 가보고 싶다."

우리가 바라보는 산이나 동식물에는 수없이 많은 이야기와 노래, 민중들의 생활사가 녹아 있다. 이러한 문화적인 요소를 이해하고 읽어낼 수 있는 능력을 갖출 때 자연과 역사, 문화가 함께 어우러지는 참된 의미의 통합교육이 가능하다. 물론 이 과정에서 가장 중요한 교육은 자기가 살고 있는 지역의 자연과 인간관계에 대한 애착 형성이다.

자연과 관계 맺기 위한 자원 목록을 만든다

학교 주변에서 계절이나 절기별로 그 시기를 대표하는 동식물의 목록을 뽑아두고 나들이를 한다면, 학교 구성원 누구나 자연과 1년 내내 공감하는 프로그램이 가능할 것이다.

〈계절이나 절기별 그 시기를 대표하는 동식물 목록 예시〉

월	24절기	식물	동물
1	소한	겨울눈(단풍나무, 산수유나무 등)	
1	대한	양지바른 쪽에서 큰개불알풀 피기 시작.	
2	입춘	큰개불알풀 꽃이 곳곳에 핌.	
2	우수	버드나무 물이 오름. 냉이, 꽃다지, 민들레꽃이 피기 시작.	까치가 집짓기를 하며, 텃새들이 짝짓기를 함.
3	경칩	고로쇠나무 물이 오름. 생강나무 꽃이 핌.	개구리, 도롱뇽이 겨울잠에서 깨어남. 알부터 개구리가 되기까지 관찰.
3	춘분	목련꽃이 핌. 산수유나무 꽃이 핌.	뿔나비 짝짓기.
4	청명	참나무 꽃이 핌. 나무의 새순으로 산의 색이 다채로워짐(청명부터 한 달 반 동안 산의 색을 관찰하기).	
4	곡우	산 전체가 초록이 됨. 은방울꽃, 라일락나무, 은행나무 꽃이 핌.	
5	입하	이팝나무 꽃이 핌. 송홧가루가 곳곳에 떨어져 있음. 해당화, 불두화 꽃이 핌.	새 울음소리(낮 뻐꾸기, 밤 소쩍새).
5	소만	산의 초록이 뿜어져 나옴. 신록이 우거짐. 아까시, 함박꽃, 쥐똥나무꽃, 찔레꽃 등 향기가 있는 꽃이 많이 핌.	

6	망종	산색이 신록을 지나 녹음이 됨. 밤나무꽃이 핌.	
	하지	겨울눈이 생기기 시작. 원추리, 사상자, 타래난초, 패랭이꽃이 핌.	여름철새(백로, 왜가리, 제비 등).
7	소서	배롱나무, 분꽃이 핌.	
	대서	산초나무, 상사화, 참나리, 달개비 꽃이 핌.	
8	입추	사위질빵, 부추, 익모초, 싸리나무, 붉나무 꽃이 핌.	
	처서	닭의장풀 꽃이 피기 시작, 도깨비바늘 열매 맺음.	
9	백로	분꽃 열매 맺음.	
	추분	로제트(엉겅퀴, 냉이 등)가 생기기 시작.	풀벌레 소리.
10	한로	국화꽃이 핌, 산수유 열매가 빨갛게 익음.	
	상강	서리가 내려 단풍이 시작됨.	겨울철새(쇠오리 등).
11	입동	단풍(단풍 비교).	
	소설	단풍과 겨울눈, 낙엽수의 빈 나무줄기.	
12	대설	상록수(소나무, 사철나무 등) 잎.	
	동지	상록수(인동 등), 겨울눈.	

※ 책임연구원 문재현 소장과 아들 문한뫼가 사는 동네에서 나들이 후 정리.

나들이, 궁금해요

Q **나들이 가고 싶긴 한데, 어느 시간에 나가요?**

A 나들이는 창의적 체험활동이나 교과 시간, 점심시간 등 언제든 가능하다. 나들이에서 보고 듣고 느낀 것이 교과학습으로 통합되고 연장되기 때문에 교과시간에 얽매이지 않았다. 2009개정교육과정에서는 창의적 체험활동

시간을 주당 3시간 확보하고, 교과시간에도 창의인성 교육을 강화하라는 입장이기 때문에 시간 확보는 어렵지 않게 해결된다.

Q **아이들이 이것저것 물어보는데 대답을 못 해주면 어떻게 하나요?**
A 이런 물음은 교사가 지식을 전달해주어야 한다는 생각에서 나온다. 하지만 아이들은 자연에 대해 경이로움과 호기심을 느끼고, 배우려는 교사의 태도에서 더 많은 배움을 얻는다. 함께 느끼고, 호기심이 생긴 것을 찾아보고 나누려는 교사의 태도만 있다면, 나들이는 어느 곳에서든 가능하다. 생태적 감수성으로 새로운 환경운동의 지평을 열었던 레이첼 카슨도 이런 말을 한 적이 있다.

"아이나 부모의 자질이나 재능, 지식이 어떻든지, 그리고 어떤 장소, 어떤 처지에 놓여 있든지, 아이와 함께 고개를 들어 하늘을 바라볼 수는 있지 않은가? 새벽하늘에 반짝이는 별들의 아름다움을 느낄 수 있지 않은가? 정처 없이 흘러가는 구름의 한가로움을 만끽할 수 있지 않은가? 한밤의 하늘에 흩뿌려진 무수한 별들의 속삭임은 들을 수 있지 않은가? 바람이 전하는 소리에 귀 기울일 수 있지 않은가? 숲에서 불어오는 바람의 교향악에 흠뻑 젖을 수 있지 않은가? 바람이 처마 끝을 맴돌며 내는 화음을 감상할 수 있지 않은가? 아파트 한 모퉁이를 휘감아 도는 바람의 목소리에서 신비를 느낄 수 있지 않은가? …… 중략 …… 작은 공원이라 할지라도, 계절이 변하고 새들이 나는 놀라운 광경에 취하기에 충분하다. 그마저 여의치 않다면, 한 줌 흙을 부어넣은 작은 화분 하나를 부엌 창가에 놓아둘 수 있지 않은가? 씨앗이 움터 꽃이 피는 신비를 아이와 함께 나누기에 충분할 것이다."

그리고 "이게 뭐예요?" 하고 물어 온다면 "나도 처음 보는 건데, 들어가서 함께 찾아보자!"라고 하면 된다.

배움을 나눌 수 있는
보물지도, 자원 탐색

평화샘 프로젝트가 진행되는 교실에서는 친구들의 도움 속에서 각자 자기 개성과 장점을 발휘하게 되어 학습에서도 협력관계가 발달한다. 이때 아이들의 협력학습을 더 발전시키기 위한 프로그램이 '자원 탐색'이다.

아이들은 자신만의 장점과 개성, 관심과 취미를 가지고 있다. 하지만 그것이 공유되지 않아 배움의 잠재력이 제대로 발휘되지 못하고 있다. 평화샘 프로젝트가 진행되는 교실에서는 가르치는 것이 교사만의 일이 아니라 아이들 모두가 함께할 일이라는 생각을 공유한다.

자원 탐색, 어떻게 할까?

"선생님이 모든 것을 너희들한테 알려주는 게 아니라, 너희들이 서로 선생님이 되는 거야."

"와, 재미있겠다."

"그러려면 너희들이 뭘 잘하는지 서로 알아야겠지? 우리 그걸 찾아보기로 하자."

정 선생은 이야기를 마치고 종이를 나누어주었다. 아이들은 자신에게 어떤 자원이 있나 궁리를 했다. 어떤 아이는 쓱쓱 써 내려가는가 하면 어떤 아이는 한참을 생각했다. 정 선생은 아이들이 써서 낸 목록을 읽어주면서 서로 모여보기로 했다.

> **내가 가진 자원, 친구들과 나누고 싶은 자원!**
>
> 이름 (   )
>
> 1. 내가 즐겁게 할 수 있는 것은?
> 2. 함께 나누고 싶은 것은?
> 3. 내가 도움을 줄 수 있는 교과는?
> 4. 내가 좋아하는 것은?(계절, 음식)

"축구."

남자아이들이 우르르 일어선다. 하이파이브를 하고, 이산가족이 만나는 것 마냥 부둥켜안고 팔짝팔짝 뛴다.

"요리."

아리, 효선, 다영이가 일어섰다. 아리가 다영이를 보더니 살짝 웃는다. 다영이도 요리를 좋아한다는 것을 알고 반가워하는 눈치다.

자원 탐색 활동을 통해 아이들은 자신과 같은 자원을 가진 친구와 더 친밀감을 느끼며 서로를 이해하고 소통하는 모습을 보였다. 또한 같은 자원을 가진 아이들끼리 자연스럽게 동아리를 만들기도 했다.

자원 탐색 활동을 하고 나면 교사와 아이들은 누가 어떤 자원을 가지고 있는지 알 수 있는 소중한 지도를 갖게 된다. 그 지도는 배움의 망망대해를 쉽게 탐색할 수 있는 보물지도이다. 교사는 아이들에게 지도를 활용할 수 있는 방법을 안내해주고, 여행을 즐겁게 했는지 확인하고, 다음에는 무엇을 지원하면 되는가를 준비하는 여유로운 선장이라고나 할까?

자원 탐색 활동 결과를 모아 아래와 같은 표로 만들어 학급 게시판에 붙여두면 서로에게 도움이 필요할 때 언제든지 참고할 수 있다.

자원 목록	즐겁게 할 수 있는 사람	나누고 싶은 사람
영어	희수	희수
요리하기	희수, 지현, 미연, 경완, 현빈, 서림, 민지	경완, 현빈, 서림, 민지, 병연
오목	재우, 성훈, 병희	재우, 성훈, 병희
그림 그리기	지현, 수진, 승재, 현빈	지현, 수진, 성훈, 현빈, 민정, 병연
축구	진배, 수열, 진웅, 민욱, 철규, 명지, 가빈	진배, 수열, 진웅, 승재, 민욱, 동희

자원 나누기를 통한 협력학습

정 선생 반은 체육시간에 축구를 하기로 했다. 그런데 여자아이들이 "축구 말고 다른 거 하면 안 돼요? 뭐가 뭔지 몰라서 하기 싫어요." 하고 울상을 지었다. 정 선생은 '축구하는 방법과 규칙을 알게 되면 좀 더 즐겁게 참여하지 않을까?' 하는 생각에 아이들의 자원 탐색 목록을 확인하였다. 그리고 축구를 어려워하는 아이들에게 도움을 줄 수 있는 사람들은 손을 들어보라고 했다. 진배, 수열, 진웅이 등 10여 명이 손을 들었다. 그 가운데 철규가 있었다.

철규는 말이 없고 소극적인 아이이다. 그런 철규가 다른 아이한테 도움을 줄 수 있다고 번쩍 손을 든 것이다.

운동장 여기저기엔 아이들이 삼삼오오 모여서 가르쳐주고, 배우느라 정신이 없다. 정 선생은 체육시간이 끝나고 아이들에게 소감을 물었다.

"축구가 이렇게 재미있는 줄 몰랐어요."

"철규가 친절하게 잘 가르쳐줬어요. 덕분에 축구가 재미있었어요."

아이들의 이야기를 듣는 철규의 얼굴에 웃음이 피어올랐다.

그 뒤 철규는 여러 면에서 많이 달라졌다. 늘 무뚝뚝한 얼굴로 말도 없이 지냈는데, 웃음이 많아졌다. 친구와 장난도 치고, 싸우는 아이들에게 멈춰를 해서 말리고, 학교생활에 활기가 생겼다. 자존감을 회복한 철규는 자신이 할 수 있는 것에서 최선을 다하려는 모습을 보였다.

교사, 학부모의 자원 탐색하기

아이들이 자기 자원을 찾고 표현할 때 정 선생은 문득 '그럼 나의 자원은?' 하는 생각이 들었다. 정 선생은 무엇을 할 때 행복하고 좋은지 떠올려보았다.

'뜨개질, 손바느질, 그림 그리기……. 맞아! 한동안 악기 연주에도 관심이 많았지. 그때 샀던 팬플루트, 소금, 단소들은 지금 다 어디로 간 거지? 요즘엔 가야금 소리도 좋은데, 다시 배우면 잘할 수 있을 것 같고…….'

정 선생은 자신이 가진 자원을 나누고 또 앞으로 새로운 자원을 만들어 갈 생각에 가슴이 뛰었다.

아이들의 자원만큼 중요한 것이 교사들이 가진 자원이다. 아이들이 자원 탐색을 할 때 교사 자신의 자원을 탐색해보자.

교사 스스로 하는 자원 탐색은 내적 열정을 불러일으킨다. 아이들과 교사들 간에 소통의 경로를 제공해주는 효과가 있을 뿐만 아니라 학교 전체의 교육자원을 풍부하게 한다.

"선생님, 뜨개질 동아리를 하고 싶은데 선생님께서 도와주실 수 있으세요?"

영빈이는 아이들과 잘 어울리지 못하고 주로 혼자 있는 경우가 많다. 그런 영빈이가 뜨개질 동아리를 하고 싶다며 조심스럽게 이야기를 꺼냈다. 정 선생은 영빈이에게 도움을 주고 싶지만 코바늘뜨기를 제대로 못한다. 그때 코바느질의 달인 4학년 민 선생님이 떠올라 얼른 찾아갔다.

"선생님, 부탁드릴 게 있는데요. 우리 반 아이들에게 코바느질을 가르쳐 주실 수 있으세요?"

"에그, 뭐 넣다 뺐다만 하면 되는데 뭘 어렵겠어? 언제부터 할까?"

민 선생은 흔쾌히 지원을 약속하였고, 자신의 자원을 나눌 수 있다는 것에 뿌듯해했다.

이렇게 동료 교사들과 자원을 공유하면 협동적인 연대가 가능해진다. 동료 교사 자원 탐색을 통해 아이들의 교육을 위해 함께 협력하는 교사문화를 만들어보자.

아이, 교사의 자원 탐색과 함께 중요한 것이 학부모 자원 탐색이다. 학기 초에 부모 모임이나 가정통신문 등을 통해 부모의 자원을 찾고 1일 교사나 필요 시 부모의 협력을 받을 수 있도록 한다. 부모자원탐색지도를 미리 작성해놓는다면 1년 동안 큰 도움이 될 것이다.

학급뿐만 아니라 아이를 둘러싼 모든 관계, 교사와 학부모, 지역사회의 자원탐색지도를 가지고 있다면 서로 소통하며 함께 성장하는 살아 있는 교육이 가능하게 된다.

나와 우리를 표현하는 시간, 자기표현

"선생님, 자기표현 시간에 개그해도 되요?"

"그럼!"

한석이는 평소에 굳은 표정으로 말도 잘 안 하고 누가 큰 소리를 내면 꼼짝을 못한다. 그래서 아이들도 한석이를 만만하게 본다. 그런 한석이가 전체 친구들 앞에서 개그를 하겠다고 하니 모두 놀랐다.

처음에는 혼자 한다고 하다가 자신이 없었는지 평상시 개그를 잘하는 우현이에게 도움을 청했다. 아이들은 한석이와 우현이의 개그를 보며 열렬히 박수를 쳤다. 한석이는 쑥스러워하면서도 환한 얼굴로 자리에 들어가 앉았다.

"기분이 좋아요. 친구들이 박수쳐주고 웃어주니까 정말 좋았어요."

자기표현 시간 이후 한석이와 아이들 사이에 변화가 생겼다. 한석이가 아이들 앞에 서는 것을 더 이상 어려워하지 않았다.

대다수 학교수업은 교과서를 중심으로 지식을 전달한다. 아이들 삶의 요구와 능력으로부터 시작되는 것이 아니라 국가 또는 교사의 판단으로부터 시작되기 때문에 아이들의 자발성을 살리기 어렵다.

아이들이 좋아하는 것, 알고 있는 것, 자기가 진짜 하고 싶은 것에서 출발할 때 진정한 배움은 가능해진다. 따라서 자신이 좋아하는 노래나 악기 연주를 하거나 현재 자기가 관심 있는 상황을 이야기하며 친구들과 공유할 수 있는 기회를 만드는 것은 매우 중요하다. 평화샘 프로젝트에서는 이런 활동을 '자기표현'이라고 한다.

대다수 아이들은 학교에서 자신이 좋아하는 것을 잘 표현하지 못한다. 잘

하는 아이는 잘하는 아이대로 잘난 척한다는 비난을 받을까 봐 위축되고, 자원이 부족한 아이는 자신이 없어 표현하지 못한다. 그런데 자기표현 시간을 통해서 자질과 능력의 차이를 떠나서 깊게 공감하는 경험을 갖게 되면 자신의 느낌과 생각에 대한 확신을 가지게 된다.

자기표현 시간에 아이들은 아무리 작은 것이라도 열렬히 호응한다. 그렇게 서로에게 공감하는 과정을 통해 아이들은 자신에 대한 긍정적 자아상을 갖게 되고 학급에 대한 소속감과 응집성도 높아진다.

자기표현 시간 어떻게 할까?

"자기표현 시간은 내가 좋아하는 것을 친구들과 함께 나누는 시간이에요. 요리를 좋아하면, 요리를 하면 되고, 피아노를 좋아하는 친구들은 친구들에게 피아노를 쳐주고, 야구를 좋아하면 야구에 대해서 친구들에게 알려주면 돼요."

김 선생의 말에 아이들의 질문이 쏟아졌다.

"선생님, 요리는 어떻게 해요? 요리한 음식을 가져와요?"

"요리는 자기가 집에서 해보고 사진을 찍어 와서 설명을 해줄 수도 있고, 요리한 음식을 가져와서 맛을 서로 보는 것은 어떨까?"

"그럼, 야구는요?"

"그러게. 어떻게 하면 좋을까?"

"야구 장비를 가져와서 방법을 알려주고, 쉬는 시간에 가르쳐주면 될 것 같아요."

이것도 해보고 싶다, 저것도 해보고 싶다며 눈을 반짝이는 아이도 있고, 고개를 갸우뚱거리며 곰곰이 생각하는 아이들도 있다.

먼저 하겠다는 아이들부터 시작했다. 여러 차례 발표가 이어지자 소극적이었던 수연이도 발레를 해보겠다고 용기를 냈다.

자기표현 시간이 되자 아이들은 책상을 모두 치우고, 가운데 커다란 무대를 만들었다. 아이들은 사물함 위로, 책상 위로 저마다 잘 보이는 곳을 찾아 자리를 잡았다. 아이들의 표정에는 낯선 예술인 발레에 대한 호기심이 잔뜩 어려 있었다.

드디어, 공연이 시작되었다. 수연이는 떨리지만 차분한 목소리로 발레의 기본 동작을 소개하며 시범을 보였다.

"여기는 잘 안 보여. 이쪽에 와서 해줄래?"

아이들의 요청으로 같은 동작을 두 번씩 반복했다. 아이들은 수연이의 표정과 손끝, 발끝을 따라 움직이며 수연이와 함께 호흡하고 있었다. 반주 음악이 없어서 심심했는지 현수가 '바흐의 미뉴에트'를 나직하게 흥얼거렸고, 다른 아이들도 하나둘 따라 하더니 자연스럽게 반주를 맞추었다.

"빰 빠바바바 빰 빠바~ 빰 빠바바바 빰 빠바~ "

즉흥적인 아이들의 입 반주와 수연이의 발레가 하나가 되어 정말 감동적인 공연이 되었다. 공연이 끝나자 열렬한 박수가 터져 나왔다. 끝나고 수연이의 소감을 물으니 흥분된 목소리로 대답했다.

"친구들이 너무 고맙고 정말 뿌듯해요. 그리고 발레에 대해 공부를 좀 더 해야겠어요."

자기표현 시간을 운영하는 방법은 다음과 같다.
- 전체 아이들에게 신청을 받는다. 게시판에 신청란을 만들어 자발적으로 날짜를 선택하여 신청할 수 있도록 한다.
- 횟수는 학급 인원수에 따라 결정하되 일정한 시간을 정해놓고 주 1명 이상 꼭 실시한다.
- 발표하는 아이가 표현하고자 하는 주제에 대해 이야기하고, 궁금한 점

을 나머지 친구들이 질문하는 형태로 진행한다.
- 발표한 아이와 나머지 아이들의 소감을 듣고 마무리한다.
- 그림, 시 등의 작품은 학급 게시판에 게시한다.

> **tip 이런 점은 주의해요!**
> - 자기표현의 주제는 교육적 문제가 되는 것을 빼고는 제한을 두지 않는다.
> - 자기표현 시간이 자칫 경쟁적인 흐름이 되지 않도록 한다.
> - 공연하는 아이에게 열렬히 호응할 수 있는 분위기를 만든다. 교사가 먼저 진지하고 깊은 관심을 가지고 참여하며 공감하는 태도가 가장 중요하다.
> - 모든 아이들이 빠짐없이 참여할 수 있도록 소극적이거나 자신 없어 하는 아이들을 격려하고 조절해야 한다.

교실은 예술공간, 생활 속 예술교육

"음악시간 재미없어요."
"뭘 그려야 할지 모르겠어요."
고학년으로 갈수록 음악, 미술을 싫어하는 아이들이 많아진다. 그리고 아이들이 싫어하는 만큼 교사도 그 시간이 부담스럽다.

이는 현재의 학교 예술교육이 주어진 내용을 특정한 시간에만 하도록 가르치는 기능 중심의 교육이기 때문이다. 아이들이 풍부한 감성을 키우고, 아름다움을 느끼며 소통하는 것이 중심이 되는 것이 아니라 주어진 내용을 얼마나 기술적으로 잘 수행했느냐가 평가의 기준이 된다.

따라서 부모들도 학교에서 잘 적응하려면 기능을 갖추어야 한다는 생각에 일찌감치 미술학원, 피아노 학원으로 아이들을 떠민다. 그러니 아이들이 예술을 싫어할 수밖에 없다.

사람들은 누구나 아름다움을 추구한다. 자연의 아름다움, 빼어난 예술작품을 통해 감동과 자극을 받는다. 아름다움을 느끼고, 내 안에 여유를 찾게 되면 다른 사람과 나누고 소통하고 싶은 욕구가 생긴다. 이러한 마음과 정서를 기우는 것이 예술교육이다. 그래서 학교의 예술교육은 특별한 사람만이, 특정한 시간에 하는 것이 아닌 모든 사람이 가정과 학교에서 예술을 즐길 수 있는 생활 속 예술교육을 지향해야 한다.

생활 속 예술교육에서 중요한 것은 아이들의 감성을 자극할 수 있는 교실환경을 만드는 것이다. 이런 환경은 교사가 항상 음악을 듣고 미술을 즐기며 아이들과 함께 나누려고 할 때 가능하다. 다산 정약용 선생은 '일상에 운치를 심고, 공간을 경영하라.'고 했는데 좋은 교사가 되려면 이러한 마음을 가져야 한다.

그리고 아이들 생일잔치나 학급 행사와 같은 의례를 예술화하는 것도 중요하다. 생일잔치나 학급 잔치 등에서 아이들이 자연스럽게 자신의 예술적 감성을 표현하고 소통할 수 있어야 한다. 본래 생일, 결혼식, 장례식 등의 통과의례와 설, 대보름 등 세시풍속은 그 민족의 예술이 살아가는 장소인데 요즘의 의례는 지나치게 소비적인 방향으로 흘러 그러한 예술성이 부족한 것이 문제이다.

아이들 생활 속에 흐르는 음악

내가 좋아하는 음악이 흐르는 교실

하루 열기를 하는데 우혁이가 물었다.

"선생님, 제가 좋아하는 음악 틀어도 되나요?"

"물론이지. 어떤 음악인데?"

"제목만 아는데요. 제가 검색해볼게요."

우혁이가 컴퓨터로 검색을 하고 나서 「Isn't she lovely」라는 스티비 원더의 노래를 친구들에게 들려주었다.

"우혁이는 이 노래가 왜 좋은데?"

정 선생은 이 노래의 유래가 궁금해서 우혁이에게 물었다.

"경쾌해서 좋아요."

우혁이는 뭔가 대답이 부족하다고 생각했는지 도서실에 가서 자료를 찾았다. 그리고 스티비 원더가 딸을 낳은 후 사랑스럽고 즐거운 마음을 담아 불렀던 노래라서 그렇게 경쾌한 느낌이 든다고, 다시 한 번 정 선생에게 설명했다.

몇 아이들이 자발적으로 교실에서 음악을 즐기려고 하자 다른 아이들도 하루 열기 시간에 자기가 좋아하는 음악을 소개하거나 같이 부를 노래를 준비해 왔다. 음악이 서로를 깊이 이해하고 소통하는 매개체의 역할을 하게 된 것이다.

계절과 기후에 맞는 음악 듣기

여름비가 시원하게 내린다. 우산을 두드리는 빗소리가 경쾌하다. 강 선생이 교실에 들어서니 아이들의 재잘거리는 소리가 즐겁다. 인터넷에서 쇼팽의 「빗방울 전주곡」을 찾아 아이들과 함께 들었다. 이 곡은 쇼팽이 비가 올

때 시장에 간 자신의 연인과 아이들을 기다리는 마음을 담아 만든 곡이다. 처음 듣는 곡이지만 모두 귀를 기울여 듣고 있다. 아이들의 모습이 편안해 보인다. 간간이 창문 밖을 보며 듣는 아이, 엎드려 듣는 아이…….

"쇼팽에 대해 더 알고 싶어요."

성민이가 그 음악이 인상 깊었나 보다. 하루 닫기 시간에 쇼팽에 대해 더 알고 싶다고 했다.

뻐꾸기 소리가 들릴 때면 황병기의 가야금 창작곡 「숲」을 듣고, 눈 내릴 때는 눈과 관련된 시, 노래, 음악을 감상할 수 있다.

음악과 미술은 멀리 공연장이나 박물관에 있지 않다. 내 생활 속에서 자연이 주는 다양한 소리, 색채, 풍경에 공감하고 그것을 느끼고 표현할 줄 아는 것이 예술교육이다.

생활 속 음악교육을 통한 아이의 변화

"선생님, 「엘리제를 위하여」는 베토벤이 사랑하는 여성을 위해 만든 곡이래요."

"근데 그 여자이름이 테레제래. 그래서 원래는 「테레제를 위하여」라는데."

"가야금 소리가 빗방울 소리 같아요."

"와, 거문고 소리가 저 그림(안개 낀 풍경을 그린 산수화를 가리키며) 같아요."

김 선생은 4월부터 일주일에 한 번 우리 전통 음악, 민요, 판소리 그리고 서양의 클래식 음악을 감상하는 시간을 마련했다. 그리고 그 곡에 대한 관련 자료를 일주일 이상 걸어놓으니 그 아래서 아이들은 곡에 대한 느낌, 작곡가에 대한 이야기, 음악에 얽힌 이야기를 하며 이야기꽃을 피운다. 그러면서 그 음악에 더 익숙해졌다.

특히 지용이의 변화는 놀랍다. 지용이는 아침시간, 쉬는 시간 짬짬이 음악을 들을 때마다 귀를 쫑긋 세우고 질문을 한다.

"선생님, 이거 수리재지요?"

"어, 이건 엘리제를 위하여다."

"아, 이건 가야금 캐논이다."

"난 슈베르트의 송어가 좋은데, 선생님은요?"

지용이는 덩치가 크고 말투도 거칠어서 화가 나면 다른 친구들을 위축시키는 아이다. 수학시간이면 항상 배가 아프다고 하고 수업시간에 조금만 어려운 것이 나와도 연필을 놓아버리고 아무것도 하지 않았다. 그런데 음악 감상하는 시간에는 얼굴이 환해지고, 말이 많아진다.

김 선생 반 누구보다도 열심히 음악을 듣고 기억하려고 노력했다. 그 결과 1년 동안 함께 감상했던 30여 곡의 음악을 조금만 들어도 금방 제목을 생각해냈다.

이렇게 생활 속에서 함께 예술을 즐기다 보면 교사가 예상하지 못한 아이들의 예술적 감성이 계발된다. 교사와 아이들이 같이 공감하며 즐겁게 들었던 음악은 지속적인 소통의 기반이 되고 그 음악을 들을 때마다 서로 공감했던 기억들이 되살아나 서로의 관계를 풍부하게 한다.

생활 속에서 좋은 그림 보기

서 선생은 '어떻게 하면 아이들이 생활 속에서 미술을 함께 느끼고 공유할 수 있을까?' 고민했다. 마침 미술 교과서에 자기 손 그리기에 대한 내용이 나와 레오나르도 다빈치의 손 스케치 작품을 칠판에 붙였다.

그림을 붙이자마자 아이들이 몰려들어 감탄사를 연발했다. 누군가 되게 잘 그렸다며 누가 그렸냐고 물었다. "다빈치"라고 말해주니, "다빈치? 모나리자 그린 사람 아닌가?" 하며 준명이가 관심을 보였다. 그래서 준명이의 관심을 더 심화시켜 주기 위해 다음 날 모나리자 그림을 게시판에 걸었다. 그림 앞에 서서 한참을 쳐다보던 준명이가 머뭇거리면서 말했다.

"다빈치가 그린 거 맞죠? 모나리자가 왜 모나리자인지 아세요? 모나는 부인, 리자는 이름이래요."

"아, 그러면 리자 부인이란 뜻이네."

"선생님, 모나리자가 짓고 있는 미소는 비웃는 거래요. 책에서 언젠가 본 적이 있는데 다시 찾아보고 이야기할게요."

그러더니 도서관에서 다빈치 책을 빌려서 일주일간 열심히 공부를 했다. 아이들도 준명이가 보는 책에 관심을 보이며, 2~3명이 모여서 함께 보기도 했다. 서 선생은 열심히 공부하는 준명이의 모습이 행복해 보여 미술시간에 자연스럽게 물어보았다.

"준명아, 모나리자는 왜 눈썹이 없는 거지?"

"그때는 그게 아름답다고 여겼대요. 또 있어요. 모나리자의 눈은 어디에서 봐도 그 그림을 보고 있는 사람을 보는 것 같대요."

"정말? 우리 확인해볼까?"

서 선생의 이야기가 끝나자마자 아이들이 "정말 저를 봐요.", "저도요.", "진짜 나도 봐." 하며 여기저기서 웅성거렸다. 모든 아이들이 자기를 쳐다본다며 눈이 동그랗게 커져서는 모나리자의 눈으로 빨려 들어갈 듯 쳐다보았다. 모나리자 이야기를 마치고, 준명이는 "친구들 앞에서 이야기하니까 기분이 좋았어요. 그리고 아쉬웠어요. 더 많이 공부해서 말하면 좋았을 걸 그랬어요. 더 공부하고 싶어요."라며 환하게 웃었다.

서 선생은 그 뒤 교실 한 곳에 명화를 게시하는 코너를 마련했다.

그림 게시는 처음에는 교사가 시작했지만 아이들의 관심이 높아지면서 아이들도 자신이 좋아하는 그림을 걸기 시작했다. 그림 옆에 소개 글을 붙이거나, 감상을 써놓으면 아이들이 그림과 화가에 대한 관심이 깊어진다.

생일잔치나 학급 행사 함께 기획하기

김 선생 학급은 아이들이 생일 맞은 날에 생일잔치를 한다. 학급회의에서 생일잔치를 어떻게 준비할 것인지 논의했다.

"생일축하 노래도 좋지만 '당신은 사랑받기 위해 태어난 사람'을 부르면 어떨까?"

"그래, 좋아."

"축하 공연은 어떻게 하면 좋을까?"

"내가 피아노를 칠게."

"난 장구를 가져와서 칠게."

"리코더 동아리 친구들과 상의는 안 했는데, 우리 간단한 연주하면 어떨까?"

리코더 동아리 친구들은 서로 눈빛을 교환하더니 "그래, 좋아." 하며 흔쾌히 동의한다.

생일잔치를 하는 날 생일을 맞은 아이들은 그날 하루, 공동체의 주인공이 된다. 이때 선물이나 생일 축하 노래뿐만 아니라 아이들이 가진 예술적 능력을 활용해서 축하 공연을 하면 또 다른 표현의 계기가 된다.

이렇게 아이들이 스스로 학급 행사를 기획하고 만들어가는 과정은 예술적 표현을 일상화한다. 또한 예술을 바탕으로 한 문화적 공감 능력과 소통 능력을 길러주는 예술교육의 한 부분이 될 수 있다.

자발성과 우정을 꽃피우는 동아리

"동아리는 사실 제가 크게 한 일이 없어요. 몇몇 아이들이 같은 관심을 보이길래 '어, 그거 동아리하면 좋겠다.' 이렇게 촉발시켜 준 것밖에. 나머지는 아이들의 힘으로 진행되었어요."

평화샘 프로젝트에 참여한 교사의 말이다.

자원 탐색을 통해 서로의 관심사를 공유한 아이들은 교사가 동아리 활동을 격려하자 순식간에 수많은 동아리들을 만들었다. 그리고 모임 안에서 일어나는 문제들을 시행착오를 거치면서 지혜롭게 해결하고 자신의 지적·정서적·사회적 잠재력을 마음껏 표출하기 시작했다.

교사는 아이들의 잠재력과 창의성을 믿고 아이들이 좋아하는 주제에 민감하게 반응하면서 지원하는 역할로 충분했다.

동아리 활동 어떻게 할까?

동아리 활동의 시작

"선생님, 이게 무슨 벌레예요?"

"아! 무당벌레 애벌레네."

"무당벌레 애벌레요? 무당벌레랑 정말 다르게 생겼네요."

동우와 석준이는 느티나무에 꼬물꼬물 기어 다니는 무당벌레 애벌레를 발견하더니 잡아서 이 선생에게 보여주었다. 그때부터 무당벌레에 꽂혀서 점심시간마다 무당벌레를 찾아다녔다.

"선생님, 무당벌레 애벌레가 어른벌레가 됐어요."

"짝짓기를 하는데 옆에 녀석이 계속 방해를 해요"

두 아이는 무당벌레를 직접 키우며 한살이를 관찰했다. 그리고 무당벌레에 대한 이야기를 할 때면 눈이 빛났다.

국어시간이면 무당벌레 한살이를 주제로 작은 책을 만들기도 하고, 미술시간에는 무당벌레를 만들며 그동안 관찰했던 무당벌레의 모습을 실감 나게 표현했다. 평상시 준비물이나 과제를 거의 안 하던 동우가 무당벌레에 대해 관심 갖게 되자 아빠한테 부탁드려 두꺼운 곤충도감을 사오기도 했다. 두 아이는 무당벌레뿐 아니라 서로에 대한 우정도 키워갔다.

이 선생은 두 아이를 보며 몰입이 가진 교육 효과를 실감할 수 있었다. 그리고 그 아이들의 경험과 감동을 다른 아이들과 나누게 하고 싶어 제안을 했다.

"너희들이 하고 있는 것을 친구들과 동아리를 만들어서 해보면 어떨까?"

동우와 석준이는 신이 나서 다른 친구들에게 생태 동아리를 만들자고 제안했고, 그렇게 이 선생 반에 첫 동아리가 생겼다.

평화샘 프로젝트에서 말하는 동아리 활동은 교사 주도로 이루어지는 학년이나 학교 차원의 동아리 활동과는 분명한 차이가 있다.

첫째, 아이들의 관심과 흥미에서 출발한다. 교사는 어떤 주제에 깊은 관심을 보이는 아이들이 생기면 그 기회를 잘 포착해서 동아리 활동으로 연결시켜 준다. "동아리 해보면 어때?"라는 교사의 말이 신호가 되어 아이들은 자기중심적 사고를 뛰어넘어 스스로 공동체를 형성하는 활동에 뛰어든다.

둘째, 아이들이 스스로 만들고 운영한다. 교사가 관심을 가지고 아이들을 지켜본다는 것만으로도 아이들은 힘을 얻는다.

셋째, 누구나 제안하고 참여하는 공개성, 평등성이 생명이다.

넷째, 교사의 편의에 의해 동아리 모임의 정기성과 지속성이 방해를 받아서는 안 된다.

우후죽순 생겨나는 동아리

석준이와 동우가 생태 동아리를 만들자 축구, 요리, 만화, 뜨개질 동아리 등 여러 동아리가 생겼다. 나들이 가서 것대산을 인상 깊게 보았던 희수와 유림이는 등산 동아리를 제안했다.

"등산 동아리 할 사람?"

하며 친구들을 모으려고 소리를 지르지만 노느라 정신없는 아이들에게 그 소리가 들릴 리 없다. 이 선생은 희수와 유림이를 가만히 불렀다.

"선전지를 만들어서 게시판에 붙여보면 어떨까?"

"아하! 그렇게 하면 되겠네요."

희수와 유림이는 수업이 끝나고 교실에 남아서 열심히 선전지를 만들었다. 사인펜으로 예쁘게 꾸며 교실 앞쪽에 마련해둔 게시판에 붙였다. 둘이서 머리를 맞대고 이런저런 궁리를 하더니 어느새 '등산 동아리' 상을 잡은 모양이다. 다음 날, 아이들은 희수와 유림이가 붙여놓은 선전지를 열심히 들여다보더니 얼른 이름을 적는다.

이 선생은 학급 홈페이지에 동아리방도 만들었다.

	NO	제목	작성자	등록일자	추천	조회	파일
	6	축구동아리가 아니고 축구부 (2)		2010.09.11	0	12	
	5	요리동아리 (1) (3)		2010.09.09	0	26	
	4	축구 동아리 ~~ (2)		2010.09.09	0	22	
	3	어제, 오늘 동아리 회의한 거 올립니... (6)		2010.09.09	0	26	
	2	동아리회원모집 (4)		2010.09.08	0	18	
	1	[공지] 동아리방에서 자주 만나요~ (5)		2010.09.08	0	15	

[동아리 게시판]

[동아리 게시판]

> **tip 동아리 게시판 마련하기**
>
> 교실의 한 부분에 동아리 게시판을 반드시 마련한다. 동아리 게시판은 동아리를 제안할 때, 알림 사항이 있을 때, 동아리 활동 내용 등을 게시하여 전체와 공유하는 공간이다. 아이들이 관심과 애착을 갖도록 보기 좋게 꾸민다. 교실 안 게시판 이외에도 학급 홈페이지나 카페 등을 만들어 온라인 동아리방을 운영할 수 있다.

동아리 활동의 체계를 잡다

여러 동아리들이 활동을 시작하면서 아이들의 질문이 쏟아졌다.

"선생님, 요리 동아리는 모여서 할 때가 마땅치 않아요."

"등산 갈 때 저희들끼리만 가려니까 좀 겁이 나요. 선생님이 가실 수 있어요?"

이 선생은 아이들과 동아리 운영방법, 활동 시간, 원칙 등 구체적인 논의가 필요함을 느꼈다.

각 동아리별로 모임을 갖고, 동아리 내에서 동아리 활동 내용, 시간, 원칙 등을 토론하여 정했다. 이 밖에 아이들이 궁금한 것, 동아리 활동을 하면서 부딪치는 문제들을 논의했다.

■ **체육 동아리** - 여자 9명, 남자 4명 총13명
- 화(이어달리기), 수(자유 활동), 목(피구) 6교시 하는 날 점심시간에 활동함.
- 실내 활동은 다목적실에서, 그 밖에는 운동장에서 함.

- 활동 내용은 주1회 바뀌고 금요일에 의논함.

■ 뜨개질 동아리 - 여자 4명
- 토·일은 개인적으로, 점심시간이나 쉬는 시간 틈틈이 교실에서 모여서 함.
- 주로 목도리를 뜨고 있고, 처음 하는 사람은 연습 위주로 수세미 뜨기를 함.
- 선생님과 실, 옷에 대한 학습계획 세우기로 함.
- 언니나 엄마께 지원받아 배우기도 함.

■ 축구 동아리 - 남자 12명
- 6교시 하는 날 점심시간에 주로 운동장에서 함.
- 화·목 : 연습 위주로 함.
- 수 : 시합, 편을 나누어 하기도 하고 다른 반과 시합도 함.

■ 요리 동아리 - 여자 5명, 남자 2명 총 7명
- 주로 주말에 모여서 함.
- 동아리 참여하는 아이들 집(가능한 아이 집 중심으로 돌아가며 함).
- 떡볶이와 생크림 케이크, 계란말이.

■ 화석 동아리 - 남자 6명
- 6교시 하는 날 점심시간에 주로 함.
- 운동장 돌아다니며 돌 찾고, 월 2회 동네 작은 산 다니며 노두 찾고 암석 공부함.

각 동아리에서 논의된 내용을 전체 아이들과 공유하고, 정리한 내용을 게시판에 붙였다. 그런데 많은 동아리 모임이 생기자 한 아이가 여러 동아리에 가입하는 일도 생겼고, 동아리 활동 시간이나 장소를 사용하는 데 있어서 서로 조절할 일이 많았다. 그래서 이 선생은 동아리 운영 모임을 제안했다.

동아리 운영 모임에서는 여러 가지 이야기가 쏟아졌다.

"동아리 신청을 하고 잘 안 오는 사람 때문에 힘들어요."
"동아리를 너무 많이 들어서 시간 내기가 어려워요."
"홈피에 동아리방이 있었으면 좋겠어요."

동아리 운영 모임은 월 1회 정도가 좋다. 동아리 대표나 참여를 희망하는 아이들, 교사가 참여하며 동아리 활성화와 운영과정에서 생기는 문제 토론 및 해결에 관해 논의한다. 다음은 이 선생 반 아이들이 동아리 운영 모임에서 논의한 사항이다.

1. 홈페이지에 동아리방 운영, 계획서 및 활동 내용을 올린다(홍보 및 광고, 동아리 약속, 활동 내용 등).
2. 한 달 동안 활동을 전체 친구들과 나눈다(창체 시간에).
3. 관심 있는 동아리에 하루 체험 통해서 맛보기 후 가입할 수 있도록 한다.
4. 동아리의 활동 계획이나 가입과 탈퇴, 동아리 안에서 일어나는 일에 대해 전체 동아리 회원과 논의를 통해서 결정한다.
5. 동아리 활동 시간이 겹칠 경우, 시간을 조정해서 가능한 참여할 수 있도록 한다.
6. 동아리 내 약속과 규칙을 정해서 운영한다.
7. 3명 이상이면 동아리로 구성된다.
8. 등록한 동아리가 한 달 이상 활동해야 동아리로 인정한다.

학급을 넘어 확산되는 동아리

이 선생네 반의 동아리 활동은 동 학년 선생님들의 관심을 불러일으켰다.

2반 권 선생이 교실에 왔다가 동아리 게시판을 둘러보더니 "아이들이 이렇게까지 해요?"라고 놀랐다. 그리고는 자신의 반에서도 해보겠다고 하면서 3반 박 선생에게 이야기했다. 그 이야기를 들은 3반 박 선생이 찾아와서 말했다.

"아휴, 우리 반 애들이 선생님네 반에서 동아리 활동하는 것이 부럽다고 우리도 해보자는 거예요. 그래서 선생님한테 자세히 물어보려고 왔어요."

이 선생은 동 학년까지 동아리 활동이 자연스럽게 퍼져 나가는 것이 정말 신기하고 좋아서 반 아이들에게 물었다.

"너희들 혹시 다른 반 친구들에게 동아리 얘기했니?"

"네!"

"2반도 한대요!"

"제 친구는 우리 반 동아리에 들어오면 안 되겠냐고 했어요."

학급에서 동아리가 활발해지면 자연스럽게 학년으로 확산된다. 동아리 활동은 아이들이 스스로 또래 모임을 만들면서 자신의 사회적인 힘을 발산하는 것이기에 전파력이 크기 때문이다.

동아리 활동, 아이들에게 어떤 의미가 있을까

석준이는 점심시간마다 돌을 찾아다니며 눈에 띄는 모양의 돌을 보면 주워 와서는 "이 돌 되게 신기하죠? 이 돌 이름이 뭐예요?" 하며 물었다. 이 선생은 석준이에게 암석을 구성하는 광물에 대해 이야기를 하고, 관련된 책을 소개했다. 석준이는 바로 '돌 동아리'를 만들고 동아리 친구들과 함께 책을 보며 주워 온 돌에 간단한 설명을 적어 분류 상자에 모았다.

돌에 대한 관심이 깊어지자 이 선생은 아이들의 시야를 좀 더 넓혀주어야겠다는 생각이 들어 마을 뒷산 노두(표면에 노출되어 있는 바위)를 보러 가자고 했다. 석준이를 비롯한 '돌 동아리' 아이들은 아주 좋아하며 그 뒤로 마을 산을 다니며 노두를 확인하기 시작했다.

'산은 어떻게 만들어졌냐?'는 근원적 질문부터 '공룡 화석이 있는 곳을 가고 싶다'며 아이들의 궁금증과 관심은 점점 넓어지고 다양한 책을 찾는 깊이까지 더해졌다.

석준이는 어느새 과학자가 되겠다는 분명한 자기 목표를 가지게 되었다. 석준이의 배움에 대한 끊임없는 열정은 동아리 속에서 친구들과 공감하면서 더욱 커졌다.

아이들의 학습 능력이 발달하려면 스스로 자신이 좋아하는 일에 몰입하는 경험이 필요하다. 그동안 학교교육은 지식의 전달이라는 측면을 중요시하기 때문에 그러한 기회를 아이들에게 제공하지 못했다. 동아리 활동은 자기표현 시간과 함께 아이들이 스스로 좋아하는 지점에서 사물을 탐색하고 관계 맺을 수 있는 가능성을 열어준다. 그런 과정에서 아이들의 감수성이 자연스럽게 발달한다.

5학년 김 선생네 반 텃밭 동아리에서 아이들의 감수성이 얼마나 깊어지는지 찾아볼 수 있다.

"와, 물도 사람 같네요."
"그럼 우리가 심은 고추에게도 좋은 얘기를 해주면 잘 클까?"

물도 감정이 있다는 실험 내용을 다룬 '물은 답을 알고 있다'는 영상을 본 뒤 텃밭 동아리 아이들은 텃밭 상자에 심어놓은 고추와 상추에 더 많은 정성을 기울였다. 작물들에게 물을 주고 보살피는 것은 물론 수시로 옥상의 상자 텃밭에 둘러 앉아 이야기 나누기, 노래 들려주기, 리코더 연주하기, 그리고 편지도 써서 읽어주었다. 다음은 한 아이가 아삭이 고추에게 편지를 쓴 내용이다.

> "아삭이 고추에게
> 아가야, 잘 지냈니? 엄마야.
> 지난번에 실수로 네 꽃을 건드려서 떨어뜨렸는데 정말 미안해. 그래도 네가 열매를 맺어주니 정말 고맙고 기특하다. 앞으로 내가 정말 조심해서 행동하고, 물도 꼬박꼬박 줄게. 이 엄마, 용서해줄 수 있겠니?
> 고맙다. 내일은 너를 위해 리코더를 연주해줄게.
> 햇빛이 뜨거우니 조심하고 내일 또 보자."

동아리 활동은 감수성과 함께 사회성 발달도 촉진한다.

사회성 발달의 기준이 ① 소모임을 만들 수 있고, ② 참여자에게 내적 동기를 부여해주며, ③ 문제를 함께 해결하고, ④ 감정이입을 할 수 있으며, ⑤ 개인적 친분을 맺는 것이라고 정리되는데, 동아리 활동이야말로 이러한 능력을 개발하는 데 적합한 활동이다.

동아리 활동은 아이 개인의 성장뿐 아니라 서열을 완화시키고 평등한 관계로 만들어 학급공동체의 형성에도 도움이 된다. 동아리를 제안하는 아이들은 공부를 잘하고, 힘이 센 아이들보다는 서열이 낮은 아이들이었다. 이러한 아이들은 동아리 활동을 제안하고 운영하면서 자신의 목소리를 키웠고 기존에 영향력이 있던 아이들도 그러한 목소리를 인정하면서 평등한 관계의 기반이 더 강화되었다. 특히 여자아이들 관계를 평등하고 다양하게 만드는 데 동아리 활동이 매우 효과적이었다.

또한 동아리 활동은 부모의 실질적 참여도 이끌어낼 수 있다.

등산 동아리는 주말에 학교 밖으로 나가서 활동한다. 초기에는 이 선생이 함께했지만 이 선생도 항상 시간을 내기 어려웠다. 그때 준상이가 아빠한테 고민을 얘기했고, 준상이 아빠가 함께하시겠다고 했다. 준상이 아빠는 아이들과 1년 동아리 활동을 같이하신 후 그 소감을 글로 써서 보내오셨다.

> 처음 선생님 전화를 받았을 때 '새롭다'는 느낌을 받았어요. 지금까지 우리 애들이나 주변으로부터 듣지 못했던 동아리를 한다는 이색적인 상황과 아들의 전폭적인 신뢰로 시작한 지난 시간을 돌아보게 되었어요.
>
> 요즘 아이들이 개성이 강하고 자기만 안다고 생각했어요. 그런데 어떤 상황이 생겼을 때 아이들이 10인 10색의 의견이 어느 순간 넘치는 점과 부족한 점을 조절하며 중지를 모으고 결론을 내는 모습을 보며 참으로 기특했어요. 등산 동아리가 부모와 아이들 생각과 행동에 공감대를 형성하고 나눌 수 있는 그런 발전적인 활동이 되었으면 하는 바람이 작은 욕심으로 남습니다.

준상이 아빠 편지를 읽으면서 이 선생은 처음 준상이 부모님께 부탁을 드릴 때 부담을 드리는 것은 아닌지 잠시 망설였던 것이 기우였음을 알게 되었다.

동아리 활동에서 기능과 자원을 가진 부모의 참여는 매우 중요하다. 이렇게 동아리 활동을 하면 아이와 부모의 관계도 변한다. 숙제를 감독하고 학원 시간을 관리, 통제하는 역할에서 벗어나 아이들과 함께 참여하면서 소통하는 부모로 성장시켜 줄 수 있기 때문이다.

동아리 활동, 궁금해요

Q 동아리가 너무 많이 생겼다 없어지는데 이때는 어떻게 해요?

A 동아리 활동 초기에는 많은 동아리들이 생겼다 없어지는 일종의 버블 현상이 일어난다. 아이들의 제안이나 참여를 존중하되 동아리 체험을 한 뒤 신중하게 결정하기, 한 사람이 너무 많은 동아리에 들지 않기, 동아리를 개설하면 한 달 이상 지속하기 등 원칙을 정하는 토론을 한다.

동아리가 없어지는 것은 제안한 아이에게 상처가 되기 때문에 교사는 이 과정을 주의 깊게 살펴보고 도움을 주어야 한다. 특히 괴롭힘을 당해왔던 아이들은 더 큰 좌절을 겪을 수 있다. 이러한 아이들에게 왜 동아리가 잘 안 되는지 토론하여 문제 해결을 하도록 하고, 동아리가 해체되었을 때도 다시 시도해볼 수 있는 용기를 가지도록 해야 한다.

Q 한 아이가 자기 마음대로 결정하고 주도하려고 하는데 어떻게 할까요?

A 이 선생 반 축구 동아리 아이들이 하루 닫기 시간에 불만을 털어놓았다. 축구 동아리 내에 주장, 부주장, 과장 등 서열이 있고, 주장과 부주장들 마음대로 한다는 것이다. 이 이야기를 듣고 이 선생은 반 전체 아이들과 2가지 관점에서 확인해보았다.

첫째, 우리 동아리 내 서열이 있는가?
둘째, 우리 동아리 일을 모두가 함께 결정하는가?

확인한 결과 다른 동아리들도 대부분 주장, 부주장이 있었다. 동아리 구성원들 사이의 민주성과 평등성에 대한 원칙이 합의되자 아이들은 동아리 내 주장, 부주장 등 서열관계를 없애기로 하고, 다음과 같이 약속했다.

"동아리의 활동 계획이나 가입과 탈퇴, 동아리 안에서 일어나는 일에 대해 전체 동아리 회원과 논의를 통해서 결정한다."

Q **아이들이 좋아하면 다 동아리가 될까요?**

A 동아리 활동을 하게 되면 일부 아이들은 댄스 동아리나 컴퓨터 게임 동아리를 하겠다고 나서기도 한다. 이러한 동아리에 대해서는 아이들과 토론을 통해서 허용되는 동아리와 그렇지 않은 동아리에 대한 기준을 만들 필요가 있다. 무조건 안 된다고 할 것이 아니라 그것이 자신과 학급에 미치는 영향에 대해 생각할 수 있도록 해주어야 한다.

특히 댄스 동아리의 경우 부수적인 문제가 발생하기도 한다. 쉬는 시간마다 좁은 교실에서 춤을 추다 보니 많은 공간을 차지하고 음악소리로 소란스러워진다. 또한 그 아이들이 학급의 분위기를 주도하면서 거기에 참여하지 못하는 아이들은 위축될 수 있다.

Q **저학년도 동아리 활동을 할 수 있을까요?**

A 저학년도 동아리 활동이 가능하다. 다만 발달 단계가 다르기 때문에 교사의 세심한 지원이 필요하다. 고학년의 경우는 교사의 격려만으로도 아이들이 스스로 힘으로 동아리 활동을 해나가지만 저학년은 소통하는 방법도 모를 가능성이 있다. 이때 교사가 동아리 안에서 원활한 소통이 되도록 연락처를 공유하여 주소록을 만들거나 약속하는 방법을 알려주고, 그 안에서 생기는 관계의 문제를 해결할 수 있도록 구체적으로 지원해주어야 한다.

Q **동아리 안에 자원이나 기능을 가진 아이가 없을 때는 어떻게 해야 할까요?**

A 동아리 활동에서 아이들이 자원을 보유하고 있는 것은 매우 중요하지

만 동아리 안에 자원이 없어도 동아리 활동이 불가능한 것은 아니다. 자원을 가진 부모와 교사가 도울 수 있기 때문이다. 도움을 줄 수 있는 어른을 찾고 참여를 요청하는 과정이 아이들에게 새로운 배움의 기회를 제공한다.

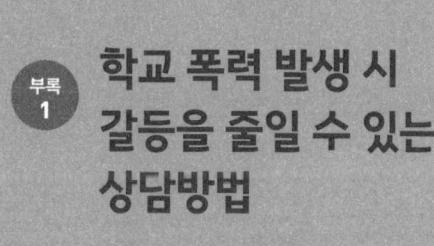

부록 1 학교 폭력 발생 시 갈등을 줄일 수 있는 상담방법

부록 2 학교 폭력 발생 시 부모들의 대응방법

부록 3 평화샘 프로젝트 연수 프로그램

부록 1

학교 폭력 발생 시
갈등을 줄일 수 있는 상담방법

"우리 반에 폭력 사건이 생겼어요. 어떻게 해야 할지 모르겠어요."
"부모님들 대하기가 어려워요. 빨리 끝났으면 좋겠어요."
학교 폭력 사건이 발생했을 때 대다수 교사들의 반응이다.
　그런데 교사들의 이런 태도는 피해 아이 부모의 불신을 부를 수밖에 없다. 피해 아이의 아픔을 공감하고 이해하지 않은 상태에서 빨리 해결하려고만 한다면 피해 아이 부모는 문제를 은폐하거나 축소하는 태도로 인식하게 될 것이기 때문이다. 또한 가해 아이 부모는 교사들의 그런 태도를 가해자에게 동정하는 것으로 받아들일 가능성이 높다. 그 결과 폭력 사건 이후에 가해 아이 부모와 피해 아이 부모의 갈등으로 확대되어 학교 전체가 혼란스러울 수 있다.
　이때 교사가 상황에 대한 올바른 대처 매뉴얼을 가지고 있으면 폭력 사건을 쉽게 중재할 수 있을 뿐만 아니라 그 후 생겨나는 갈등도 줄일 수 있다.
　여기서는 교사가 피해 아이, 가해 아이 그리고 부모들을 올바르게 중재하고 갈등을 해결할 수 있는 상담방법을 정리해보았다.

피해 아이 상담방법

피해 아이는 매우 위축되고 불안정한 심리상태이므로 자신이 피해 사실을 이야기했을 때 보복을 당하게 되지는 않을까 고민하는 경우가 많다. 이때 교사는 아이의 두려운 마음을 헤아리며, 진실을 말하는 것이 문제를 해결하는 데 있어서 얼마나 중요한지를 강조한다. 그리고 어른들이 돕고 싶어 하며 피해 아이가 다른 친구들을 사귀고 안정적인 학교생활을 할 때까지 보호할 것임을 알려주어야 한다.

상담 시에는 담임교사뿐만 아니라 책임교사, 학교 관리자, 또는 전 담임 등 아이와 친밀한 관계를 형성한 교사가 함께 진행한다. 이때 대화는 교사 중 한 명이 주도한다.

아이와의 만남은 안전하게 느낄 수 있는 장소를 선택하며, 상담 후에는 반드시 진술서를 작성하도록 한다.

진심 어린 위로를 한다.
"그동안 무척 힘들었지? 미리 도와주지 못해서 미안하구나. 학교와 선생님은 이 문제가 해결될 때까지 너를 도울 거야."

피해 상황을 파악한다.
"너에게 어떤 일이 일어났는지 자세히 이야기해주겠니? 이것은 절대 고자질이 아니야. 사실을 알리는 것이야."

피해 아이의 감정을 표현하게 한다.

"△△이가 괴롭힐 때 너는 어떤 기분이 들었니?"

"네가 이렇게 이야기한 것은 정말 용기 있는 행동이야."

피해 아이가 자신의 감정을 표현하도록 하는 것은 매우 중요하다. 그 대화 자체가 치유하는 과정이 될 수 있기 때문이다.

끝까지 해결하겠다는 의지를 표현한다.

"이런 일이 생겨서 정말 마음이 아파. 넌 더 이상 이런 일들을 혼자 견디지 않아도 돼. 너를 괴롭히는 일이 멈출 때까지 우리는 할 수 있는 모든 일을 할 거야."

피해 아이의 요구사항을 파악한다.

"네가 불편함이 없도록 필요한 것이 있다면 말해줘. 이 문제를 해결하기 위해 필요한 것이 무엇이라고 생각하니?"

피해 아이의 안전을 위해 필요한 방안을 이야기한다.

"가해 아이나 주변 학생들로부터 보복당하지 않도록 보호할게. 네가 안전하게 학교생활을 할 수 있도록 최선을 다할 거야."

예를 들어, 교실을 이동하고, 점심시간이나 쉬는 시간에 함께할 수 있는 친구가 필요한지 등 안전 방안을 논의한다.

> **또다시 폭력 상황이 생기면 즉시 교사에게 알릴 것을 약속받는다.**
> "혹시라도 또 이런 일이 생기면 '멈춰'를 외치고, 선생님에게 꼭 알려야 해. 그것은 절대 고자질이 아냐."

> **앞으로 계획을 알려준다.**
> "앞으로 분명하게 조사를 하고, 학교에서는 이렇게 진행할 거야."
> "너의 부모님에게 연락해서 우리가 이야기했던 것들을 알려드릴 생각이야. 앞으로 1~2일 후에 다시 한 번 이야기하면서, 상황이 어떻게 되어가는지 확인하도록 하자."

가해 아이 상담방법

가해 아이는 겉으로는 아무렇지 않은 듯 행동하지만 속으로는 주변의 반응과 앞으로 닥쳐올 일에 대한 불안감으로 두려워하기 마련이다. 따라서 가해 아이의 마음을 달래주면서 그 아이를 변화시킬 수 있는 전략이 필요하다.

상담 시에는 담임교사뿐만 아니라 책임교사, 학교 관리자 등이 함께 진행한다. 특히 가해 아이가 한 명 이상이고 다루기 힘든 경우에는 더욱 그렇다. 학교의 다른 직원들이 상담에 참여하는 것은 아이에게 이 상황이 매우 심각한 것이라는 메시지를 줄 수 있다. 그러나 이때, 대화는 교사 중 한 명만 주도하도록 한다.

가해 아이가 여러 명일 경우 서로 정보를 공유할 기회를 주어서는 안 된다. 따라서 동시에 다른 장소에서 진술서를 작성하도록 해야 한다. 이 진술서를 바탕으로 개별 상담을 진행한다. 대개의 경우 한 명이 학교 폭력을 주도하게 되는데, 만약 주도한 아이를 알고 있다면 그 아이를 먼저 상담하고, 뒤이어 함께 참여한 아이들(동조자)을 바로 상담한다. 상담을 할 때는 편안하고 독립된 공간에서 진행한다. 그리고 상담의 목적을 처음부터 분명하게 알려주고 마지막으로 진술서를 작성한다.

가해 아이에게 상담 의도를 전달한다.
"너도 많이 힘들었을 거야. 오늘 이 자리는 너를 비난하기 위한 것이 아니야. 너를 정말 돕고 싶어."

폭력 사실을 알고 있음을 표현한다.
"선생님은 폭력 사실을 알고 있고, 거기에 네가 관련되어 있다는 것도 알고 있어."

폭력 상황을 정확하게 파악한다.
"어떤 일이 있었는지 사실대로 이야기해주면 이 문제를 해결하는 데 도움이 될 거야."

폭력을 당장 멈춰야 함을 표현한다.

"저런, 너의 폭력으로 ○○이가 많이 힘들었겠다. 네가 한 행동은 명백한 학교 폭력이야. 이것은 절대 용납할 수 없으며 당장 그 행동을 멈추어야 해."

"부모님께 이야기해서 함께 해결해갈 거야."

폭력을 사용하는 이유를 찾는다.

"네가 폭력을 쓰는 것에 대해 어떻게 생각해? 또 다른 아이들은 어떻게 느낄 것 같아?"

"혹시 과거에 폭력을 당해본 적이 있니? 학교나 부모님이 무엇을 도와주면 좋겠니?"

재발 방지에 대한 다짐을 받는다.

"이 문제를 해결하기 위해서 네가 할 수 있는 일이 무엇일까?"

"네가 다시 피해 아이나 다른 아이에게 폭력을 쓸 경우 법에 저촉되어서 처벌을 받을 수도 있어."

기대를 전한다.

"나는 네가 달라질 수 있다고 믿어. 나나 다른 선생님들도 네가 어떻게 행동하는지 계속 지켜볼 거야. 도움이 필요하면 언제든지 이야기해."

▼

이후 처리 과정과 절차를 설명한다.

"보상이 필요한 부분에 대해서는 분명하게 책임을 져야 해."

"앞으로 학교에서는 이 문제를 이런 과정을 거쳐서 처리할 거야."

"이 문제에 대해 선생님과 이야기를 나누어줘서 고마워."

올베우스 프로그램에서는 학교 폭력을 멈추지 않으면 처벌이 있을 것이라고 강조하지만, 우리 프로그램에서는 모든 아이들이 멈춰를 외치면서 괴롭히는 아이들을 돕기 위한 행동을 하므로 공동체적 프로그램 안에서 가해 아이의 행동이 조절될 가능성이 높다.

Tip 가해 아이의 전략에 대한 대응방법

부인하기

가해 아이들은 문제 상황에 관련되었다는 사실을 부인한다. 하지만 피해자나 다른 목격자들의 진술을 문서화해놓는다면, 아이들은 이미 부인할 수 없는 상황이라는 것을 깨닫게 된다.

피해 아이 탓하기

가해 아이는 자신의 행동을 정당화하기 위해 피해 학생이 "바보 같고, 자신을 화나게 했다."면서 변명할 수 있다. 사실 학교 폭력을 당하는 대다수 아이들은 가해 아이를 화나게 할 수 있는 위치에 있지 않다. 따라서 아이의 그런 말들은 무시해도 된다. 그리고 다음과 같이 말해줄 수 있다.

"그래. ○○이가 하는 행동에 문제가 있을 수 있어. 그렇지만 그것이 그 친구를 괴롭힐 수 있는 자격을 너한테 주는 건 아니잖아. 네가 친구라면 그 친구의 행동을 좋은 방향으로 바꾸기 위해 도움을 주는 것이 맞지 않을까? 어떻게 생각해? 어쨌든 네가 약속해야 할 것은 폭력을 멈추는 거야. 그 친구의 잘못이 있다면 다른 방법을 찾을 수 있는데, 왜 네가 폭력을 써야 하지?"

관련 사실 축소하기

가해 아이가 여럿일 경우, 장난이었다든지, 자기는 중요한 역할을 하지 않았다는 등의 이야기를 할 수 있다. 이때 교사는 이렇게 말할 수 있을 것이다.

"그런 행동은 장난이 아니라 심각한 폭력이야. 지금 중요한 것은 너의 행동에 대한 이야기야. 다른 아이의 이야기는 나중에 해도 돼."

피해 아이 부모 상담방법

피해 아이의 부모는 대단히 불안하고 분노하고 있는 상황이다. 그런데 많은 교사들이 부모의 이런 마음을 고려하지 않은 말로 상처를 주는 경우가 많다.

"뭐 이런 일 가지고 학교까지 오시고 그래요?"

"○○이가 너무 예민해 친구들의 장난을 장난으로 받아들이지 못해서 친구들과 사귀지 못해요." 등.

(이 외에도 교사가 피해 아이 부모를 화나게 하는 말의 여러 경우가 323쪽의 팁에 있다.)

이럴 때 부모는 어떤 기분이 될까?

화가 나서 견딜 수 없는 상황이 될 것이며 학교를 전혀 믿지 못할 것이다.

피해 아이의 부모를 만나는 데 있어서 가장 중요한 것은 부모의 아픔에 대해 공감하는 것이다. 공감만이 문제를 지혜롭게 해결할 수 있기 때문이다. 그런데 감정이 서로 복잡하게 얽혀 있는 상황에서 공감은 자연스럽게 이루어지는 것이 아니라 아주 체계적이고 치밀한 준비를 통해서 가능하다는 것을 알아야 한다.

문제 발생 시 긍정적이고 협조적인 관계를 위해서는 몇 가지 전제가 있어야 한다.

첫째, 평상시에 학부모들과 좋은 관계를 형성해야 한다.

둘째, 학부모들을 학급 운영의 동반자로 받아들여야 한다. 문제를 일으키는 존재로 부모를 보는 것이 아니라 아이들을 걱정하며 학교에서 즐겁게 생활하기를 바라고 교사와 항상 협조할 수 있는 사람이라고 믿을 때 문제가 쉽게 해결된다.

셋째, 문제가 발생했을 때 부모들을 나무라거나 비판하면 안 된다. 사실을 바탕으로 말하고 진지하게 도움을 요청해야 한다.

교사	안녕하세요? ○○이 부모님이신가요?
부모	네. ○○이 엄마인데요. 누구신가요?
교사	저는 ○○이 담임 △△△입니다. ○○이에 대해 드릴 말씀이 있는데 지금 통화 가능하세요?
부모	아, 네. 괜찮아요. ○○이한테 무슨 일이 있나요?
교사	오늘, ○○이가 친구들한테 괴롭힘을 당해왔다는 것을 알게 되었어요.
부모	어머니! 몰랐어요. 저한테 아무 얘기 없었는데.
교사	이런 일이 생겨서 정말 죄송해요. 저와 학교는 ○○이를 도울 수 있는 방안을 마련하고 있어요. 부모님도 너무 걱정하시지 마시고 오셔서 함께 해결할 수 있는 방안을 얘기했으면 좋겠어요.
부모	지금 당장은 어렵고 제가 ○시까지 갈게요.
교사	네, 기다리겠습니다.

부모가 방문했을 때는 편안하고 비밀이 보장된 공간에서 담임교사와 책임교사, 학교 관리자가 함께 만나는 것이 좋다. 다만 대화는 한 사람이 주도하도록 한다. 이때 차와 음료를 준비해서 차분하게 대화할 수 있는 분위기를 만든다.

부모와의 대화는 몇 가지 초점을 가지고 진행해야 한다.

먼저 다시 한 번 위로를 한다. 학교가 아이의 어려움을 먼저 파악하고 도와주지 못했다는 것에 대해 사과하고, 학교가 모든 노력을 다할 것이라는 것을 이야기한다. 그리고 아이를 돕기 위해 함께 어떻게 할 것인지 논의한다. 대화는 다음의 순서에 따라 진행하는 것이 좋다.

부모의 아픔에 공감하고, 진심으로 사과한다.
"많이 놀라셨죠? 저도 얘기 들으면서 많이 속상하고 힘들었는데 부모님께서는 얼마나 속상하세요? 제가 좀 더 세밀하게 살폈어야 했는데 이런 일이 생겨서 정말 죄송합니다."

사건의 정황을 자세히 알린다.
"어제 ㅇㅇ이의 친구 ㅁㅁ가 이 사실을 저에게 알려 왔어요. ㅇㅇ이와 먼저 이야기를 하고, 다른 아이들의 이야기를 듣고 진술서도 받았어요. 그랬더니 ㅇㅇ이는 그동안 …… 한 일을 당해왔습니다."

피해 아이의 상태에 대해 질문한다.
"혹시 집에서의 생활은 어땠나요? 예전과 다른 점은 없었나요?"
"ㅇㅇ이가 그동안 정말 힘들었을 거예요."

재발 방지를 위한 프로그램을 약속하고, 참여를 요청한다.

"○○이를 도와 이 문제를 해결하기 위해서 저와 학교가 할 수 있는 모든 일을 하겠습니다. 반드시 ○○이의 입장에서 사실을 분명하게 밝히고 객관적 조사에 근거하여 해결할 것입니다."

"부모님께서도 많이 힘드시겠지만 지금은 ○○이가 가장 힘들 거예요. 부모님이 당황하지 말고 문제를 해결할 수 있다는 확신을 가지는 것이 중요합니다. 그럴 때 아이도 위로받고 문제를 해결할 수 있다는 자신감을 갖게 될 거예요."

"이 문제를 해결하기 위한 제안이나 조언이 있으시면 말씀해주세요. 그리고 가해 아이 부모에게 연락을 하시거나 만나는 것은 저에게 꼭 말씀하시고 학교의 중재 아래 만났으면 좋겠습니다."

*학교폭력대책자치위원회[9]를 열 경우에는 이에 대한 절차를 안내한다.

"이 일이 학교폭력대책자치위원회에 회부되면 이렇게 절차가 진행됩니다."

"학교폭력대책자치위원회는 학교 폭력 문제의 심각성을 공유하고, 재발 방지를 위한 학교 차원의 계획을 논의할 것입니다."

피해 아이의 보호를 위해 노력할 것을 약속한다.

"앞으로 더 이상 괴롭힘이 생기지 않도록 아이들과 약속하고 지키기 위해 최선을 다하겠습니다. 만약 그렇게 했는데도 괴롭힘이 또 확인된다면 학교에서 조치를 취할 수 있도록 꼭 알려주세요."

"그리고 ○○이가 상담이나 치료를 원하시면 이렇게 하면 됩니다."

*피해 아이의 심리적 상태가 불안정하거나 가해 아이들과 격리가 필요한 경우는 가정이나 병원, 상담실, 보건실 등 아이가 원하는 곳에서 쉴 수 있고, 그것은 결석이 아니라 출석으로 처리된다는 것을 함께 알려 안심하게 한다.

상담해주신 것에 대해 감사를 표현하고, 아이의 변화에 대해 지속적으로 연락관계를 취한다.

"어려운 일이 있으면 언제든지 연락해주세요. 저도 부모님과 협력할 일이 있으면 바로 연락드릴게요. 이건 저의 이메일과 전화번호입니다."

"부모님께서 이렇게 오셔서 함께 이야기해주시니 정말 감사합니다."

tip 피해 아이 부모 상담 시 유의할 점

- 많은 교사들이 불안한 부모의 심리를 고려하지 않고, 오히려 분노를 증폭시키는 경우가 많기 때문에 대화의 시작이 중요하다. 간단히 상황을 알려주고, 아이가 겪은 폭력에 대해 위로와 함께 죄송한 마음을 전하면서 학교로 와주실 것을 요청한다.
- 가해 아이의 부모와 직접적으로 연락하지 말고, 학교의 중재하에 만날 것을 요청한다.

---

9) 학교폭력대책자치위원회의 운영과 절차에 대해서는 교육과학기술부의 『학교폭력 사안처리 가이드 북』을 참조한다.

> **Tip** 피해 아이 부모를 화나게 하는 교사의 말

사건을 축소하려는 태도

"뭐 이런 일 가지고 학교까지 오시고 그래요?"

"이번만 참으시고 앞으로 한 번 더 이런 일이 생기면 그때 처리하겠습니다."

"애들은 다 싸우면서 크는 겁니다."

"이건 아이들 일이니 아이들끼리 해결하도록 해야 합니다."

아이와 가정의 탓으로 돌리는 태도

"○○이도 책임이 있어요. 워낙 사회성이 떨어집니다."

"○○이도 만만치 않아요."

"그 아이(가해 아이)가 그럴 리 없습니다. 성적도 좋고, 얼마나 착한데요."

책임을 회피하려는 태도

"학교는 할 만큼 했으니 알아서 하세요."

"학교 책임은 없으니 법대로 하시지요."

"저는 할 만큼 했습니다."

학교 폭력 피해 상황을 부모가 알려 올 경우 대처방법

학교 폭력이 의심되거나, 발생한 것에 대해 부모가 교사에게 알려 올 경우도 있다.

이때 교사들의 마음자리는 어떨까? 먼저 알고 해결하지 못한 점에 대해 미안한 마음도 든다. 한편으로는 무능하고 무관심하다며 비난받지 않을까, 교장이나 교육청으로 연락하여 일이 커지지 않을까 하는 두려운 마음도 들기 마련이다. 이럴 때 교사가 방어적인 태도를 취하게 되면 문제 해결은 더욱 어려워진다. 왜냐하면 피해 아이 부모들 중 대다수는 여러 가지 이유로 학교에 연락하는 것을 부담스럽게 생각한다. 피해 아이 부모는 자신의 아이가 학교 폭력의 피해를 받고, 소외된다는 것을 다른 사람들이 알기를 바라지 않고, 그것이 자신의 책임이라고 생각하고 수치심을 느끼기 때문이다. 또 얘기했을 때 자기 자식에게 피해가 갈까 두렵기도 하고, 학교가 어떻게 나올지 몰라 불안해하기도 한다. 아이가 보복이 두려워 학교에 얘기하지 말라고 했을 수도 있다.

따라서 부모가 학교 폭력 피해 상황을 알려 온다면 매우 심각하게 생각하고 부모 말을 사실로 받아들여야 한다.

교사는 부모가 말하는 내용에 대해 열린 마음으로 주의 깊게 들어야 한다. 우선, 미처 알지 못하고 예방하지 못한 점에 대해 사과를 하고 알려 온 것에 대해 진심으로 감사를 표한다.

"정말 속상하셨겠어요. 제가 미처 상황을 알지 못해 죄송합니다. 이렇게 말씀해주셔서 정말 감사합니다. 말씀해주신 것을 바탕으로 더 자세히 그리고 신속하게 알아보고 ○○이를 도와주겠습니다."

다음으로 사안에 대한 철저한 조사와 함께 그러한 부모의 적극적인 인식과 개입이 문제 해결에 도움이 된다는 것을 알리고 지속적인 대화를 요청해야 한다.

이때 교사가 절대적으로 주의하고 해서는 안 되는 말이 있다.

"저희들이 알아보겠습니다."
"제가 알아보고 처리하도록 하겠습니다."

이러한 말은 부모의 이야기는 참고에 불과할 뿐이고 교사가 직접 확인한 다음에 판단하겠다는 뜻이다. 따라서 이러한 말은 피해 아이의 힘든 상황과 부모의 아픈 마음을 부정하는 행동이며 피해 아이 부모에게 또 한 번의 상처를 주는 말이다.

가해 아이 부모 상담방법

학교 폭력 가해 아이 부모와 만나는 것은 교사에게 매우 부담스러운 일이다. 자녀가 다른 사람을 괴롭혔다는 사실을 부정하거나 "어렸을 때는 그럴 수도 있지 않느냐"는 적반하장의 반응으로 문제를 더 어렵게 만들 수 있기 때문이다.

이럴 때 아이가 직접 쓴 자필 진술서는 부모가 상황을 빨리 이해하고, 받아들이는 데 도움을 준다. 진술서는 괴롭힌 아이뿐만 아니라 괴롭힘을 당한 아이, 목격한 아이의 진술서를 모두 받아 근거를 마련해두어야 한다. 부모가 인정을 하면 문제 행동을 개선하기 위한 학교와 부모의 공동 협력 방안을 함께 토론한다.

부모와의 상담을 위해서 전화하는 방법은 피해 부모에게 연락할 때와 동일하다. 전화가 연결되었을 때는 괴롭힘 상황을 간략히 이야기하고 학교로 방문해줄 것을 요청한다.

교사	안녕하세요? △△이 부모님이신가요?
부모	네. △△이 엄마인데요. 누구신가요?
교사	저는 △△이 담임교사입니다. △△이에 대해 드릴 말씀이 있는데 지금 통화 가능하세요?
부모	아, 네. 괜찮아요. △△이한테 무슨 일이 있나요?
교사	오늘, △△이가 친구를 괴롭힌다는 것을 알게 되었어요.
부모	우리 애가요? 몰랐어요.
교사	많이 놀라셨죠? 저도 많이 놀랐는데, 학교에 오셔서 괴롭힘 상황에 대해 더 자세히 들으시고, △△이를 어떻게 도울지 함께 상의하면 좋겠습니다.
부모	지금 당장은 어렵고 제가 ○시까지 갈게요.
교사	네, 기다리겠습니다.

부모가 방문했을 때는 편안하고 비밀이 보장된 공간에서 담임교사와 책임교사, 학교 관리자가 함께 만나는 것이 좋다. 다만 대화는 한 사람이 주도하도록 한다.

교사들은 가해 아이 부모를 만날 때 흔히 부모를 나무라듯이 이야기하거나 죄인 취급하듯 이야기하는 경우가 있다. 이는 감정적 반발을 초래할 수 있다. 교사가 가해 아이 부모도 아프고 힘들다는 것을 이해하고 위로하는 것이 아주 중요하다. 학교가 아이의 어려움을 먼저 파악하고 도와주지 못했다는 것에 대해 사과하고, 이후 모든 노력을 다할 것이라는 것을 이야기한다.

그리고 아이를 돕기 위해 함께 어떻게 할 것인지 논의한다.

대화는 다음의 순서에 따라 진행하는 것이 좋다.

부모의 감정을 수용하고 이해한다.

"많이 놀라고 당황하셨지요? 괴롭힘을 당한 ○○이가 가장 힘들겠지만 △△도 지금 많이 두려워하고 있을 거예요. △△이와 이야기하다 보니 작년에 반 친구들에게 왕따당한 상처가 있다는 것을 알았어요. 먼저 △△이의 어려움을 파악하고 도움을 주지 못해 죄송합니다."

"이렇게 오시라고 한 것은 △△이를 비난하려는 것이 아니에요. △△이를 어떻게 도와야 할지 함께 의견을 나누기 위해서예요."

피해 아이의 피해 정도를 정확하게 알려준다.

"현재 피해를 당한 ○○이는 신체적으로 …… 상태이고, 심리적으로는 …… 상태입니다."

폭력은 절대 용납할 수 없음을 밝힌다.

"△△이가 다른 친구에게 폭력을 사용한 것은 우리 학교에서는 용납되지 않습니다. 이는 학교 규칙에 위배되는 행동이고, 부모님과 제가 협력해서 △△이의 그런 행동이 중단되도록 함께 노력해야 합니다. 부모님께서 아이가 잘못된 행동을 그만둘 수 있도록 도와주실 것이라 생각합니다."

가해 아이 지도 방안에 대해 협의한다.

"△△이가 잘못된 행동을 멈추고 변화하기 위해서는 어떤 도움이 필요할까요? △△이를 제대로 돕기 위해서 제가 모르는 것이 있으면 솔직하게 말씀해주세요. 지난번 상담에서 △△이가 가정에서 이런 점이 힘들다고 했어요."

"△△이를 돕기 위해 저와 아이들은 이런 토론을 했어요."

"부모님은 어떻게 생각하세요?"

가해 아이에 대한 기대감을 전한다.

"△△이가 이런 장점을 가지고 있고, 더 나은 행동을 할 수 있을 것이라 믿습니다. 저와 부모님께서 협력한다면 이 문제는 반드시 해결할 수 있을 것이라 믿어요."

진심 어린 사과의 중요성을 인지시킨다.

"부모님과 △△이의 진심 어린 사과는 피해 아이가 안정을 찾고 치유하는 데 큰 도움이 됩니다. 만일 피해 아이의 치유와 물질적 배상이 필요한 경우 비용을 부담하셔야 합니다."

앞으로의 계획을 이야기한다.

"사실에 근거하여 조사하고 공정하게 처리할 것입니다. 그리고 △△이가 변화되었는지 알아보기 위해 추가적인 상담이 있을 겁니다."

"앞으로 2~3일간 괴롭힘 행동을 멈추었는지 관심을 가지고 △△이를 지켜볼 것이며, 가정에서도 아이의 변화에 대해 공유하고 함께 협력할 수 있었으면 합니다."

*학교폭력대책자치위원회를 열 경우에는 이에 대한 절차를 안내한다.
"이 일이 학교폭력대책자치위원회에 회부되면 이렇게 절차가 진행됩니다."
"학교폭력대책자치위원회는 학교 폭력 문제의 심각성을 공유하고, 재발 방지를 위한 학교 차원의 계획을 논의할 것입니다."

Tip 가해 아이 부모의 다양한 반응에 대한 대응방법

가해 아이 부모를 만나다 보면 여러 유형이 있을 수 있다. 크게 다섯 가지 유형으로 나눌 수 있다. 그중 문제를 수용하고 적극적으로 해결해가려는 부모와는 아이에 대한 지원 방안을 바로 논의한다. 하지만 다음의 네 가지 부모 유형에 대해서는 적절한 대응방법을 갖추어야 한다.

부모가 사실을 부정할 때

"우리 애는 절대 그럴 리가 없어요."

이때 아이의 행동 기록이나 다른 아이들의 백지 설문 결과, 자필 진술서를 부모에게 보여주며 부모의 이러한 행동이 아이에게 '이 정도는 괜찮겠지.' 하는 부정적인 메시지를 준다는 것을 분명히 한다.

부모가 아이를 탓할 때

"내가 얘 때문에 못살겠어요."
"누구나 힘들 거예요. 하지만 아이의 미래를 위해서 함께 얘기해야 해요. 이번 기회로 아이와 진짜 소통할 수 있는 기회를 갖게 되었다고 생각해야 합니다."
부모가 모든 것이 자신의 문제라고 얘기하는 것을 듣는 아이는 문제를 해결할 수 있는 자존감이 형성될 수 없다. 그렇게 되면 아이는 더 엇나가게 된다는 것을 이야기한다.

부모가 죄책감에 사로잡혀 아이를 돕지 못할 때

"다 내 잘못이에요."
"지금 중요한 것은 아이를 돕는 거예요. 이제 문제를 알았으니 함께 해결하면 됩니다. 이번 일로 아이가 성장할 수 있는 기회를 갖게 되었다고 생각해요."
부모의 이런 반응이 어찌 보면 반성을 하는 것 같지만 진짜 반성을 한다면 아이의 마음을 먼저 생각하고 어떻게 해결할 것인가를 얘기해야 한다. 이런 모습을 보면 아이는 부모가 상처받을 것이 두려워 다시는 얘기를 하지 못하게 된다는 것을 이야기한다.

부모가 극렬하게 항의할 때

심각한 학교 폭력은 대다수가 집단괴롭힘이다. 피해 아이 부모에 비해서 가해 아이 부모가 많고 그들은 자기 자식을 보호하기 위해 어떤 일이든 하려고 한다. 그래서 사건을 제대로 조사하고 공개적으로 처리하려고 하면 교사를 협박하거나 욕설을 퍼붓거나 심지어 학교에서 쫓아내려고도 한다. 많은 교사들이 이런 문제 때문에 학교 폭력 문제에 대해 대응을 하지 못하고, 심한 경우 심리치료를 받기도 한다. 그런데 이러한 교권 침해에 대해서 자세히 조사하다 보면 대다수 관리자들이 문제가 커지는 것을 막기 위해서 가해 아이 부모들을 부추기는 경우가 많다. 또는 학교 차원의 시스템이 제대로 정비되지 않아서 불신을 받는 경우도 있다. 따라서 어떤 경우든 부모를 탓하기보다는 학교 차원에서 교사와 관리자가 일관된 원칙과 태도를 가지고 같은 방법으로 대응하는지 먼저 검토해야 한다. 폭력을 용납하지 않는 학교문화는 교사들의 명확한 태도가 있을 때만 뿌리내릴 수 있다.

> **Tip** 가해 아이 부모를 화나게 하는 교사의 말
>
> **아이와 가정의 탓으로 돌리는 태도**
>
> "매일 사고만 칩니다. 앞으로 뭐가 될는지……."
> "가정에서 잘했으면 이런 일이 생길까요? 도대체 뭘 보고 배운 건지."
>
> **책임을 회피하려는 태도**
>
> "학교는 할 만큼 했으니 알아서 하세요."
> "학교 책임은 없으니 법대로 하시지요."
> "저는 할 만큼 했습니다."

진술서 작성하기

평화샘 프로젝트에서 말하는 진술서는 학교폭력대책자치위원회를 열기 위해 작성하는 진술서와는 다르다. 가해 아이를 처벌하기 위한 근거를 마련하는 것이 아니라 아이들 모두가 성장할 기회를 갖기 위해서이다.

진술서는 괴롭힌 아이, 괴롭힘을 당한 아이, 목격한 아이 모두에게 받아야 한다. 진술서의 작성은 가해 아이에게는 폭력이 심각한 사회적 문제이며, 절대 용납되지 않는다는 메시지를 준다. 피해 아이에게는 치유의 과정이 되고, 학교 폭력 문제를 공개적으로 드러내서 해결할 수 있는 힘을 길러준다. 목격한 아이에게는 폭력 상황을 해결하는 과정에 참여할 기회를 제공함으로써 무력감을 극복하게 할 수 있다.

진술서는 누가, 언제, 어디서, 어떻게 등 6하원칙에 근거해서 상황을 정확히 기록한다. 진술서는 가능하면 본인 자필로 써야 하지만, 어려워할 경우 교사가 작성하고 본인의 확인을 받는다.

학교 폭력 진술서(예시)

- 누가 :
- 언제(날짜와 시간, 그때의 주변 상황) :
- 어디서 :
- 상황(어떤 행동과 말을 했는지, 그때 주변에 누가 있었으며, 그 아이들은 어떻게 했는지) :
- 뒤처리 :
- 기록자 :

학교 폭력 발생 시
부모들의 대응방법

학교 폭력의 근본 요인 가운데 하나로 가족 요인을 꼽는다. 많은 교사들이 학교 폭력 문제를 말할 때 가정교육의 문제라고 책임을 전가하는 것은 이 때문이다. 그러나 학교 폭력 문제의 해결을 시도하고 조절하고 해결하는 궁극적인 책임은 학교에 있다. 교사의 체벌이나 편애가 학교 폭력의 가장 큰 요인 중 하나이며, 수직적이고 위계적인 학교문화, 또래 간의 권력관계 역시 가정 요인만큼 중요하기 때문이다. 또한 부모들은 학교 폭력 문제를 해결할 수 있는 위치나 수단을 가지고 있지 않다.

따라서 학교 차원의 폭력에 대처하는 분명한 원칙과 태도, 프로그램이 전제되어야만 학교 폭력이 발생했을 때 부모가 참여할 수 있다. 학교는 학교 폭력 문제에 대해 부모가 다양한 문제 제기를 할 수 있도록 격려해야 한다. 아니 격려만으로는 부족하다. 그것을 부모의 의무라고 알려주어야 한다. 학교가 그러한 원칙을 가지지 않고 학교 폭력을 축소하거나 은폐하려고 할 때 아이들끼리 있는 사소한 문제로 만들고 싶어 하는 가해자 부모에게 휘둘릴 수 있다. 또한 피해자 부모의 분노로 인해 학교가 감당할 수 없는 상황으로 간다는 것을 분명하게 인식해야 한다. 따라서 학교는 분명한 원칙과 태도를 가지고 모든 학부모들이 폭력 상황에서 대응할 수 있는 구체적인 방법을 알려주어야 한다.

우리 아이가 피해자일 때

- 징후를 파악하고 아이와 대화를 시도해야 한다.
- 피해를 파악하면 끝까지 보호하고 문제를 해결할 것이라는 분명한 메시지를 통해 아이가 부모를 신뢰할 수 있도록 한다.
- 피해를 확인하면 당황하지 말고 상황을 구체적으로 파악한다(예: 녹음, 진술서 등 증거 확보).
- 학교에 알려 함께 해결 방법을 찾는다.
- 심각할 경우, 아이가 반대하더라도 부모의 책임하에 공개할 수도 있다.
- 아이를 도울 수 있는 친구관계를 만들어주어야 한다.
- 가해자 부모에 대한 학교의 책임 있는 중재를 요청한다(가해자 부모의 사과 및 협력, 그리고 보상 문제).
- 가족회의를 통해서 함께 폭력에 대처하는 규칙을 정한다. 이때 교실 평화 4대 규칙을 활용할 수 있다.

우리 아이가 가해자일 때

- 부모가 폭력은 절대 용납할 수 없다는 절대적이고 분명한 메시지를 전한다.
- 가족회의를 통해서 함께 폭력에 대처하는 규칙을 정한다.
- 가족들끼리 왕따 역할극을 하여 피해자의 입장에 공감하는 힘을 기른다.

- 아이의 친구관계, 생활에 관심을 가지고 가족과 함께하는 시간을 만든다.
- 담임교사, 학교장, 학교 폭력 담당교사와 아이를 돕기 위한 협력 방안을 논의한다.
- 피해자 측에 대한 사과, 보상에 능동적이어야 한다.

우리 아이가 방관자일 때

- 방관이 폭력이라는 메시지를 분명히 한다.
- 괴롭힘의 초기 단계에서 친구들에게 "참아.", "말로 하자." 등 중재할 수 있는 말을 가르친다.
- 심각한 괴롭힘 상황에서 개입하는 구체적인 말이나 행동을 연습한다 (멈춰, 또는 둘 사이에서 제지하기 등).
- 가족회의를 통해서 함께 폭력에 대처하는 규칙을 정한다. 이때 괴롭힘이 있을 때 서로 돕는다는 규칙과 부모에게 알리는 규칙에 대한 깊은 토론을 한다.
- 따돌림당하는 아이와 함께 활동하고 노는 방법을 가르쳐준다.
- 방어자로서의 행동이 성공하지 못했더라도 용기를 칭찬한다.

평화샘 프로젝트 연수 프로그램

기초 과정

평화로운 학교 만들기를 위해 자기 교실에서 처음 실천하고자 하는 선생님들을 위한 연수입니다. '멈춰, 교실 평화 4대 규칙, 학급회의, 역할극, 놀이' 등 가장 기초가 되는 내용을 중심으로 직접 체험하면서 연수를 진행합니다.

순	주제	내용	시간
1	학교 폭력 문제 해결을 위한 새로운 접근(총론)	학교 폭력 문제 해결을 위한 이론 틀, 방관자를 방어자로 만들기	2
2	보살핌의 원을 만드는 놀이	자유로운 놀이 탐색, 서로의 놀이 자원 나누기, 대동 놀이, 자기 놀이 경험 돌아보기	2
3	교실 평화 4대 규칙과 왕따 예방 역할극	교실 평화 4대 규칙, 왕따 예방 역할극	3
4	멈춰 제도와 역할극	멈춰 제도, 역할극, 우정 대화법	3
5	부모와 협력하는 상담	보살핌의 원, 회복의 원을 만드는 교사, 부모 대화 연습	2
6	성인지적인 학교 폭력 예방	남자아이들의 특성, 학교에서 남자아이들이 받는 상처, 공동체적 해결 방안 찾기	1
6	성인지적인 학교 폭력 예방	관계적 공격 점검하기, 여자아이들의 관계적 공격 이해, 공동체적 해결 방안 찾기	2
			15

심화 과정

평화로운 학교 만들기 중에서 '멈춰, 교실 평화 4대 규칙, 학급회의' 등 기본 매뉴얼을 교실에서 운영하고 있는 선생님들, 학교 차원에서 왕따와 일진 문제를 해결하고 싶어 하는 선생님들, 그리고 배움의 원 만들기를 통한 매력적인 교실공동체를 운영하고 싶어 하는 선생님들을 위한 연수입니다.

순	주 제	내 용	시간
1	보살핌의 원에 대한 경험 이야기하기	평화샘을 진행하며 행복했던 순간, 힘들었던 순간을 이야기하고 글로 표현하기	1
2	배움의 원에 대한 총론	통합교육, 지역화, 주제 중심의 배움의 원	2
3	놀이 철학 및 대동놀이	놀이 총론, 발성 연습, 소리 연습, 대동놀이	3
4	자유 놀이	자유로운 놀이 탐색, 서로의 놀이 자원 나누기	2
5	마을 공부하기, 지역사회와의 접속	마을 공부하기, 지역사회와의 협력 방안	2
6	나들이와 통합 교육과정	자연 속에서 서로 관계 맺는 나들이와 통합 교육과정	3
7	장애아의 왕따 문제와 학습 지원	장애에 대한 이해, 장애 아이들과 관계 맺기, 장애아를 지원하기 위한 학교 체계	2
			15

부모 과정

평화로운 가족문화를 만들고자 하는 부모 또는 학급에서 부모 모임을 하고자 하는 담임교사를 위한 연수입니다.

회	주 제	내 용	시간
1	나는 어떤 부모인가?	부모와 아이 관계 성찰하기	1
2	괴롭힘 상황 이해하기	괴롭힘의 원 일화 살펴보기 괴롭힘 상황에서 어떻게 해결할 것인가?	1
3	피해 아이의 아픔에 공감하는 왕따 예방 역할극	왕따 예방 역할극하기	2
4	왕따 징후와 부모의 역할	왕따 징후 찾아보기 우리 아이가 가해자, 방관자, 피해자일 때	1
5	가족문화를 어떻게 만들까?	멈춰와 4대 규칙, 가족회의 가족회의 사례와 방법	2
6	남자아이, 여자아이의 공격성 이해하기	남자아이들은 어떻게 차별받을까? 여자아이들은 왜 뒷담화를 할까?	2
7	일진문화로부터 우리아이 지키기	일진 아이들이 사용하는 용어와 놀이 우리 아이가 일진일 때, 일진으로부터 피해를 입었을 때	2
8	우리 아이 어떻게 좋은 친구가 될 수 있을까?	친구란? 아이의 좋은 친구 관계를 위해서 부모가 가져야 할 태도	1
9	학교 폭력 발생시 교사와 어떻게 만날까?	교사와의 협력방법 우리 아이가 피해자, 가해자, 방관자일 때	1
10	우리 아파트 주변에 어떤 아이들이 노나?	지역공동체 차원의 대응 매뉴얼	2
			15

※ 평화샘 프로젝트를 실천하고자 하는 교사와 기관에 제공할 수 있는 연수 기본 안이며, 각급 학교의 상황에 따라 변경될 수 있음.

참고문헌

가우디(1999), 『왕따 리포트』, 서울: 우리교육.
가토 다이즈(2009), 『착한 아이의 비극』, 서울: 한울림.
강진령 · 유형근(2000), 『집단 괴롭힘』, 서울: 학지사.
고병헌 외(2003), 『교사, 대안의 길을 묻다』, 서울: 이매진.
고은우 외(2009), 『이선생이 학교 폭력떨정기』, 서울: 양철북.
김경식 역(2000), 『학급의 사회심리학』, 서울: 원미사.
김경희(2002), 『부모-자녀 놀이치료』, 서울: 동문사.
김대유 · 김현수(2006), 『학교 폭력, 우리 아이 지키기』, 서울: 노벨과 개미.
김창환(2001), 『유전자와 정신세계』, 서울: 일조각.
김하늬(2009), 『왕따 선생님 구출작전』, 서울: 채우리.
김혜련(1999), 『학교종이 땡땡땡』, 서울: 미래 M&B.
나승규(2007), 『자녀의 마음에 장단을 맞추는 부모』, 경기: 한국학술정보.
댄 올베우스(1999), 『바로 보는 왕따, 대안은 있다』, 서울: 삼신각.
도리스 레허(2009), 『넌 왕따가 아니야』, 서울: 웅진주니어.
레이철 시몬스(2011), 『소녀들의 심리학』, 서울: 양철북.
로널드 T. 포터에프론(2009), 『욱하는 성질 죽이기』, 서울: 다연.
로라자페(2005), 『평화는 힘이 세다(폭력)』, 서울: 푸른솔.
로렌 슬레이터(2008), 『스키너의 심리상자 열기』, 서울: 에코의 서재.
로버트 새폴스키(2011), 『STRESS(스트레스)』, 서울: 사이언스북스.
리처드 레저러스 · 버니스 레저러스(1997), 『감정과 이성』, 서울: 문예출판사.
린 미켈 브라운(1997), 『교차로에서의 만남』, 서울: 이화여자대학교출판부.
마리오 마로(2007), 『애착이론과 심리치료』, 서울: 시그마프레스.

마빈 해리슨(2008), 『작은 인간』, 서울: 민음사.
마을공동체교육연구소(2011), 『학교 폭력 없는 평화로운 교실공동체 만들기 교사 매뉴얼 Ⅰ』, 충북: 마을공동체교육연구소.
마이클 거리언(2009), 『남자아이 심리백과』, 서울: 살림.
마이클 톰슨 외(2003), 『엄마, 애들이 놀려요』, 서울: 세종서적.
마이클 톰슨 외(2008), 『아들심리학』, 경기: 아름드리미디어.
마이클 톰슨(2003), 『아이들의 숨겨진 삶』, 서울: 세종서적.
마틴 셀리그만(2008), 『학습된 낙관주의』, 서울: 21세기북스.
막스 피카르트(2001), 『침묵의 세계』, 서울: 까치글방.
막스 피카르트(2005), 『우리안의 히틀러』, 서울: 우물이 있는 집.
매리 파이퍼(1999), 『내 딸이 여자가 될 때』, 서울: 문학동네.
메리 고든(2010), 『공감의 뿌리』, 서울: 샨티.
모하메드 사피 외(2006), 『학교 폭력-평가, 관리, 예방』, 서울: 하나의학사.
문선이(2009), 『양파의 왕따 일기』, 경기: 파랑새.
박병량(2001), 『훈육』, 서울: 학지사.
박성희(1994), 『공감, 공감적 이해』, 서울: 원미사.
베키 레이 멕케인(2007), 『왕따, 남의 일이 아니다』, 서울: 보물 창고.
보리스 시륄니크(2009), 『관계』, 서울: 궁리 출판.
비비안 거신 팰리(2002), 『따돌림 없는 교실』, 서울: 좋은글.
비투스 B. 드리셔(2003), 『휴머니즘의 동물학』, 서울: 이마고.
사토 마나부(2009), 『배움으로부터 도주하는 아이들』, 서울: 북코리아.
사토 마나부(2009), 『수업이 바뀌면 학교가 바뀐다』, 서울: 에듀케어.
삼성사회정신건강연구소(2010), 『학교 폭력 예방을 위한 시범학교 매뉴얼』, 경기 : 교육과학사.
셀리 테일러(2008), 『보살핌』, 서울: 사이언스북스.
시게마츠 기요시(2008), 『나이프』, 서울: 양철북.
시게마츠 기요시(2008), 『소년 세상을 만나다』, 서울: 양철북.
신경회(2003), 『서울시 성인지적 시정운영을 위한 기반조성연구』, 서울: 서울시정개발연구원.
신명호(2011), 『왜 잘사는 집 아이들이 공부를 더 잘하나?』, 서울: 한울.
아론 라자르(2009), 『사과 솔루션』, 서울: 지안출판사.
악셀 호네트(1996), 『인정투쟁』, 서울: 사월의책.
악셀 호네트(2009), 『정의의 타자』, 서울: 나남.

알퐁스 도데(2004), 『꼬마철학자』, 서울: 종이나라.
앤서니 가든스(2001), 『감정과 이성』, 서울: 문예출판사.
앨리스 밀러(2005), 『사랑의 매는 없다』, 서울: 양철북.
앨리스 밀러(2009), 『폭력의 기억, 사랑을 잃어버린 사람들』, 서울: 양철북.
야마와키 유키코(2010), 『나쁜 교실』, 서울: 웅진주니어.
양서원 편집부(2001), 『이럴 땐 이런 얘기』, 서울: 양서원.
엘레나 보르노바 외(2001), 『정신의 도구 : 비고츠키 유아교육』, 서울: 이화여자대학교 출판부.
요하임 바우어(2006), 『공감의 심리학』, 서울: 에코리브.
우리교육(2007), 『초등학급 운영 3』, 서울: 우리교육.
원호택·박현순(1999), 『인간관계의 심리학』, 서울: 서울대학교 출판부.
이상석(2001), 『못난 것도 힘이 된다 1』, 서울: 자인.
이상석(2001), 『못난 것도 힘이 된다 2』, 서울: 자인.
이영환·박성욱(1992), 『아동의 친구관계』, 서울: 양서원.
이윤학(2008), 『왕따』, 서울: 문학과 지성사.
이정선(2002), 『초등학교의 탐구』, 서울: 교육과학사.
이철우(2008), 『관계의 심리학』, 서울: 경향 미디어.
장 폴 사르트르(2008), 『벽』, 서울: 문학과 지성사.
전국재·우영숙(2009), 『놀이로 여는 집단상담 기법』, 서울: 시그마프레스.
전국재·우영숙(2009), 『놀이로 하는 집단 상담』, 서울: 시그마프레스,
전국재·우영숙(2009), 『집단상담의 놀이와 프로그램 집단 상담』, 서울: 시그마프레스.
정옥분 외(2009), 『애착과 발달』, 서울: 학지사.
정지은 외(2008), 『아이의 사생활』, 서울: 지식채널.
제러미 리프킨(2010), 『공감의 시대』, 서울: 민음사.
제인 넬슨(2010), 『긍정의 훈육』, 서울: 프리미엄북스.
조안루빈-뒤치(2009), 『착한아이 콤플렉스』, 서울: 샨티.
조정실·차영호(2010), 『폭력 없는 평화로운 학교 만들기』, 서울: 학지사.
존 가트맨(2010), 『내 아이를 위한 사랑의 기술』, 서울: 한국경제신문.
존 볼비(2001), 『애착』, 서울: 나남.
최협(1996), 『부시맨과 레비스트로스』, 서울: 풀빛.
충청북도교육청(2007), 『학교 폭력대처 매뉴얼』, 충북.
충청북도교육청(2008), 『행복한 학교 길라잡이』, 충북.

충청북도교육청(2009), 『굿바이 학교 폭력』, 충북.
크리스 메르코글리아노(2009), 『가만히 있지 못하는 아이들』, 서울: 민들레.
토마스 루이스(2001), 『사랑을 위한 과학』, 서울: 사이언스북스.
틱낫한(2007), 『두 친구』, 서울: 그린 북.
파울로 프레이리(2001), 『프레이리의 교사론』, 서울: 아침이슬.
파울로 프레이리(2001), 『희망의 교육학』, 서울: 아침이슬.
파커 J. 파머(2009), 『가르칠 수 있는 용기』, 서울: 한문화.
페에취시(2005), 『교실혁명』, 서울: 리좀.
프레데리크 페스터(2004), 『기억혁명 학습혁명』, 서울: 해나무.
필리스 체슬러(2009), 『여자의 적은 여자다』, 서울: 부글북스.
필립 K. 보크(1997), 『인간이란 어떤 것인가 1』, 서울: 문학사상사.
필립 K. 보크(1997), 『인간이란 어떤 것인가 2』, 서울: 문학사상사.
하임 G. 기너트(2010), 『교사와 아이사이』, 서울: 양철북.
하임 G. 기너트(2010), 『부모와 아이사이』, 서울: 양철북.
학생생활연구소(2010), 『따돌림 없는 폭력 없는 평화로운 학급 만들기』, 서울: 전국교직원노동조합.
한준상(2002), 『집단따돌림과 교육해체』, 서울: 집문당.
황상민((2011), 『한국인의 심리코드』, 서울: 추수밭.
A. 아들러(2005), 『아들러의 심리학 해설』, 서울: 선영사.
Alfie Kohn(2005), 『훈육의 새로운 이해』, 서울: 시그마프레스
Bruce McEwen(2010), 『스트레스의 종말』, 서울: 시그마프레스.
Donald C. Pennington(2010), 『소그룹 내 행동의 사회심리학』, 서울: 시그마프레스.
Eda J. Leshan(1996), 『손상된 아동기』, 서울: 양서원.
E. 데 아미치스(2009), 『사랑의 학교 1』, 서울: 창비.
Garry L. Landrethd외(2009), 『아동문제별 놀이치료』, 서울: 학지사.
Gayle L. Macklem(2006), 『학교 따돌림의 지도와 상담』, 서울: 동문사.
L. KOHLBERG(2004), 『도덕발달의 철학』, 서울: 교육과학사.
J. D. 샐린더(2009), 『호밀밭의 파수꾼』, 서울: 문예출판사.
Jeremy Holmes(2010), 『존 볼비의 애착이론』, 서울: 학지사.
Mohammad Shafii, M. D(2006), 『학교 폭력』, 서울: 하나의학사.
Rudolf Dreikurs, M. D. 외(2007), 『눈물 없는 훈육』, 서울: 원미사.
Ruths. and C. Henrykempe(1997), 『어린이 학대』, 서울: 학문사

Urie Bronfenbrenner(1995), 『인간발달 생태학』, 서울: 교육과학사.

Valerie Polakow Suransky(1993), 『아동기의 실종』, 서울: 교보문고.

Zick Rubin(1997), 『어린이들의 우정』, 서울: 학문사.

Dan Olweus, Ph. D. / Susan P. Limber, Ph. D(2007). Bullying Prevention Program, Schoolwide Guide. Hazelden.

Dan Olweus, Ph. D. / Susan P. Limber, Ph. D(2007). Bullying Prevention Program, Teacher Guide. Hazelden.

김경순(2002), 『자기성장 프로그램이 아동의 자아존중감과 따돌림 행동에 미치는 행위』, 석사학위논문, 제주대학교 교육대학원, 제주.

김혜린(2002), 『학교 폭력 예방 프로그램의 개발과 그 효과』, 석사학위논문, 전남대학교 대학원, 전남.

박경아(2002), 『학교 폭력 피해자의 학교 적응에 대한 연구』, 석사학위논문, 연세대 대학원, 서울.

박성용(2004), 『일진회 사건을 중심으로 한 청소년 범죄 심리에 관한 연구』, 석사학위논문, 광운대학교 정보복지대학원, 서울.

변귀연(2002), 『집단 괴롭힘 피해 학생의 역량강화를 위한 집단프로그램 개발과 효과』, 박사학위논문, 서울대학교대학원, 서울.

서은영(2001), 『집단따돌림 하위유형과 심리적 특성의 관계』, 석사학위논문, 중앙대학교 대학원, 서울.

선관식(2003), 『정서 및 인지적 차원으로 구분한 초등학교 왕따 방관자 유형 및 도움행동에 대한 연구』, 석사학위논문, 경희대학교 교육대학원, 서울

윤성우(2004), 『집단따돌림 방관자에 대한 또래지지 프로그램의 효과』, 석사학위논문, 가톨릭대학교 대학원, 서울.

이동진(2003), 『청소년 폭력집단에 관한 연구』, 한국형사정책연구원, 서울.

이장선(2001), 『학교 폭력의 최근 동향과 문제점에 대한 고찰』.

정세영(2005), 『일진에 의한 따돌림 구조의 심각성과 해법』, 서울.

정세영(2005), 『학교 폭력 해소를 위한 쟁점별 실상분석-일진회의 발생 배경 및 해소 방안에 대한 고찰』, 서울.

한국청소년개발원(1999), 『학교 내 비폭력문화 프로그램 T. C.』

홍석주(2001), 『초등학생의 집단 따돌림 지속여부에 따른 심리적 특성의 차이』, 석사학위논문, 연세대학교 대학원, 서울.

삶의 행복을 꿈꾸는 교육은 어디에서 오는가?

미래 100년을 향한 새로운 교육 | 혁신교육을 실천하는 교사들의 필독서

▶ 교육혁명을 앞당기는 배움책 이야기
혁신교육의 철학과 잉걸진 미래를 만나다!

한국교육연구네트워크 총서

01 핀란드 교육혁명
한국교육연구네트워크 엮음 | 320쪽 | 값 15,000원

02 일제고사를 넘어서
한국교육연구네트워크 엮음 | 284쪽 | 값 13,000원

03 새로운 사회를 여는 교육혁명
한국교육연구네트워크 엮음 | 380쪽 | 값 17,000원

04 교장제도 혁명
한국교육연구네트워크 엮음 | 268쪽 | 값 14,000원

05 새로운 사회를 여는 교육자치 혁명
한국교육연구네트워크 엮음 | 312쪽 | 값 15,000원

06 혁신학교에 대한 교육학적 성찰
한국교육연구네트워크 엮음 | 308쪽 | 값 15,000원

07 진보주의 교육의 세계적 동향
한국교육연구네트워크 엮음 | 324쪽 | 값 17,000원
2018 세종도서 학술부문

08 더 나은 세상을 위한 학교혁명
한국교육연구네트워크 엮음 | 404쪽 | 값 21,000원
2018 세종도서 교양부문

09 비판적 실천을 위한 교육학
이윤미 외 지음 | 448쪽 | 값 23,000원

10 마을교육공동체운동: 세계적 동향과 전망
심성보 외 지음 | 376쪽 | 값 18,000원

한국교육연구네트워크 번역 총서

01 프레이리와 교육
존 엘리아스 지음 | 한국교육연구네트워크 옮김
276쪽 | 값 14,000원

02 교육은 사회를 바꿀 수 있을까?
마이클 애플 지음 | 강희룡·김선우·박원순·이형빈 옮김
356쪽 | 값 16,000원

03 비판적 페다고지는 세상을 변화시킬 수 있는가?
Seewha Cho 지음 | 심성보·조시화 옮김 | 280쪽 | 값 14,000원

04 마이클 애플의 민주학교
마이클 애플·제임스 빈 엮음 | 강희룡 옮김 | 276쪽 | 값 14,000원

05 21세기 교육과 민주주의
넬 나딩스 지음 | 심성보 옮김 | 392쪽 | 값 18,000원

06 세계교육개혁: 민영화 우선인가 공적 투자 강화인가?
린다 달링-해먼드 외 지음 | 심성보 외 옮김 | 408쪽 | 값 21,000원

07 콩도르세, 공교육에 관한 다섯 논문
니콜라 드 콩도르세 지음 | 이주환 옮김 | 300쪽 | 값 16,000원

혁신학교
성열관·이순철 지음 | 224쪽 | 값 12,000원

행복한 혁신학교 만들기
초등교육과정연구모임 지음 | 264쪽 | 값 13,000원

서울형 혁신학교 이야기
이부영 지음 | 320쪽 | 값 15,000원

혁신교육, 철학을 만나다
브렌트 데이비스·데니스 수마라 지음
현인철·서용선 옮김 | 304쪽 | 값 15,000원

대한민국 교사, 어떻게 가르칠 것인가?
윤성관 지음 | 320쪽 | 값 15,000원

아이들을 어떻게 가르칠 것인가
사토 마나부 지음 | 박찬영 옮김 | 232쪽 | 값 13,000원

모두를 위한 국제이해교육
한국국제이해교육학회 지음 | 364쪽 | 값 16,000원

경쟁을 넘어 발달 교육으로
현광일 지음 | 288쪽 | 값 14,000원

혁신교육 존 듀이에게 묻다
서용선 지음 | 292쪽 | 값 14,000원

 다시 읽는 조선 교육사
이만규 지음 | 750쪽 | 값 33,000원

 대한민국 교육혁명
교육혁명공동행동 연구위원회 지음 | 224쪽 | 값 12,000원

 독일 교육, 왜 강한가?
박성희 지음 | 324쪽 | 값 15,000원

 핀란드 교육의 기적
한넬레 니에미 외 엮음 | 장수명 외 옮김 | 456쪽 | 값 23,000원

 한국 교육의 현실과 전망
심성보 지음 | 724쪽 | 값 35,000원

▶ **비고츠키 선집 시리즈**
발달과 협력의 교육학 어떻게 읽을 것인가?

 생각과 말
레프 세묘노비치 비고츠키 지음
배희철·김용호·D. 켈로그 옮김 | 690쪽 | 값 33,000원

 도구와 기호
비고츠키·루리야 지음 | 비고츠키 연구회 옮김
336쪽 | 값 16,000원

 어린이 자기행동숙달의 역사와 발달 I
L.S. 비고츠키 지음 | 비고츠키 연구회 옮김
564쪽 | 값 28,000원

 어린이 자기행동숙달의 역사와 발달 II
L.S. 비고츠키 지음 | 비고츠키 연구회 옮김
552쪽 | 값 28,000원

 어린이의 상상과 창조
L.S. 비고츠키 지음 | 비고츠키 연구회 옮김
280쪽 | 값 15,000원

 비고츠키와 인지 발달의 비밀
A.R. 루리야 지음 | 배희철 옮김 | 280쪽 | 값 15,000원

 수업과 수업 사이
비고츠키 연구회 지음 | 196쪽 | 값 12,000원

 비고츠키의 발달교육이란 무엇인가?
비고츠키교육학실천연구모임 지음 | 412쪽 | 값 21,000원

 비고츠키 철학으로 본 핀란드 교육과정
배희철 지음 | 456쪽 | 값 23,000원

 성장과 분화
L.S. 비고츠키 지음 | 비고츠키 연구회 옮김
308쪽 | 값 15,000원

 연령과 위기
L.S. 비고츠키 지음 | 비고츠키 연구회 옮김
336쪽 | 값 17,000원

 의식과 숙달
L.S. 비고츠키 | 비고츠키 연구회 옮김
348쪽 | 값 17,000원

 분열과 사랑
L.S. 비고츠키 지음 | 비고츠키 연구회 옮김
260쪽 | 값 16,000원

 성애와 갈등
L.S. 비고츠키 지음 | 비고츠키 연구회 옮김
268쪽 | 값 17,000원

 관계의 교육학, 비고츠키
진보교육연구소 비고츠키교육학실천연구모임 지음
300쪽 | 값 15,000원

 비고츠키 생각과 말 쉽게 읽기
진보교육연구소 비고츠키교육학실천연구모임 지음
316쪽 | 값 15,000원

 교사와 부모를 위한 비고츠키 교육학
카르포프 지음 | 실천교사번역팀 옮김 | 308쪽 | 값 15,000원

▶ **살림터 참교육 문예 시리즈**
영혼이 있는 삶을 가르치는 온 선생님을 만나다!

 꽃보다 귀한 우리 아이는
조재도 지음 | 244쪽 | 값 12,000원

 성깔 있는 나무들
최은숙 지음 | 244쪽 | 값 12,000원

 선생님이 먼저 때렸는데요
강병철 지음 | 248쪽 | 값 12,000원

 서울 여자, 시골 선생님 되다
조경선 지음 | 252쪽 | 값 12,000원

아이들에게 세상을 배웠네
명혜정 지음 | 240쪽 | 값 12,000원

 밥상에서 세상으로
김흥숙 지음 | 280쪽 | 값 13,000원

 우물쭈물하다 끝난 교사 이야기
유기창 지음 | 380쪽 | 값 17,000원

 행복한 창의 교육
최창의 지음 | 328쪽 | 값 15,000원

  북유럽 교육 기행
정애경 외 14인 지음 | 288쪽 | 값 14,000원

▶ 4·16, 질문이 있는 교실 마주이야기
통합수업으로 혁신교육과정을 재구성하다!

 통하는 공부
김태호·김형우·이경석·심우근·허진만 지음
324쪽 | 값 15,000원

 내일 수업 어떻게 하지?
아이함께 지음 | 300쪽 | 값 15,000원
2015 세종도서 교양부문

  인간 회복의 교육
성래운 지음 | 260쪽 | 값 13,000원

 교과서 너머 교육과정 마주하기
이윤미 외 지음 | 368쪽 | 값 17,000원

 수업 고수들 수업·교육과정·평가를 말하다
박현숙 외 지음 | 368쪽 | 값 17,000원

 도덕 수업, 책으로 묻고 윤리로 답하다
울산도덕교사모임 지음 | 320쪽 | 값 15,000원

 체육 교사, 수업을 말하다
전용진 지음 | 304쪽 | 값 15,000원

  교실을 위한 프레이리
아이러 쇼어 엮음 | 사람대사람 옮김 | 412쪽 | 값 18,000원

  마을교육공동체란 무엇인가?
서용선 외 지음 | 360쪽 | 값 17,000원

 교사, 학교를 바꾸다
정진화 지음 | 372쪽 | 값 17,000원

 함께 배움
학생 주도 배움 중심 수업 이렇게 한다
니시카와 준 지음 | 백경석 옮김 | 280쪽 | 값 15,000원

 공교육은 왜?
홍섭근 지음 | 352쪽 | 값 16,000원

 자기혁신과 공동의 성장을 위한
교사들의 필리버스터
윤양수·원종희·장군·조경삼 지음 | 280쪽 | 값 14,000원

 미래교육의 열쇠, 창의적 문화교육
심광현·노명우·강정석 지음 | 368쪽 | 값 16,000원

 주제통합수업, 아이들을 수업의 주인공으로!
이윤미 외 지음 | 392쪽 | 값 17,000원

 수업과 교육의 지평을 확장하는 수업 비평
윤양수 지음 | 316쪽 | 값 15,000원
2014 문화체육관광부 우수교양도서

 교사, 선생이 되다
김태은 외 지음 | 260쪽 | 값 13,000원

 교사의 전문성, 어떻게 만들어지나
국제교원노조연맹 보고서 | 김석규 옮김 392쪽 | 값 17,000원

 수업의 정치
윤양수·원종희·장군 지음 | 280쪽 | 값 14,000원

 학교협동조합,
현장체험학습과 마을교육공동체를 잇다
주수원 외 지음 | 296쪽 | 값 15,000원

 거꾸로 교실,
잠자는 아이들을 깨우는 수업의 비밀
이민경 지음 | 280쪽 | 값 14,000원

 교사는 무엇으로 사는가
정은균 지음 | 292쪽 | 값 15,000원

 마음의 힘을 기르는 감성수업
조선미 외 지음 | 300쪽 | 값 15,000원

 작은 학교 아이들
지경준 엮음 | 376쪽 | 값 17,000원

 아이들의 배움은 어떻게 깊어지는가
이시이 준지 지음 | 방지현·이창희 옮김 | 200쪽 | 값 11,000원

 대한민국 입시혁명
참교육연구소 입시연구팀 지음 | 220쪽 | 값 12,000원

함께 배움 이렇게 시작한다
니시카와 준 지음 | 백경석 옮김 | 196쪽 | 값 12,000원

함께 배움 교사의 말하기
니시카와 준 지음 | 백경석 옮김 | 188쪽 | 값 12,000원

교육과정 통합, 어떻게 할 것인가?
성열관 외 지음 | 192쪽 | 값 13,000원

학교 혁신의 길, 아이들에게 묻다
남궁상운 외 지음 | 272쪽 | 값 15,000원

프레이리의 사상과 실천
사람대사람 지음 | 352쪽 | 값 18,000원
2018 세종도서 학술부문

혁신학교, 한국 교육의 미래를 열다
송순재 외 지음 | 608쪽 | 값 30,000원

페다고지를 위하여
프레네의 『페다고지 불변요소』 읽기
박신형 지음 | 296쪽 | 값 15,000원

노자와 탈현대 문명
홍승표 지음 | 284쪽 | 값 15,000원

선생님, 민주시민교육이 뭐예요?
염경미 지음 | 244쪽 | 값 15,000원

어쩌다 혁신학교
유우석 외 지음 | 380쪽 | 값 17,000원

미래, 교육을 묻다
정광필 지음 | 232쪽 | 값 15,000원

대학, 협동조합으로 교육하라
박주희 외 지음 | 252쪽 | 값 15,000원

입시, 어떻게 바꿀 것인가?
노기원 지음 | 306쪽 | 값 15,000원

촛불시대, 혁신교육을 말하다
이용관 지음 | 240쪽 | 값 15,000원

라운드 스터디
이시이 데루마사 외 엮음 | 224쪽 | 값 15,000원

미래교육을 디자인하는 학교교육과정
박승열 외 지음 | 348쪽 | 값 18,000원

흥미진진한 아일랜드 전환학년 이야기
제리 제퍼스 지음 | 최상덕·김호원 옮김 | 508쪽 | 값 27,000원

교사를 세우는 교육과정
박승열 지음 | 312쪽 | 값 15,000원

전국 17명 교육감들과 나눈 교육 대담
최창의 대담·기록 | 272쪽 | 값 15,000원

들뢰즈와 가타리를 통해 유아교육 읽기
리세롯 마리엣 올슨 지음 | 이연선 외 옮김 | 328쪽 | 값 17,000원

학교 민주주의의 불한당들
정은균 지음 | 276쪽 | 값 14,000원

교육과정, 수업, 평가의 일체화
리사 카터 지음 | 박승열 외 옮김 | 196쪽 | 값 13,000원

학교를 개선하는 교장
지속가능한 학교 혁신을 위한 실천 전략
마이클 풀란 지음 | 서동연·정효준 옮김 | 216쪽 | 값 13,000원

공자뎐, 논어는 이것이다
유문상 지음 | 392쪽 | 값 18,000원

교사와 부모를 위한 발달교육이란 무엇인가?
현광일 지음 | 380쪽 | 값 18,000원

교사, 이오덕에게 길을 묻다
이무완 지음 | 328쪽 | 값 15,000원

낙오자 없는 스웨덴 교육
레이프 스트란드베리 지음 | 변광수 옮김 | 208쪽 | 값 13,000원

끝나지 않은 마지막 수업
장석웅 지음 | 328쪽 | 값 20,000원

경기꿈의학교
진흥섭 외 지음 | 360쪽 | 값 17,000원

학교를 말한다
이성우 지음 | 292쪽 | 값 15,000원

행복도시 세종, 혁신교육으로 디자인하다
곽순일 외 지음 | 392쪽 | 값 18,000원

나는 거꾸로 교실 거꾸로 교사
류광모·임정훈 지음 | 212쪽 | 값 13,000원

교실 속으로 간 이해중심 교육과정
온정덕 외 지음 | 224쪽 | 값 13,000원

교실, 평화를 말하다
따돌림사회연구모임 초등우정팀 지음 | 268쪽 | 값 15,000원

폭력 교실에 맞서는 용기
따돌림사회연구모임 학급운영팀 지음 | 272쪽 | 값 15,000원

 그래도 혁신학교
박은혜 외 지음 | 248쪽 | 값 15,000원

 학교는 어떤 공동체인가?
성열관 외 지음 | 228쪽 | 값 15,000원

 교사 전쟁
다나 골드스타인 지음 | 유성상 외 옮김 | 468쪽 | 값 23,000원

 인공지능 시대의 사회학적 상상력
홍승표 지음 | 260쪽 | 값 15,000원

 시민, 학교에 가다
최형규 지음 | 260쪽 | 값 15,000원

 학교자율운영 2.0
김용 지음 | 240쪽 | 값 15,000원

 학교자치를 부탁해
유우석 외 지음 | 252쪽 | 값 15,000원

 국제이해교육 페다고지
강순원 외 지음 | 256쪽 | 값 15,000원

 미래교육, 어떻게 만들어갈 것인가?
송기상·김성천 지음 | 300쪽 | 값 16,000원

 선생님, 페미니즘이 뭐예요?
염경미 지음 | 280쪽 | 값 15,000원

 혁신교육지구와 마을교육공동체는 어떻게 만들어지는가?
김태정 지음 | 376쪽 | 값 18,000원

▶ **교과서 밖에서 만나는 역사 교실**
상식이 통하는 살아 있는 역사를 만나다

 전봉준과 동학농민혁명
조광환 지음 | 336쪽 | 값 15,000원

 남도의 기억을 걷다
노성태 지음 | 344쪽 | 값 14,000원

 응답하라 한국사 1·2
김은석 지음 | 356쪽·368쪽 | 각 권 값 15,000원

 즐거운 국사수업 32강
김남선 지음 | 280쪽 | 값 11,000원

 즐거운 세계사 수업
김은석 지음 | 328쪽 | 값 13,000원

 강화도의 기억을 걷다
최보길 지음 | 276쪽 | 값 14,000원

 광주의 기억을 걷다
노성태 지음 | 348쪽 | 값 15,000원

 선생님도 궁금해하는 한국사의 비밀 20가지
김은석 지음 | 312쪽 | 값 15,000원

 걸림돌
키르스텐 세룹-빌펠트 지음 | 문봉애 옮김
248쪽 | 값 13,000원

 역사수업을 부탁해
열 사람의 한 걸음 지음 | 388쪽 | 값 18,000원

 교과서 밖에서 배우는 역사 공부
정은교 지음 | 292쪽 | 값 14,000원

 팔만대장경도 모르면 빨래판이다
전병철 지음 | 360쪽 | 값 16,000원

 빨래판도 잘 보면 팔만대장경이다
전병철 지음 | 360쪽 | 값 16,000원

 영화는 역사다
강성률 지음 | 288쪽 | 값 13,000원

 친일 영화의 해부학
강성률 지음 | 264쪽 | 값 15,000원

 한국 고대사의 비밀
김은석 지음 | 304쪽 | 값 13,000원

 조선족 근현대 교육사
정미량 지음 | 320쪽 | 값 15,000원

 다시 읽는 조선근대 교육의 사상과 운동
윤건차 지음 | 이명실·심성보 옮김 | 516쪽 | 값 25,000원

 음악과 함께 떠나는 세계의 혁명 이야기
조광환 지음 | 292쪽 | 값 15,000원

 논쟁으로 보는 일본 근대 교육의 역사
이명실 지음 | 324쪽 | 값 17,000원

진실과 거짓, 인물 한국사
하성환 지음 | 400쪽 | 값 18,000원

 다시, 독립의 기억을 걷다
노성태 지음 | 320쪽 | 값 16,000원

 우리 역사에서 사라진 근현대 인물 한국사
하성환 지음 | 296쪽 | 값 18,000원

 한국사 리뷰
김은석 지음 | 244쪽 | 값 15,000원

 꼬물꼬물 거꾸로 역사수업
역모자들 지음 | 436쪽 | 값 23,000원

 경남의 기억을 걷다
류형진 외 지음 | 564쪽 | 값 28,000원

▶ 더불어 사는 정의로운 세상을 여는 인문사회과학
사람의 존엄과 평등의 가치를 배운다

 밥상혁명
강양구·강이현 지음 | 298쪽 | 값 13,800원

 좌우지간 인권이다
안경환 지음 | 288쪽 | 값 13,000원

 도덕 교과서 무엇이 문제인가?
김대용 지음 | 272쪽 | 값 14,000원

 민주시민교육
심성보 지음 | 544쪽 | 값 25,000원

 자율주의와 진보교육
조엘 스프링 지음 | 심성보 옮김 | 320쪽 | 값 15,000원

 민주시민을 위한 도덕교육
심성보 지음 | 500쪽 | 값 25,000원
2015 세종도서 학술부문

 민주화 이후의 공동체 교육
심성보 지음 | 392쪽 | 값 15,000원
2009 문화체육관광부 우수학술도서

 교과서 밖에서 배우는 인문학 공부
정은교 지음 | 280쪽 | 값 13,000원

 갈등을 넘어 협력 사회로
이창언·오수길·유문종·신윤관 지음 | 280쪽 | 값 15,000원

 오래된 미래교육
정재걸 지음 | 392쪽 | 값 18,000원

 동양사상과 마음교육
정재걸 외 지음 | 356쪽 | 값 16,000원
2015 세종도서 학술부문

 대한민국 의료혁명
전국보건의료산업노동조합 엮음 | 548쪽 | 값 25,000원

 교과서 밖에서 배우는 철학 공부
정은교 지음 | 280쪽 | 값 14,000원

 교과서 밖에서 배우는 고전 공부
정은교 지음 | 288쪽 | 값 14,000원

 교과서 밖에서 배우는 사회 공부
정은교 지음 | 304쪽 | 값 15,000원

 전체 안의 전체 사고 속의 사고
김우창의 인문학을 읽다
현광일 지음 | 320쪽 | 값 15,000원

 교과서 밖에서 배우는 윤리 공부
정은교 지음 | 292쪽 | 값 15,000원

 카스트로, 종교를 말하다
피델 카스트로·프레이 베토 대담 | 조세종 옮김
420쪽 | 값 21,000원

 한글 혁명
김슬옹 지음 | 388쪽 | 값 18,000원

 일제강점기 한국철학
이태우 지음 | 448쪽 | 값 25,000원

 우리 안의 미래교육
정재걸 지음 | 484쪽 | 값 25,000원

 한국 교육 제4의 길을 찾다
이길상 지음 | 400쪽 | 값 21,000원

 왜 그는 한국으로 돌아왔는가?
황선준 지음 | 364쪽 | 값 17,000원

 마을교육공동체 생태적 의미와 실천
김용련 지음 | 256쪽 | 값 15,000원

▶ 평화샘 프로젝트 매뉴얼 시리즈
학교폭력에 대한 근본적인 예방과 대책을 찾는다

 학교폭력 어떻게 만들어지는가
문재현 외 지음 | 300쪽 | 값 14,000원

 아이들을 살리는 동네
문재현·신동명·김수동 지음 | 204쪽 | 값 10,000원

 학교폭력, 멈춰!
문재현 외 지음 | 348쪽 | 값 15,000원

 평화! 행복한 학교의 시작
문재현 외 지음 | 252쪽 | 값 12,000원

 왕따, 이렇게 해결할 수 있다
문재현 외 지음 | 236쪽 | 값 12,000원

 마을에 배움의 길이 있다
문재현 지음 | 208쪽 | 값 10,000원

 젊은 부모를 위한 백만 년의 육아 슬기
문재현 지음 | 248쪽 | 값 13,000원

 별자리, 인류의 이야기 주머니
문재현·문한 외 지음 | 444쪽 | 값 20,000원

 우리는 마을에 산다
유양우·신동명·김수동·문재현 지음 | 312쪽 | 값 15,000원

 동생아, 우리 뭐 하고 놀까?
문재현 외 지음 | 280쪽 | 값 15,000원

 누가, 학교폭력 해결을 가로막는가?
문재현 외 지음 | 312쪽 | 값 15,000원

▶ 남북이 하나 되는 두물머리 평화교육
분단 극복을 위한 치열한 배움과 실천을 만나다

 10년 후 통일
정동영·지승호 지음 | 328쪽 | 값 15,000원

 선생님, 통일이 뭐예요?
정경호 지음 | 252쪽 | 값 13,000원

 분단시대의 통일교육
성래운 지음 | 428쪽 | 값 18,000원

 김창환 교수의 DMZ 지리 이야기
김창환 지음 | 264쪽 | 값 15,000원

 한반도 평화교육 어떻게 할 것인가
이기범 외 지음 | 252쪽 | 값 15,000원

▶ 창의적인 협력 수업을 지향하는 삶이 있는 국어 교실
우리말 글을 배우며 세상을 배운다

 중학교 국어 수업 어떻게 할 것인가?
김미경 지음 | 340쪽 | 값 15,000원

 토론의 숲에서 나를 만나다
명혜정 엮음 | 312쪽 | 값 15,000원

 토닥토닥 토론해요
명혜정·이명선·조선미 엮음 | 288쪽 | 값 15,000원

 인문학의 숲을 거니는 토론 수업
순천국어교사모임 엮음 | 308쪽 | 값 15,000원

 어린이와 시
오인태 지음 | 192쪽 | 값 12,000원

 수업, 슬로리딩과 함께
박경숙 외 지음 | 268쪽 | 값 15,000원

언어던
구 지음 | 268쪽 | 값 15,000원

 민촌 이기영 평전
이성렬 지음 | 508쪽 | 값 20,000원

참된 삶과 교육에 관한
생각 줍기